前田育徳会尊経閣文庫編

尊経閣善本影印集成 67

実躬卿記 一

八木書店

例言

一、『尊経閣善本影印集成』は、加賀・前田家に伝来した蔵書中、善本を選んで影印出版し、広く学術調査・研究に資せんとするものである。

一、本集成第九輯は、鎌倉室町古記録を採りあげ、『実躬卿記』『公秀公記』『宣陽門院御落飾記』『後愚昧記（山門嗷訴記・実豊卿記）』『実隆公記』『外記日記（新抄）』『享禄二年外記日記』『建治三年記』『碧山日録』『蔗軒日録』『盲聾記』の十一部を十冊に編成、収載する。

一、尾上陽介（東京大学史料編纂所教授）・加藤友康（東京大学名誉教授）の両氏が、本集成第九輯の編集委員を担当した。

一、本冊は、本集成第六十七冊として、『実躬卿記』原本二十三巻のうち、巻一・巻二・巻三上・巻三下・巻四の五巻を収め、カラーで製版、印刷した。

一、料紙は第一紙、第二紙と数え、本文図版の下欄、各紙右端にアラビア数字を括弧で囲んで、(1)、(2)のごとく標示した。

一、紙背は、文字等の記載がある箇所を掲載した。

一、本冊の冊尾に、表紙・本文・補紙・軸の法量表を前田育徳会尊経閣文庫の計測により掲載した。

一、本書の解説は、本集成第七十冊に収載する。

平成三十一年四月

前田育徳会尊経閣文庫

目次

巻　一

弘安十年　二月—六月

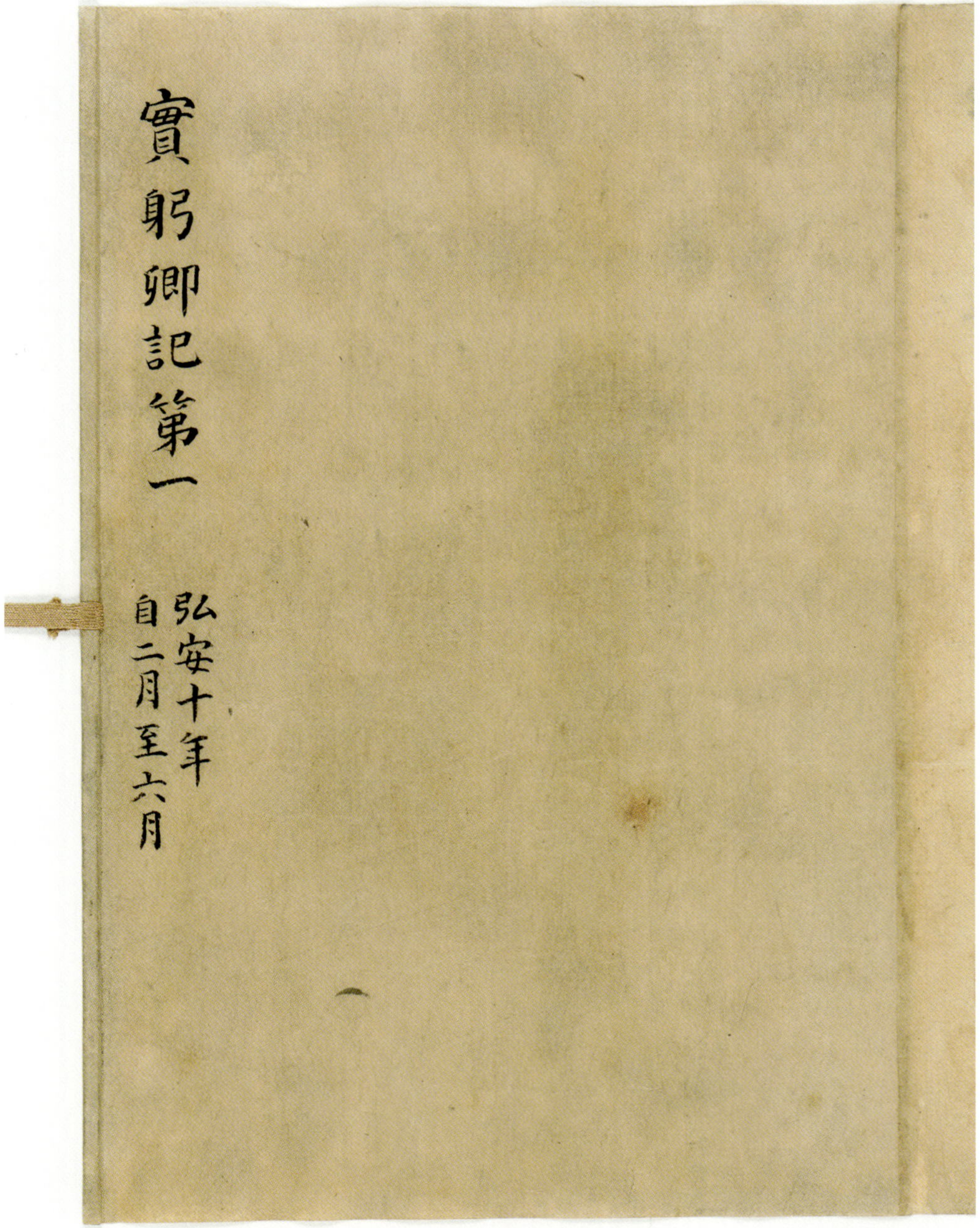

實躬卿記第一

弘安十年
自二月至六月

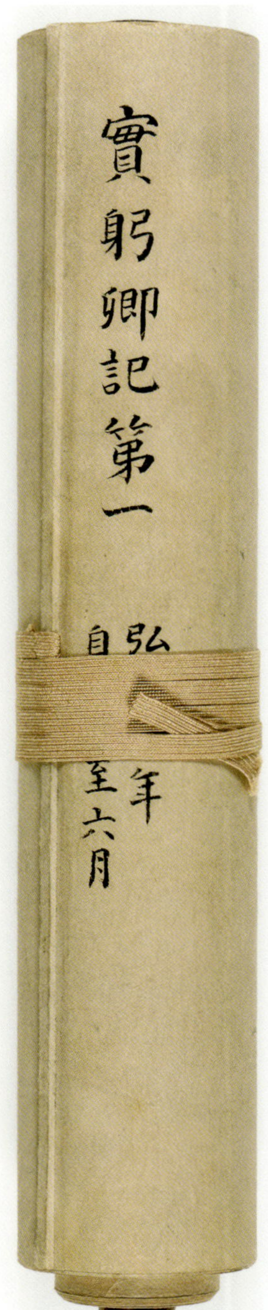

校

(2)

(1)

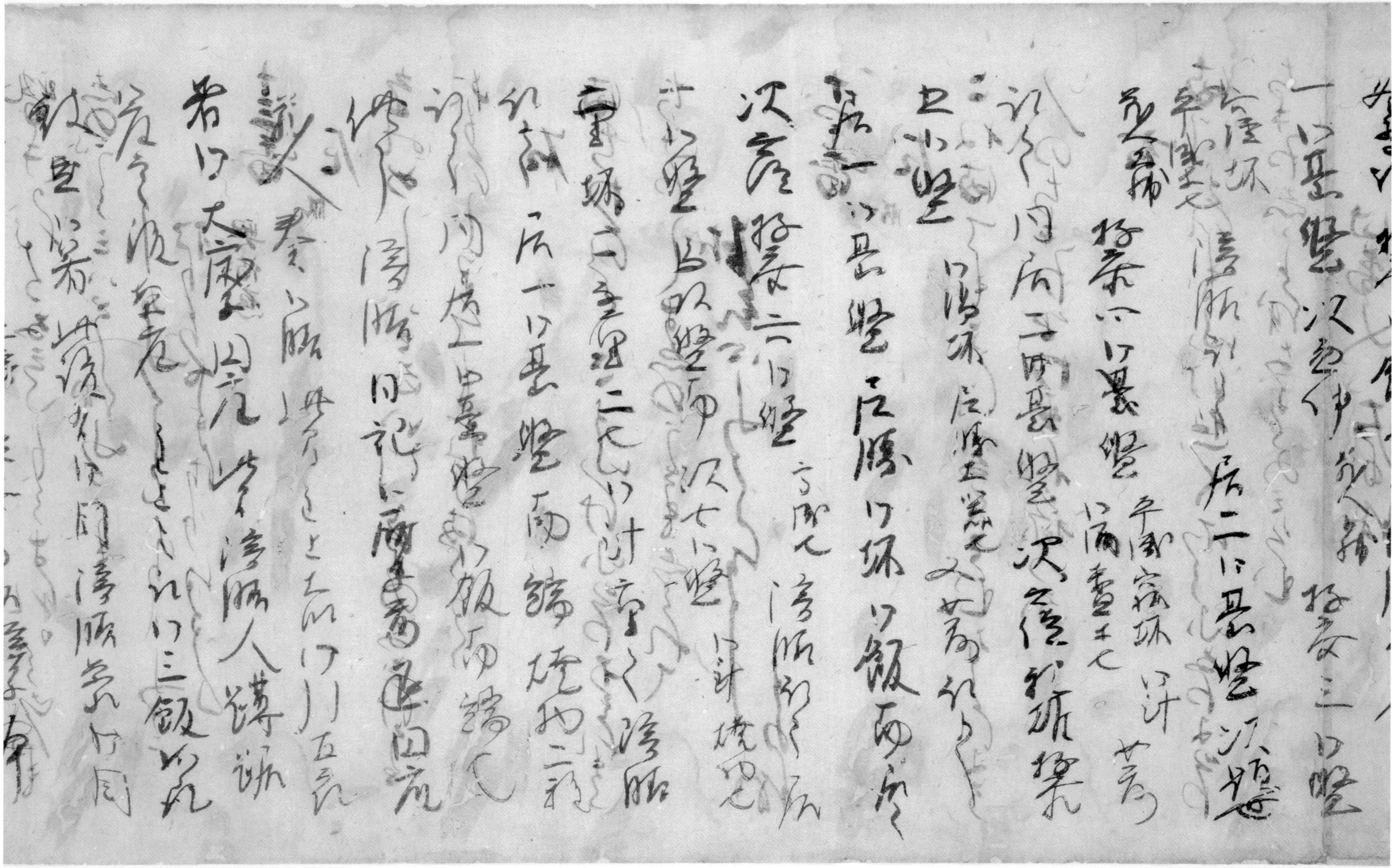

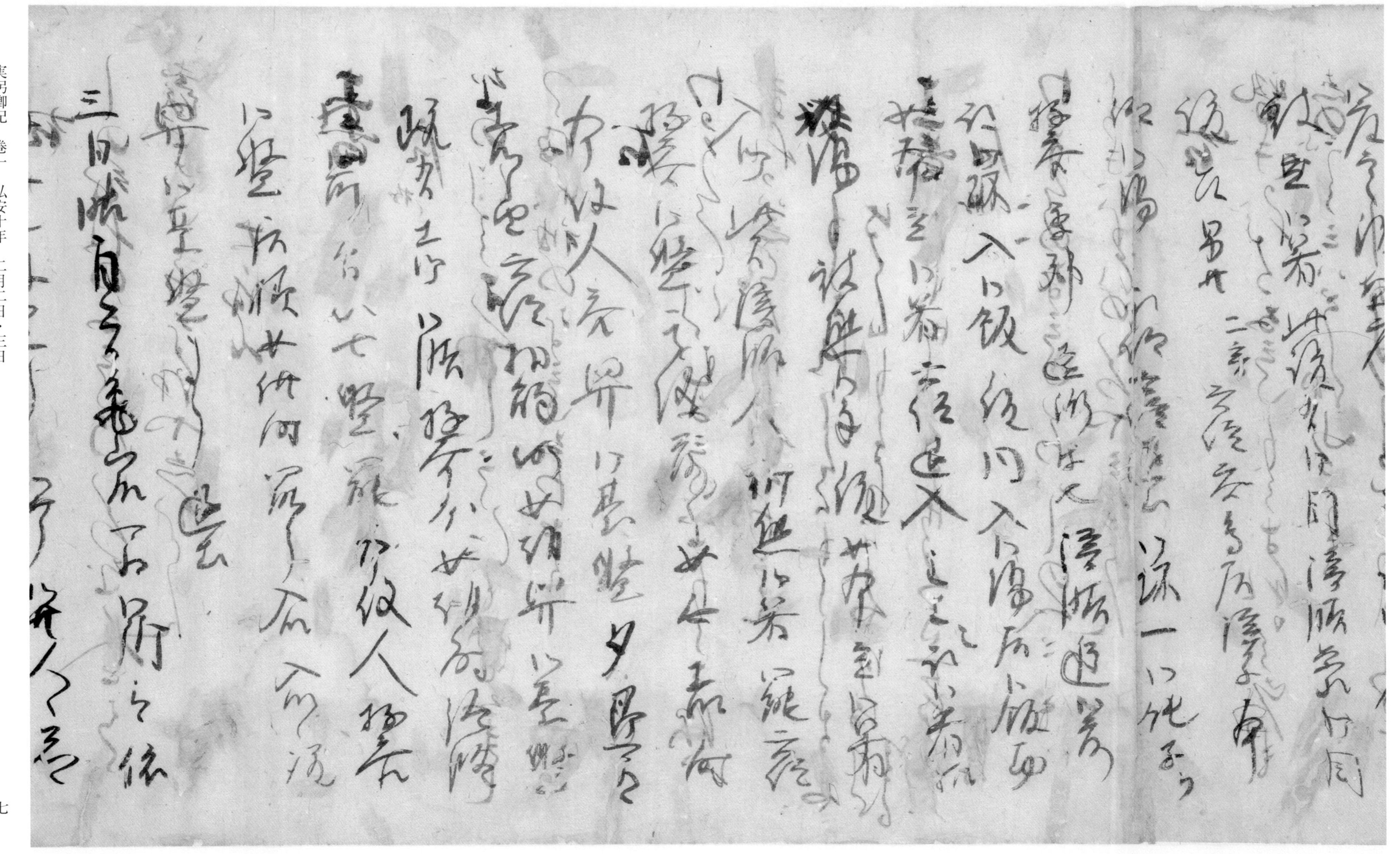

(3)

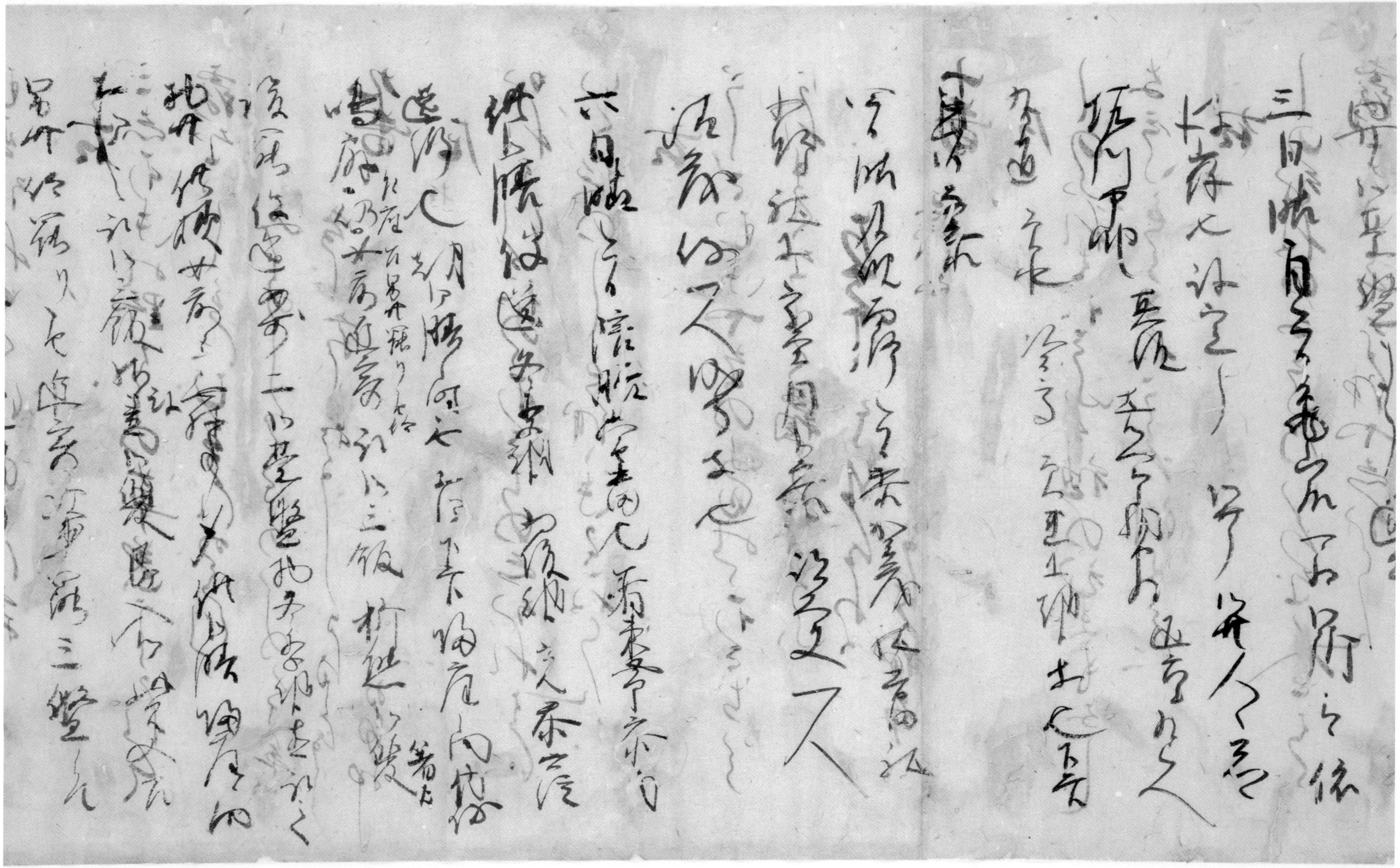

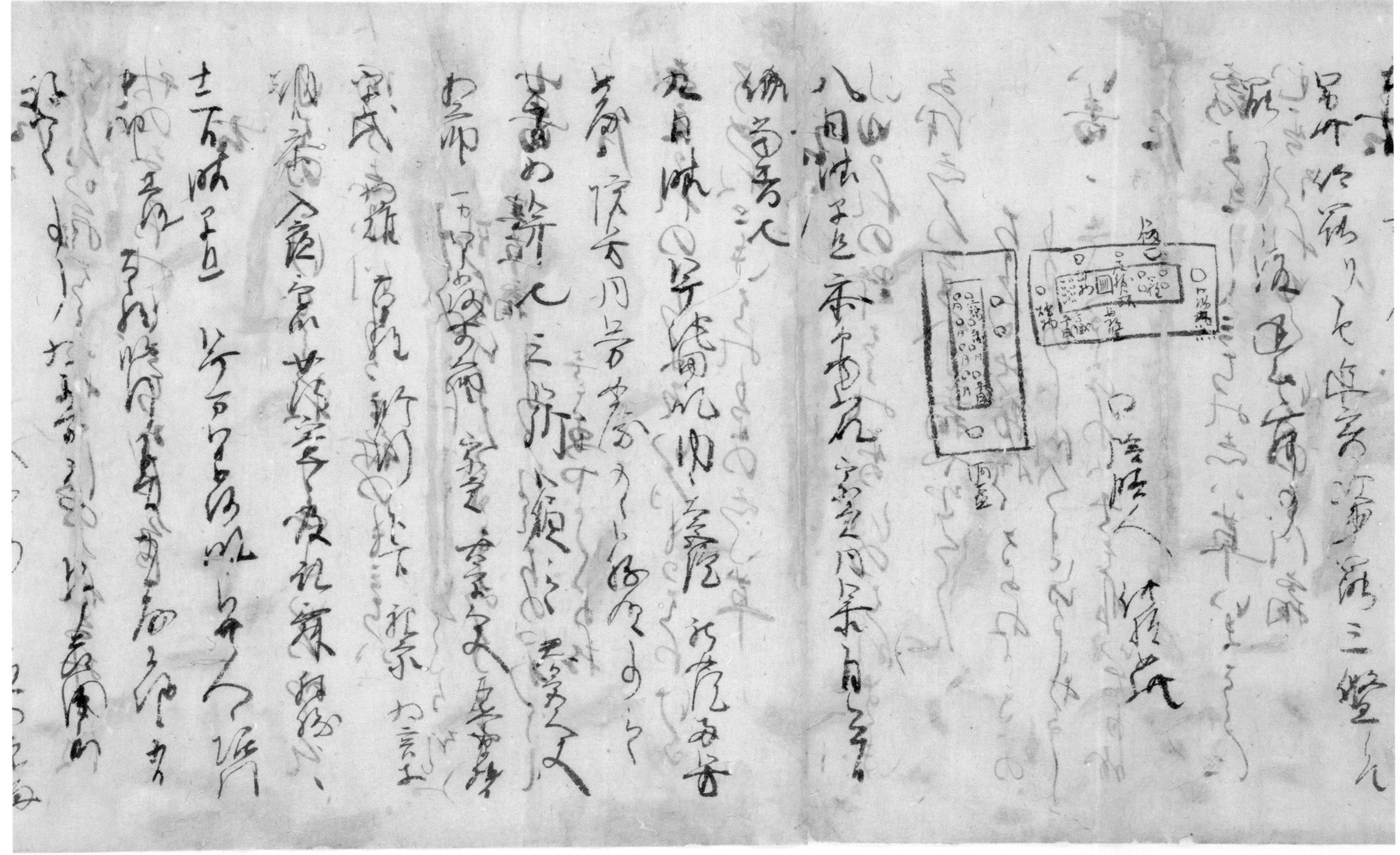

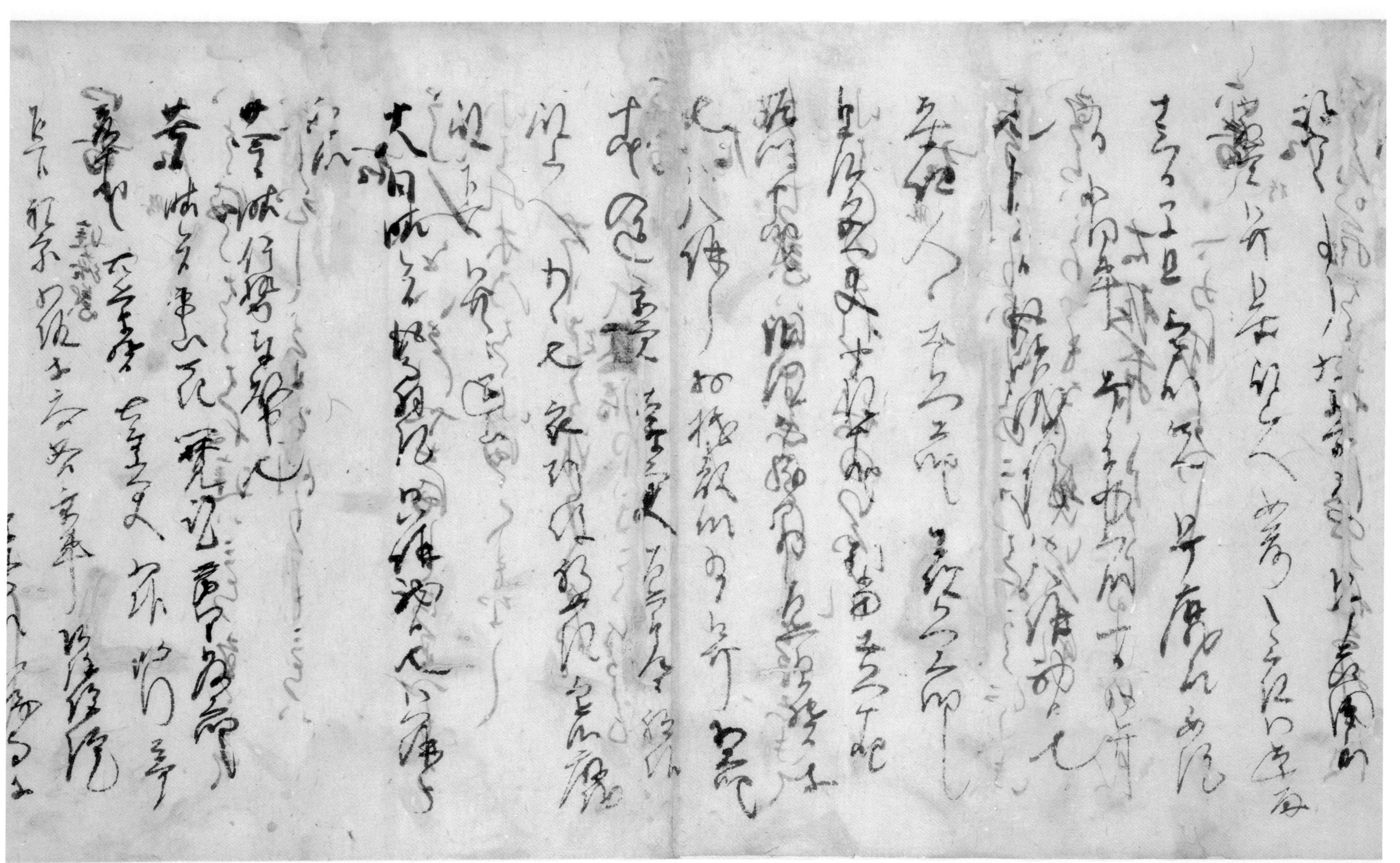

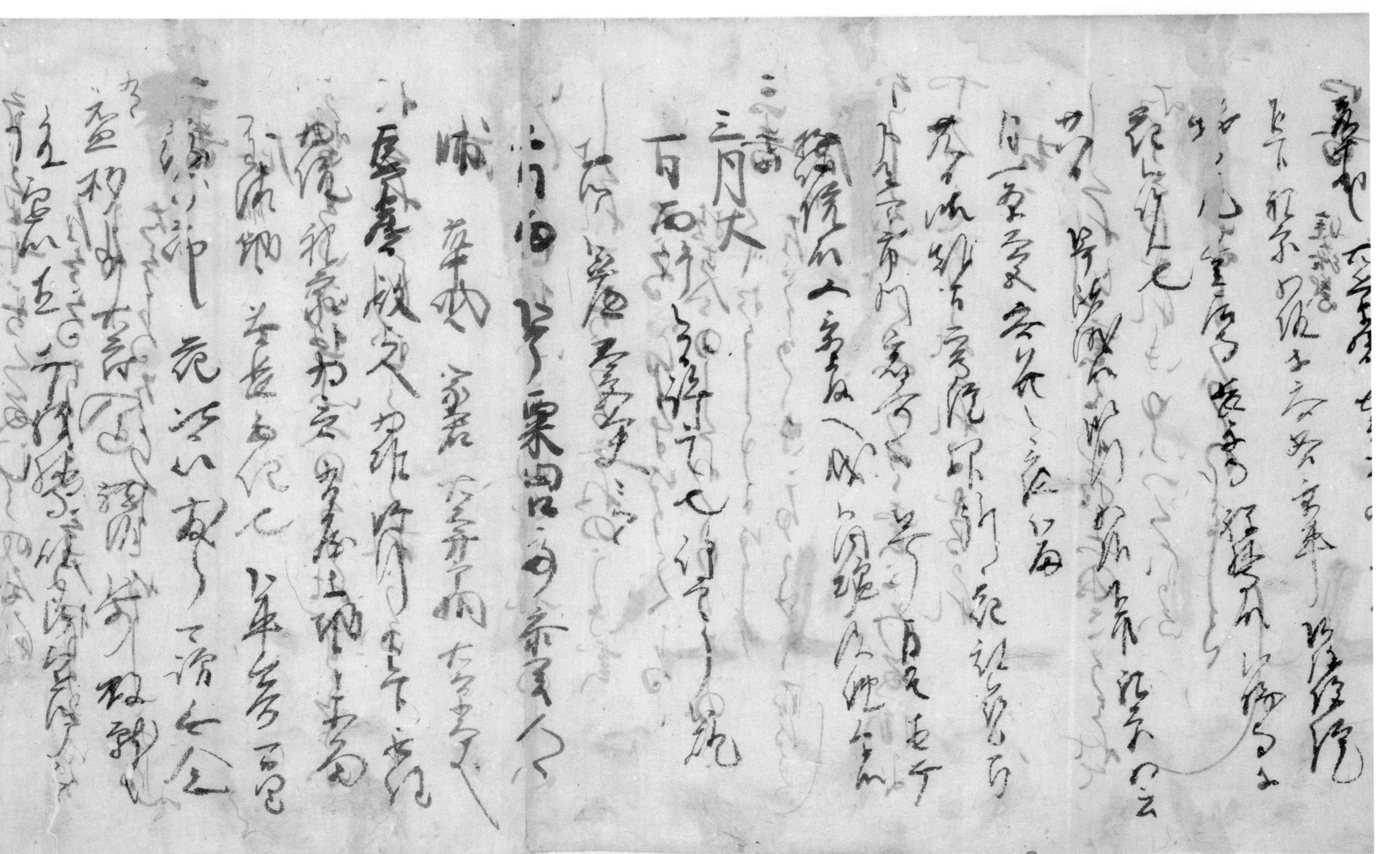

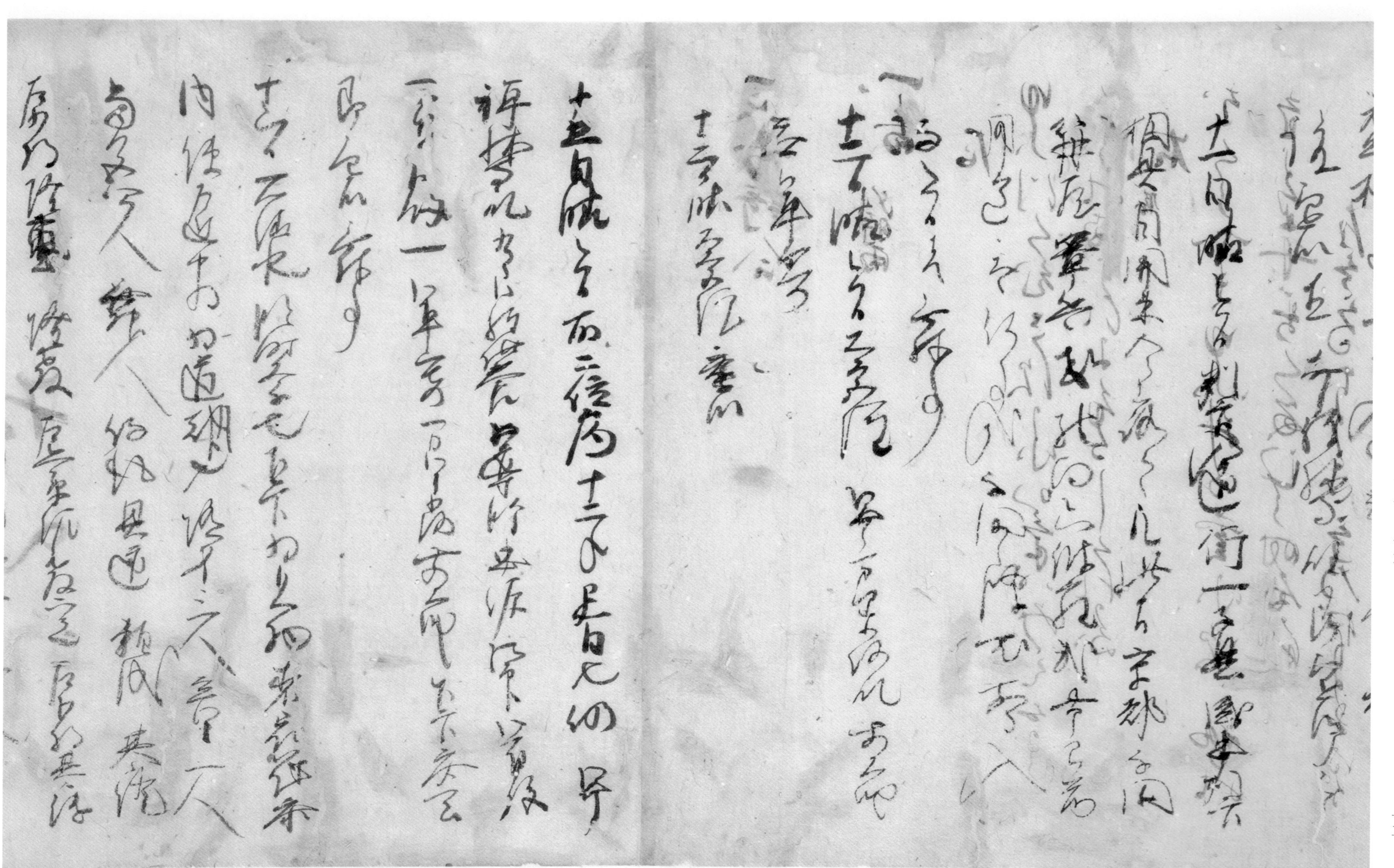

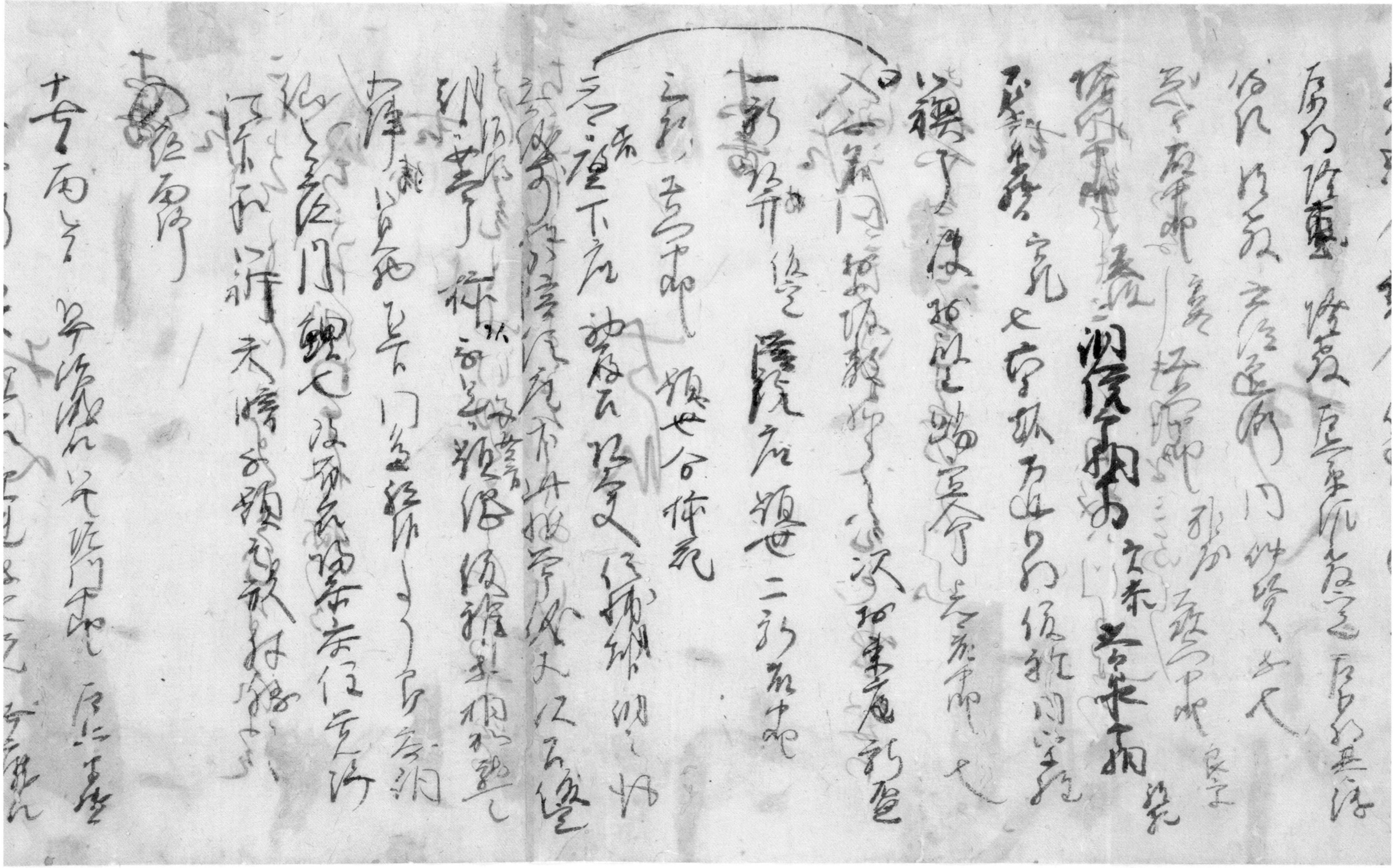

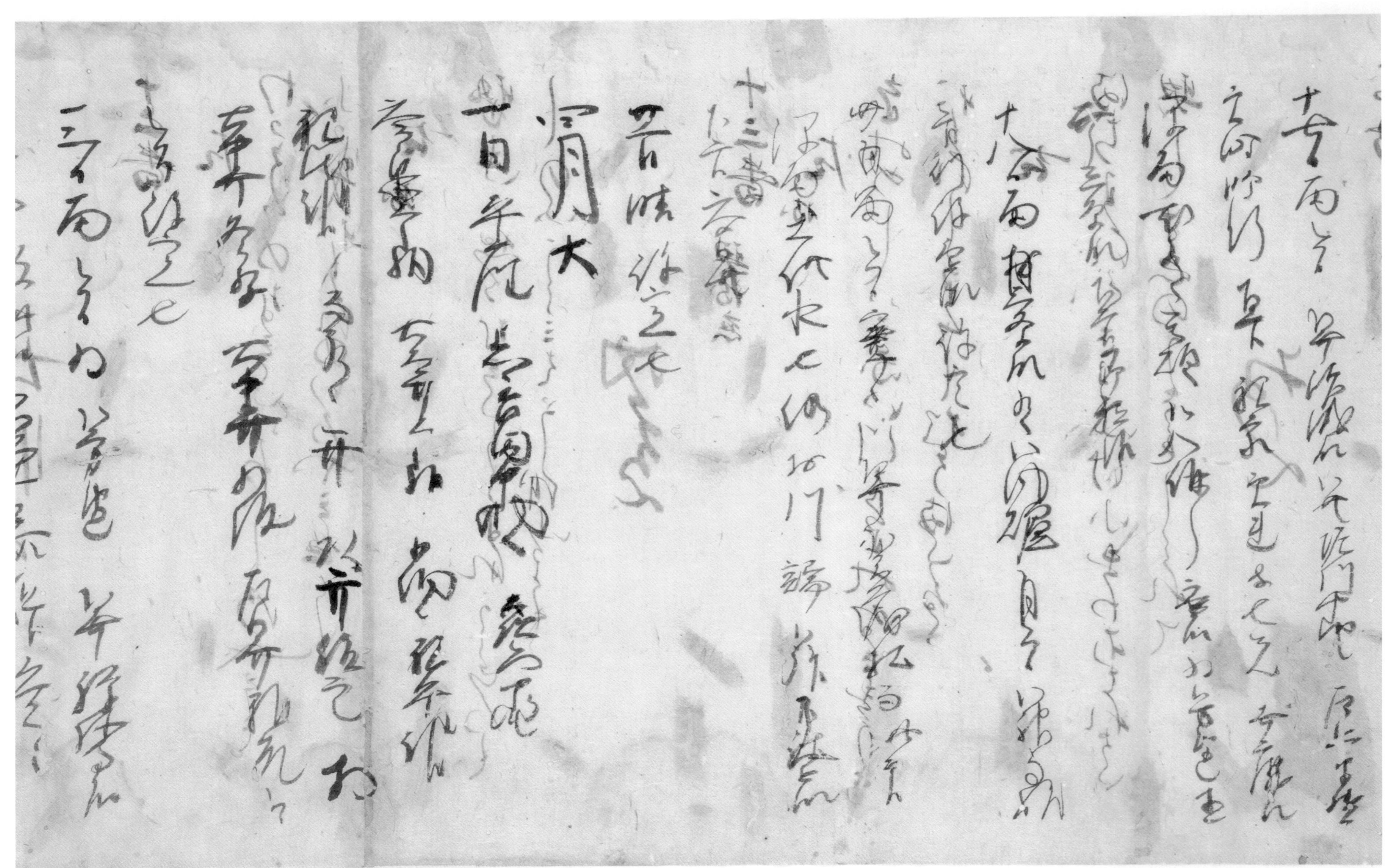

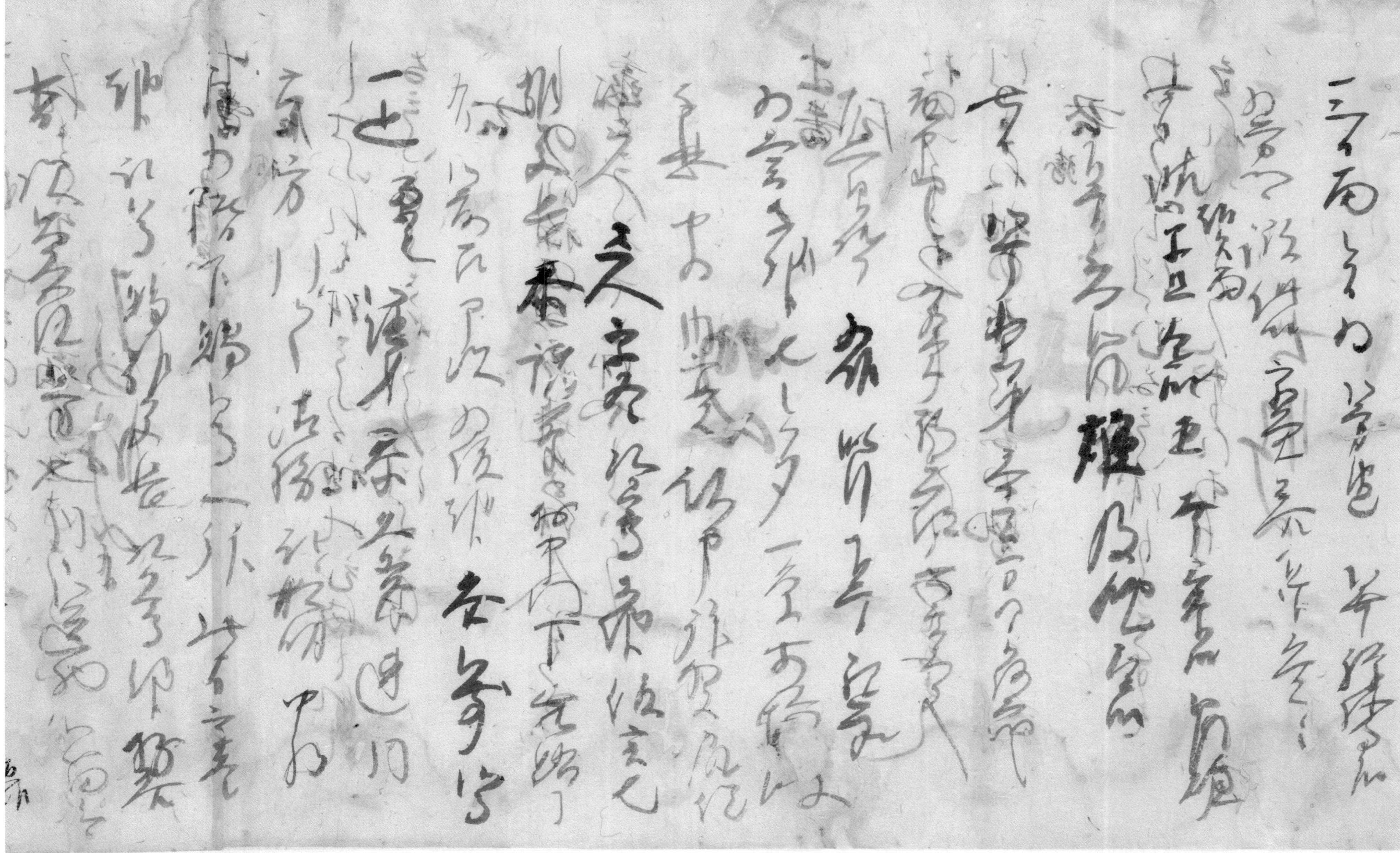

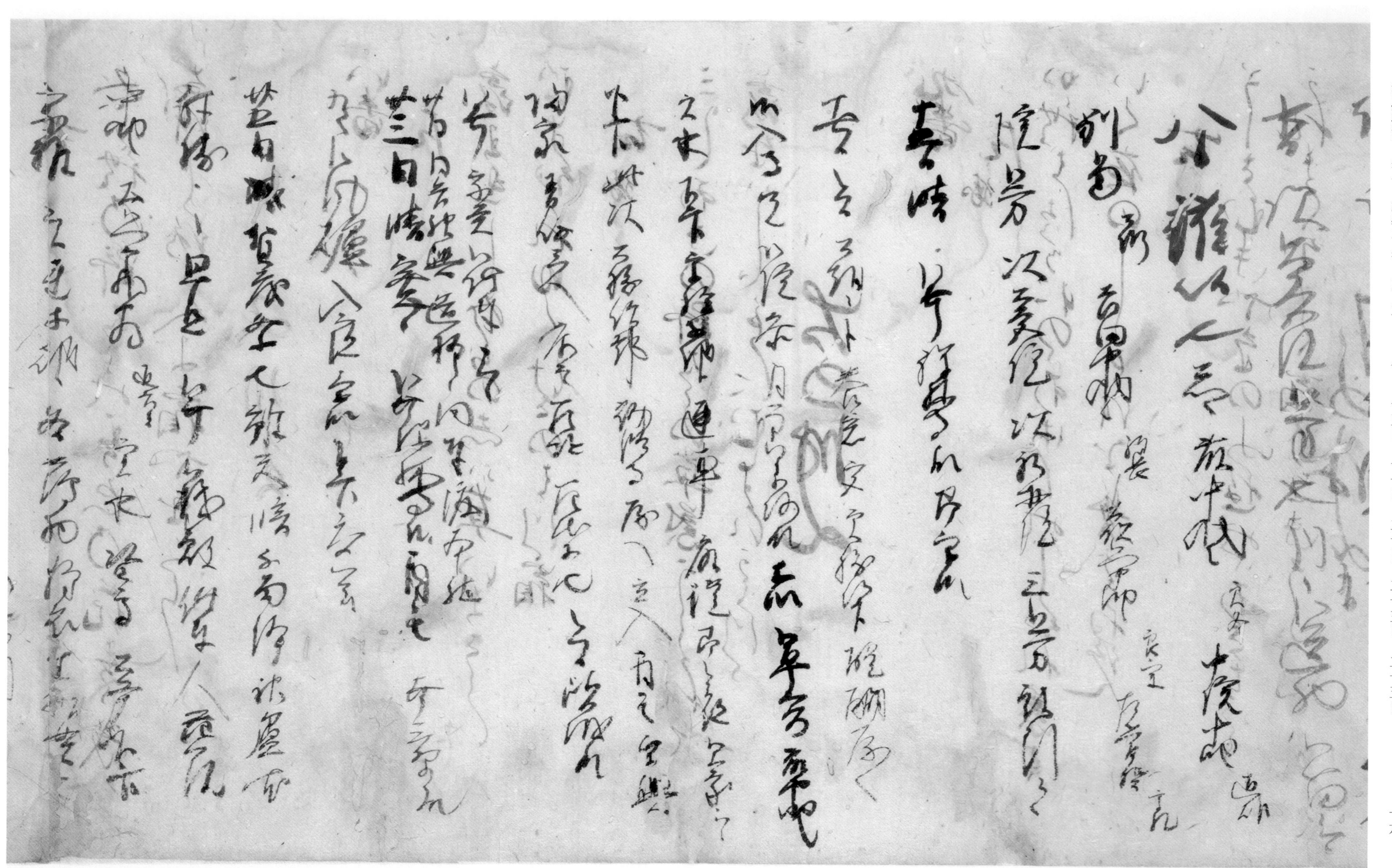

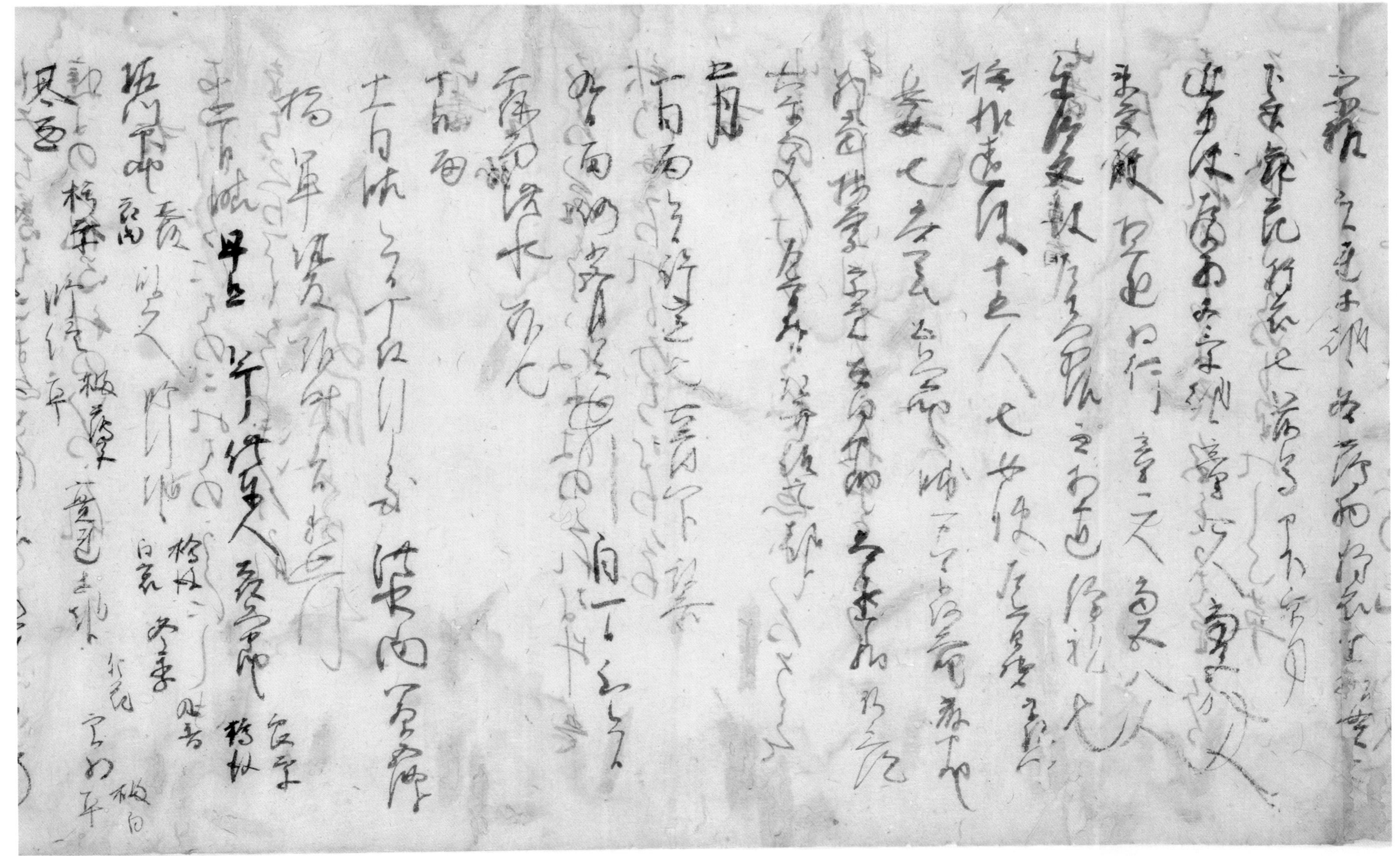

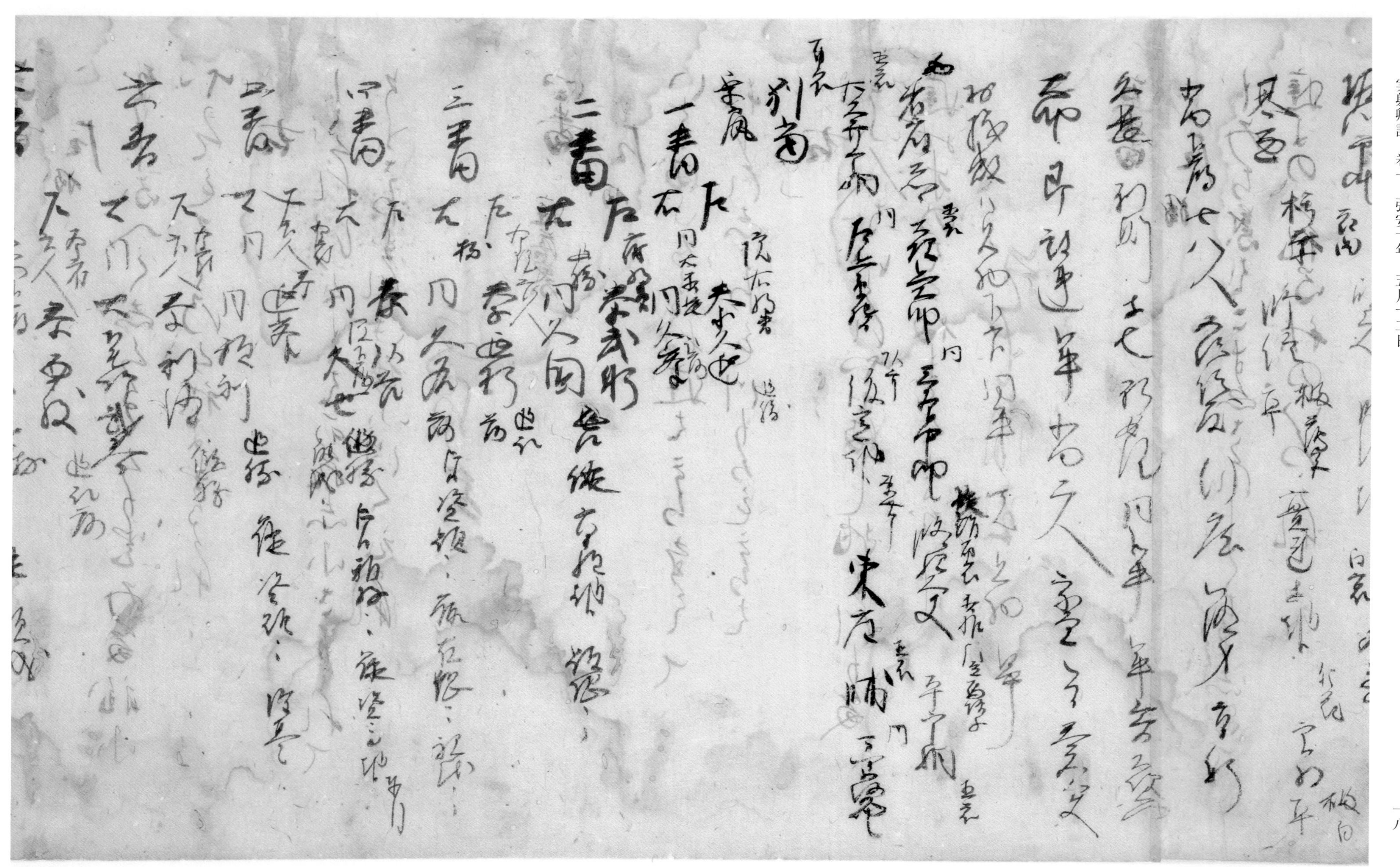

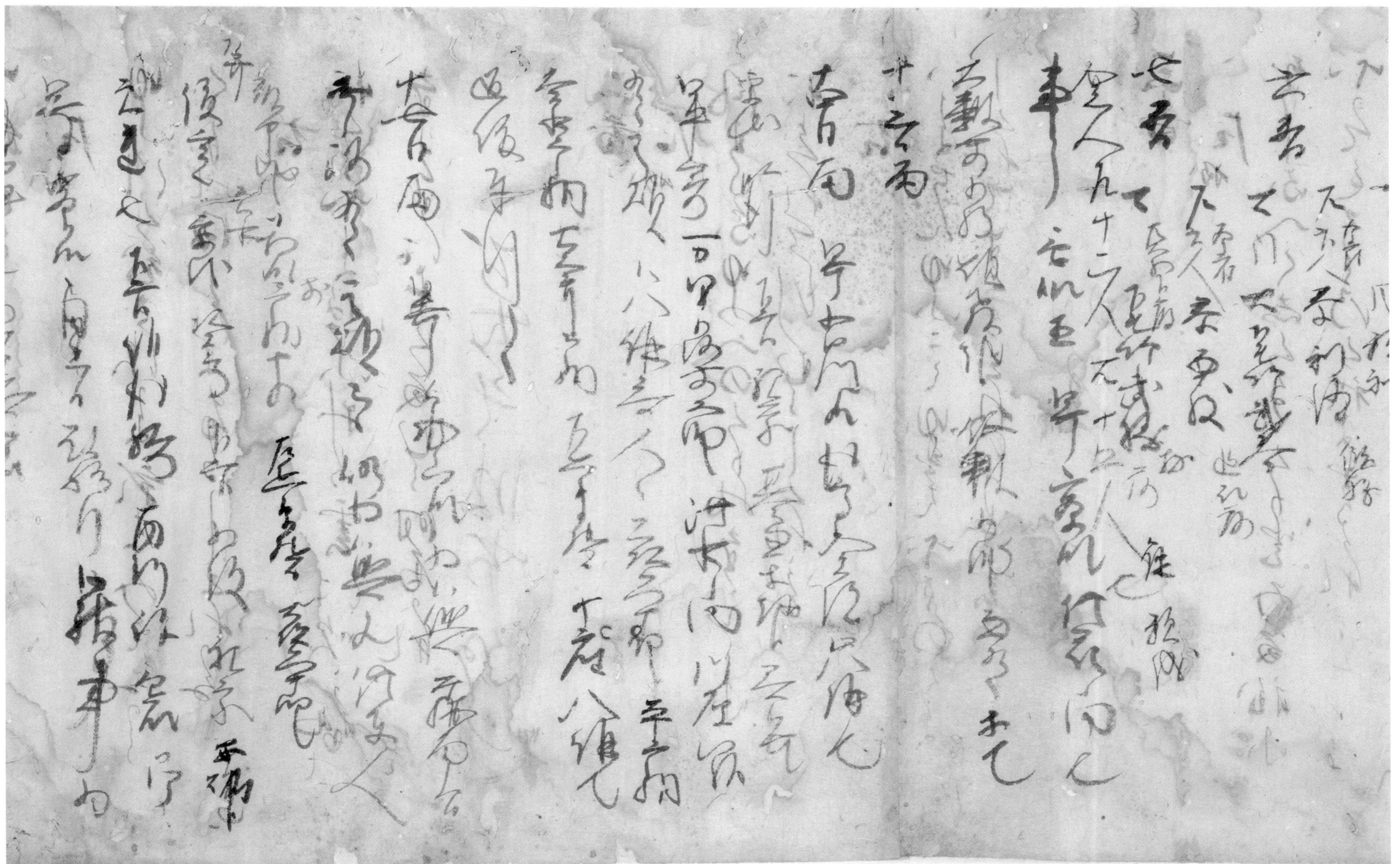

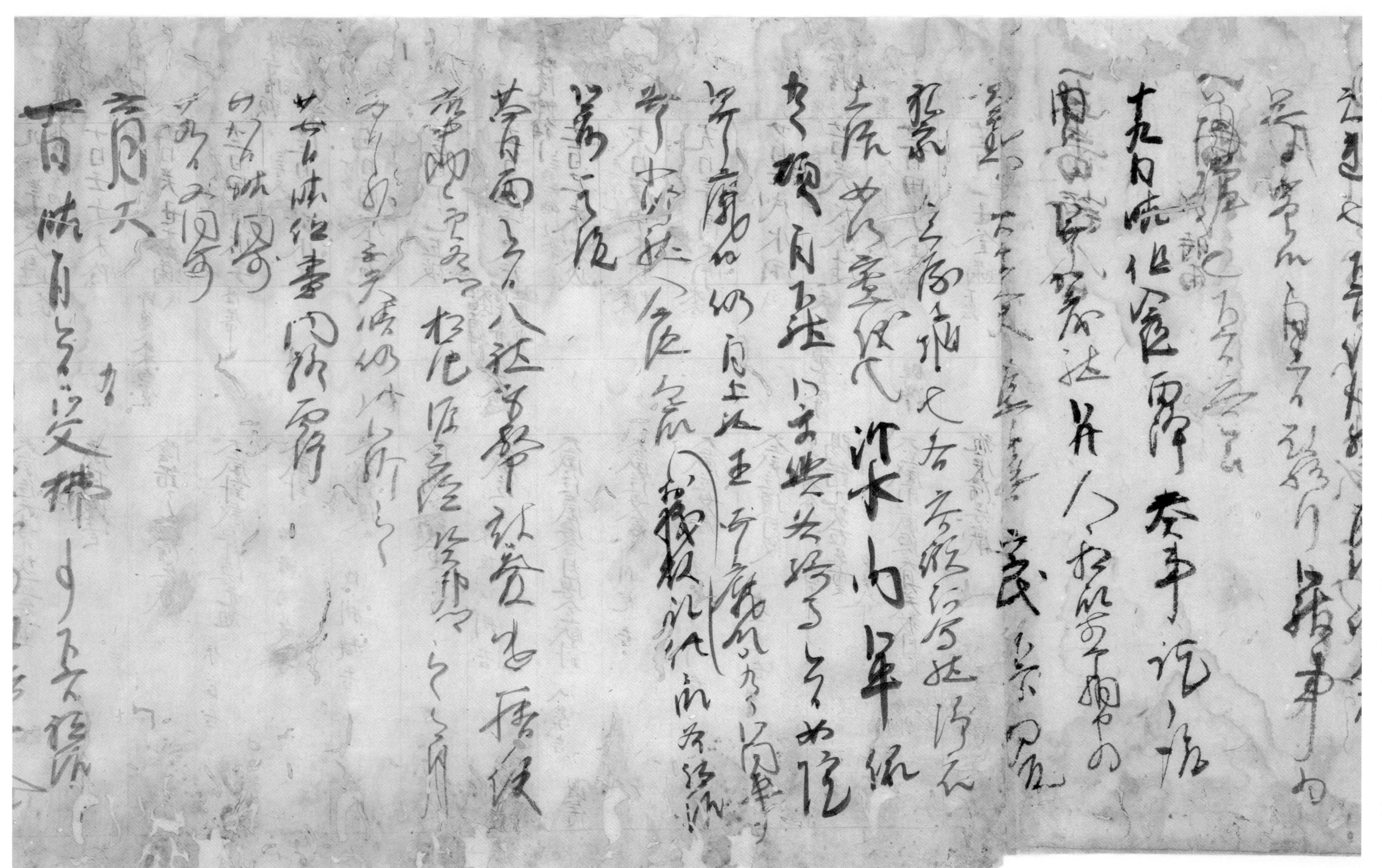

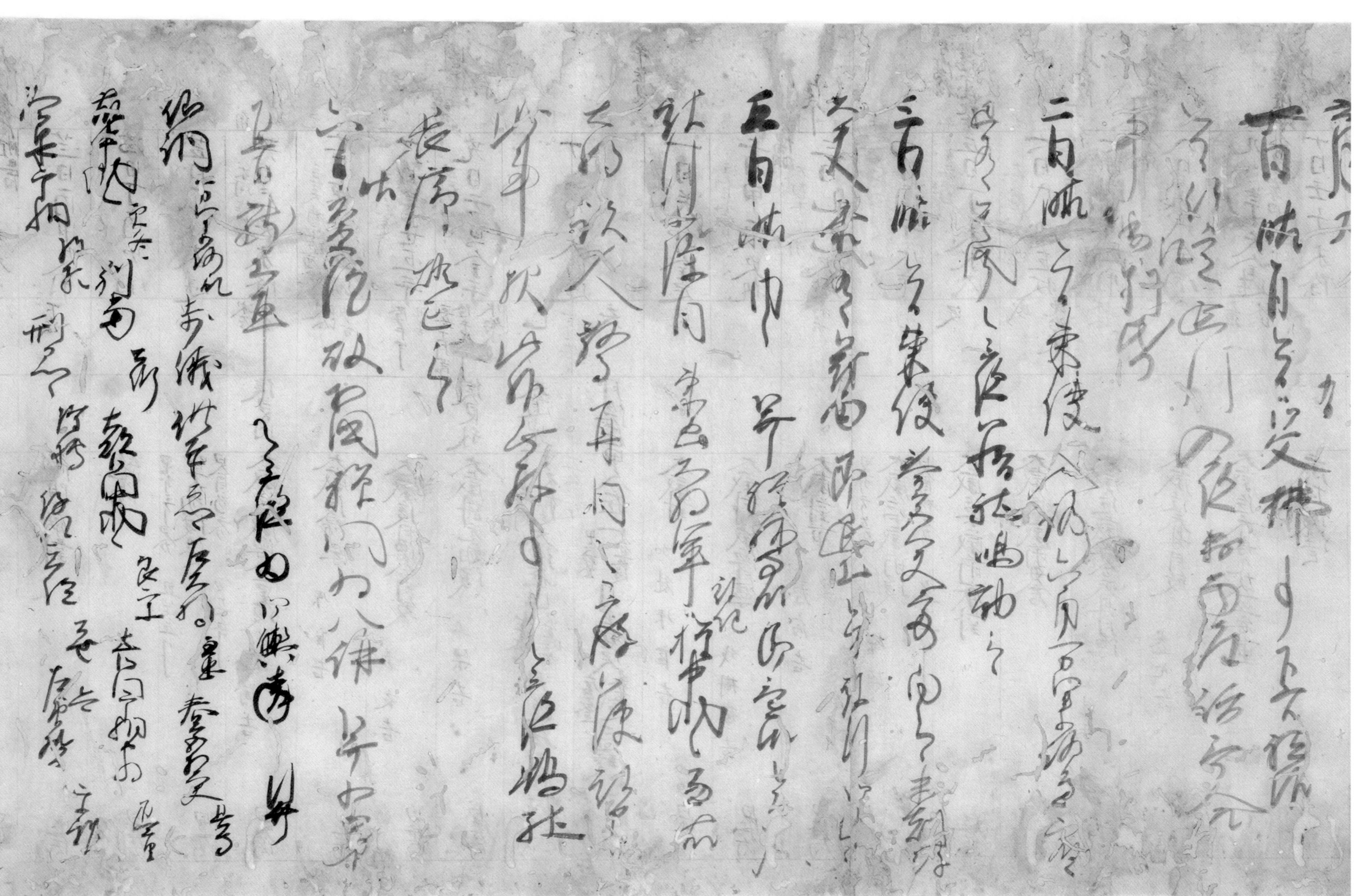

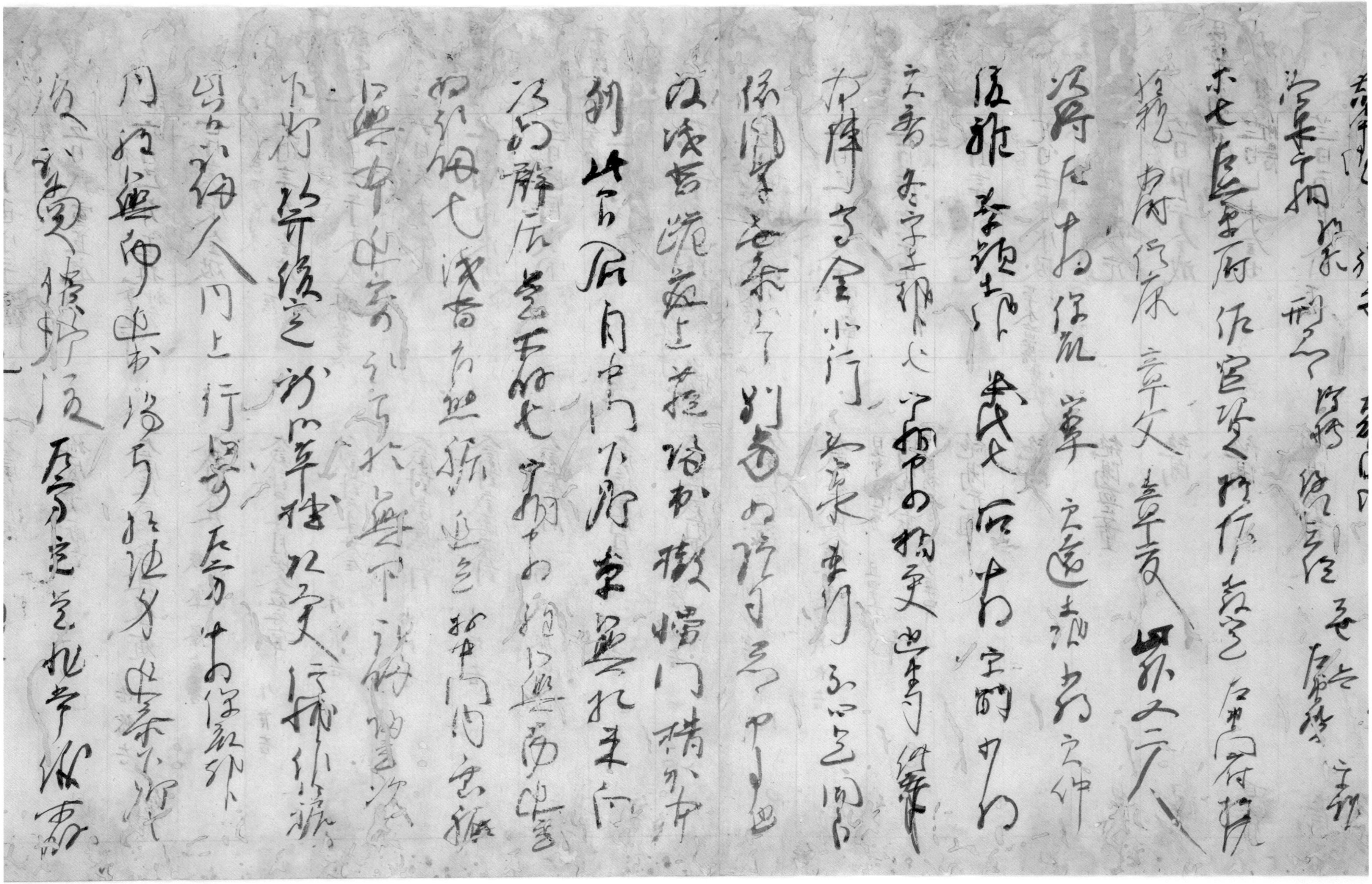

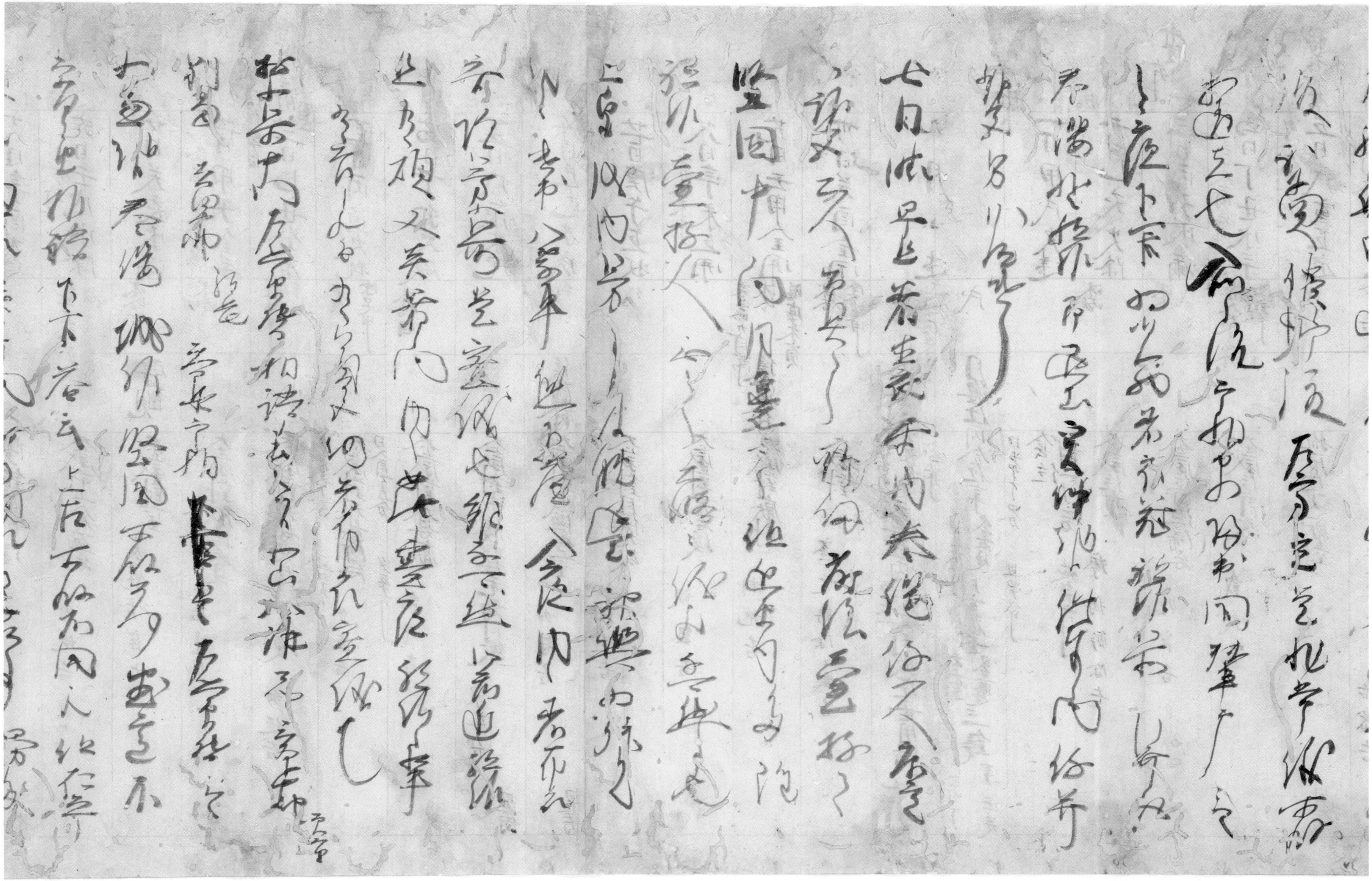

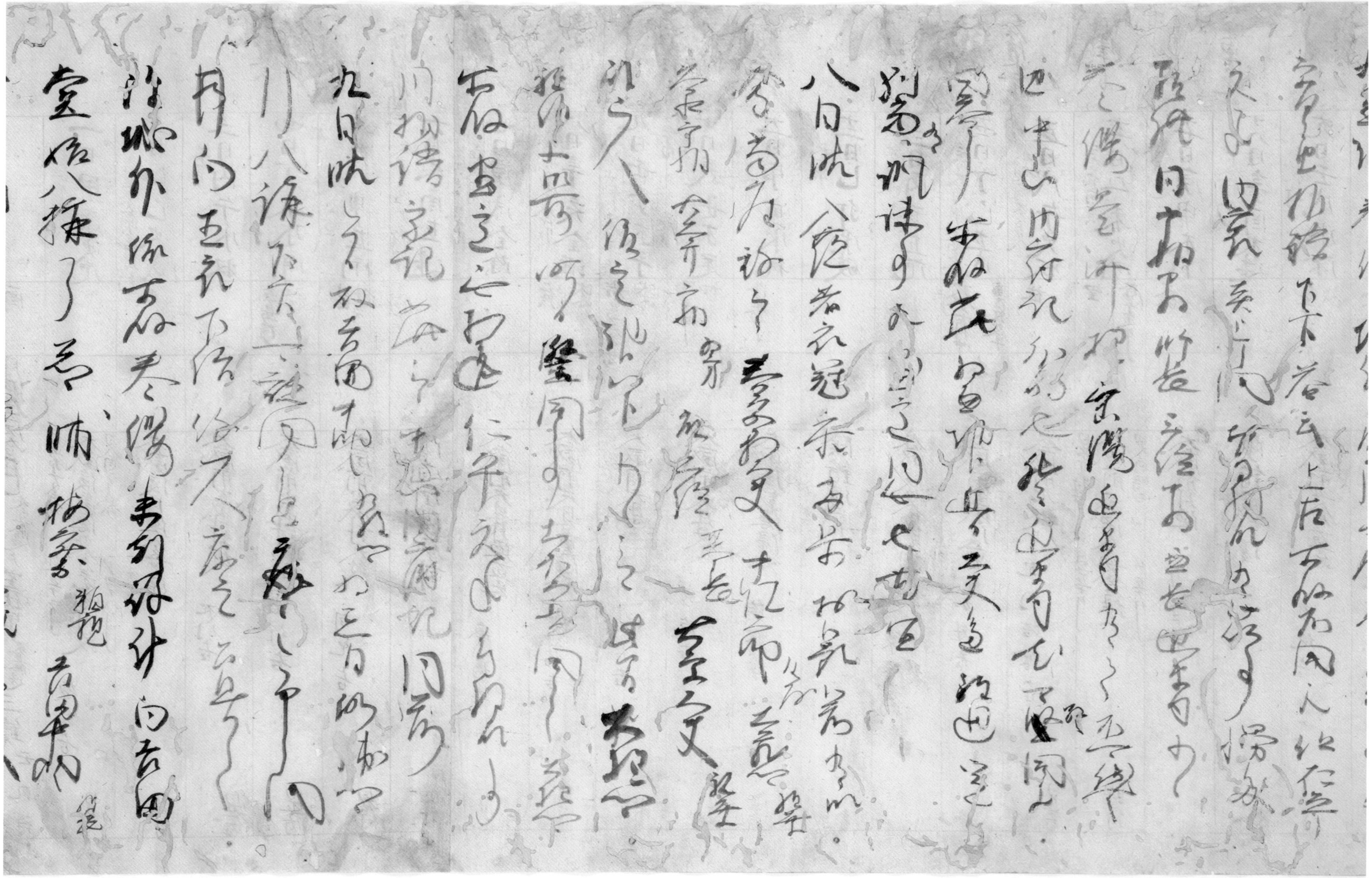

（20）

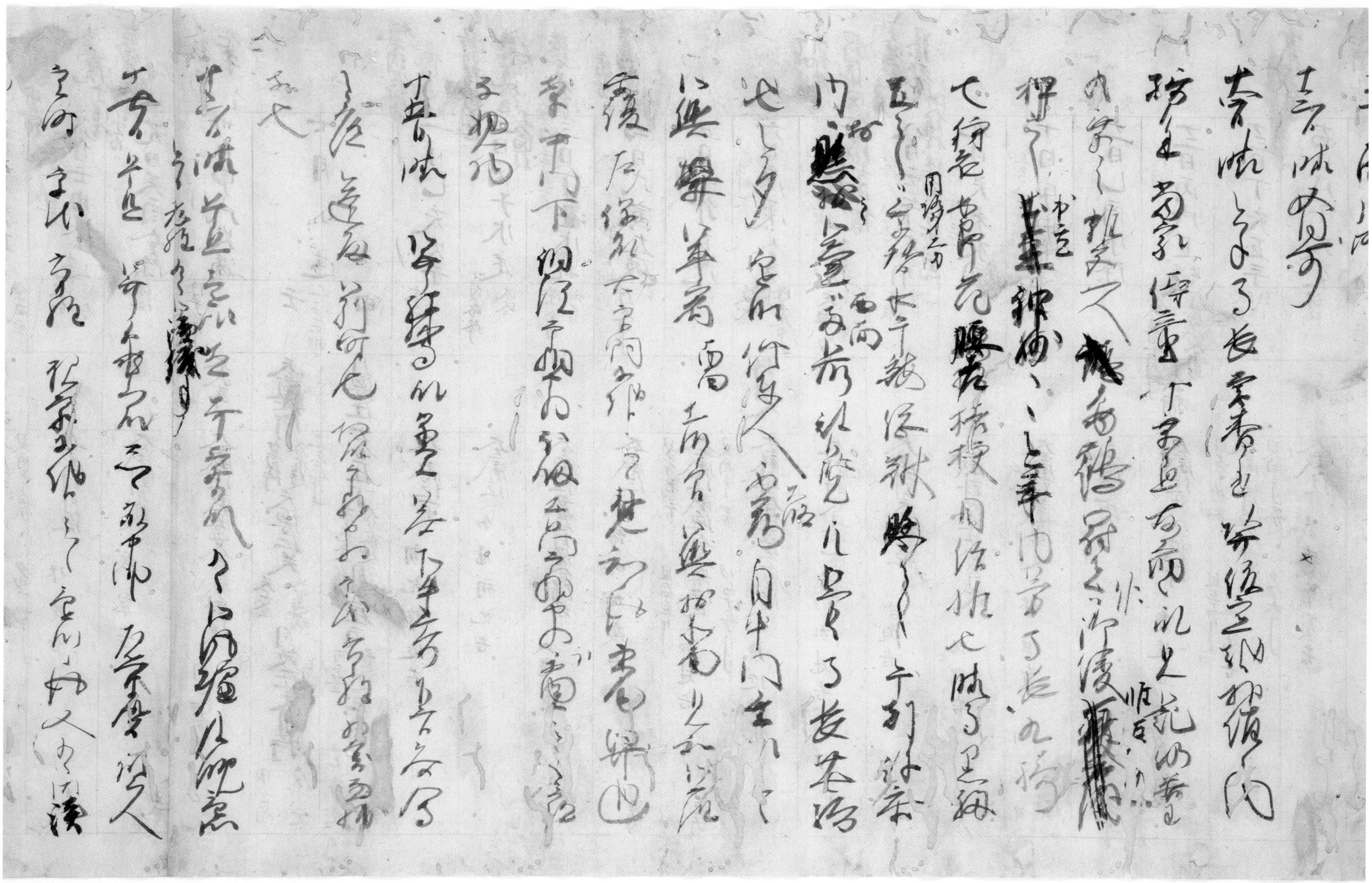

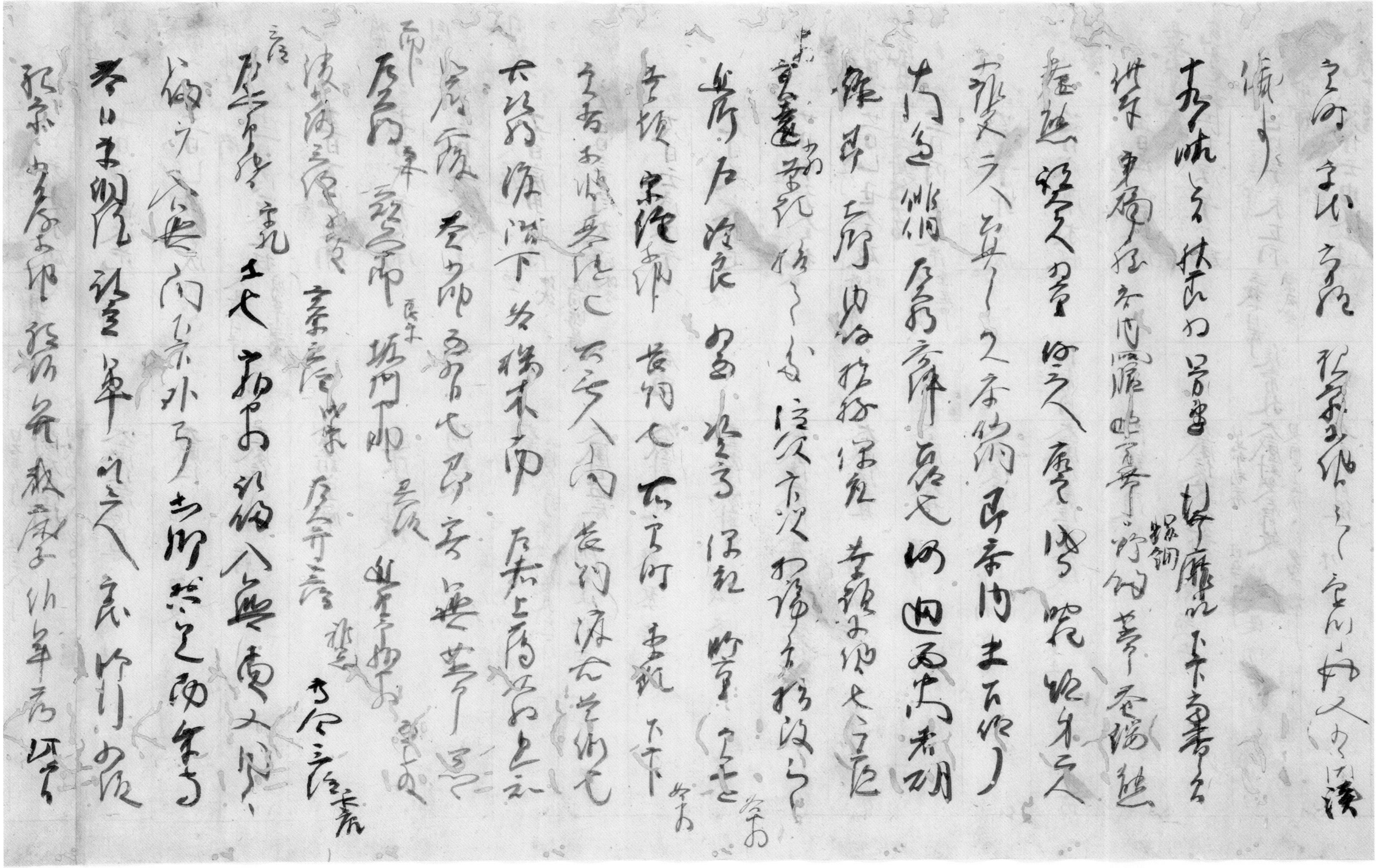

(22)

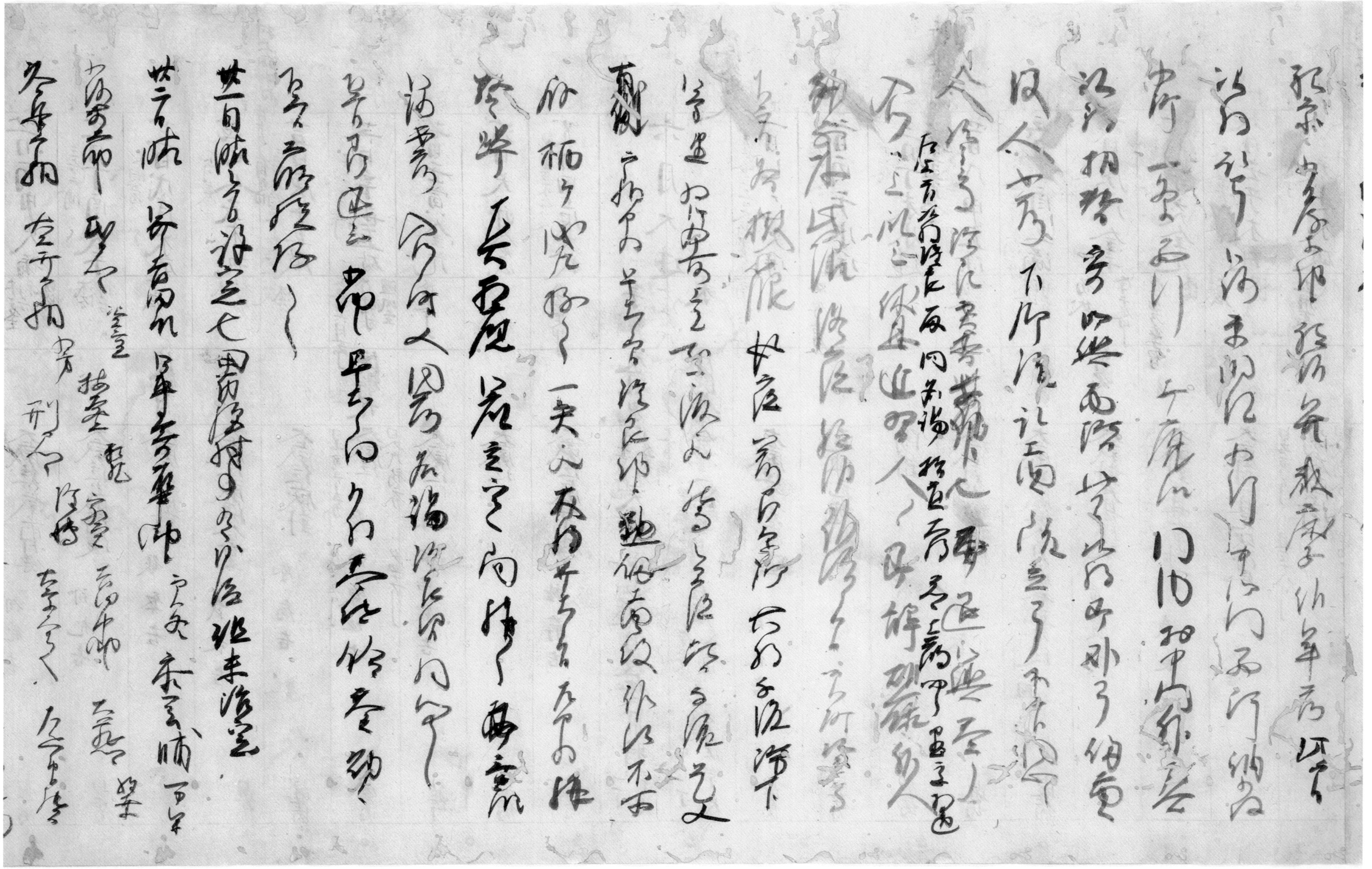

巻一紙背

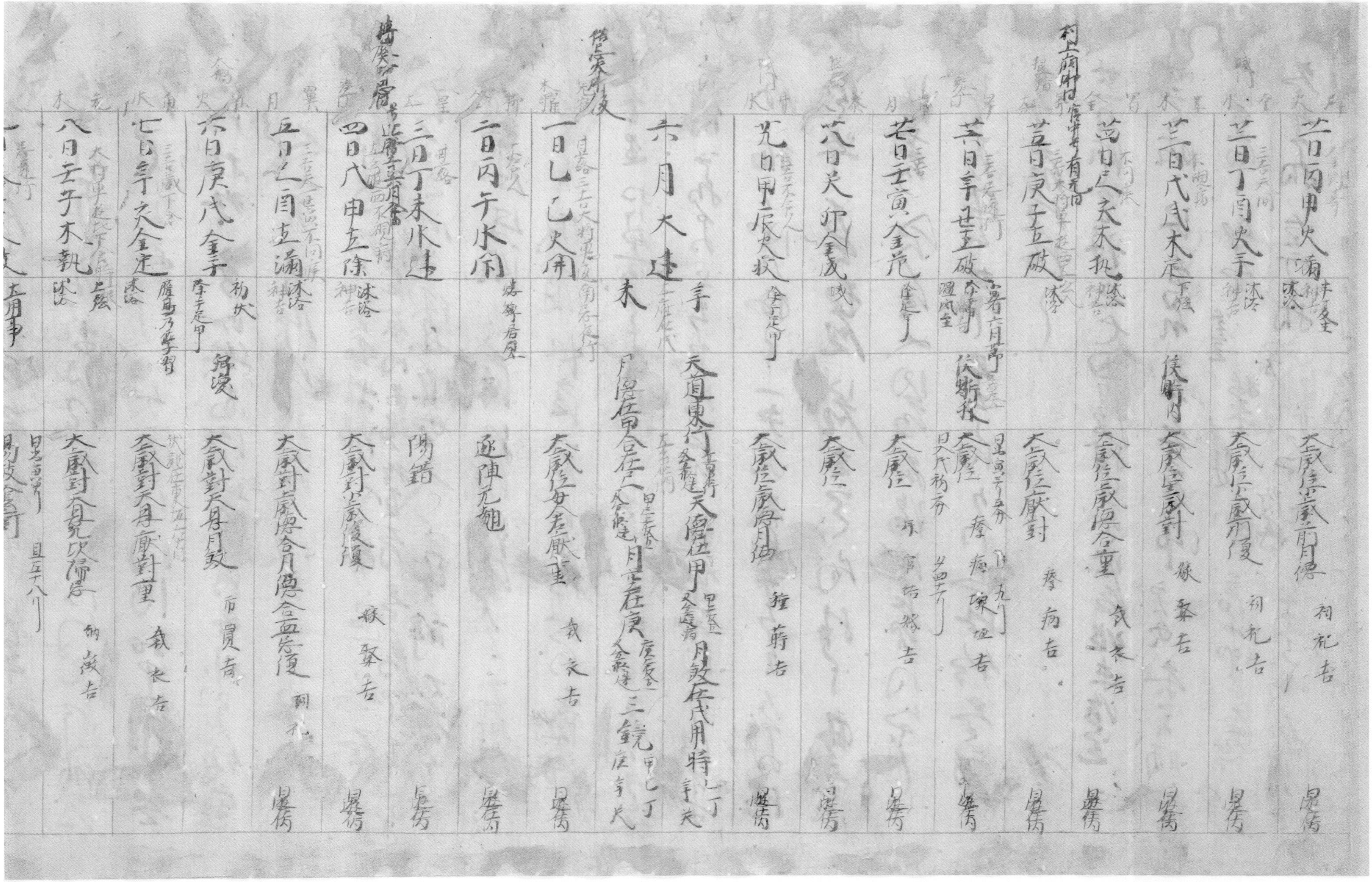

八日壬子木執

九日癸丑木破

十日甲寅水危

十一日乙卯水成

十二日丙辰土収

十三日丁巳土開

十四日戊午火閉

十五日己未火建

十六日庚申木除

十七日辛酉木満

十八日壬戌水平

十九日癸亥水定

廿日甲子金執

廿一日乙丑金破

廿二日丙寅火危

廿三日丁卯火成

廿四日戊辰木収

廿五日己巳木開

廿六日庚午土閉

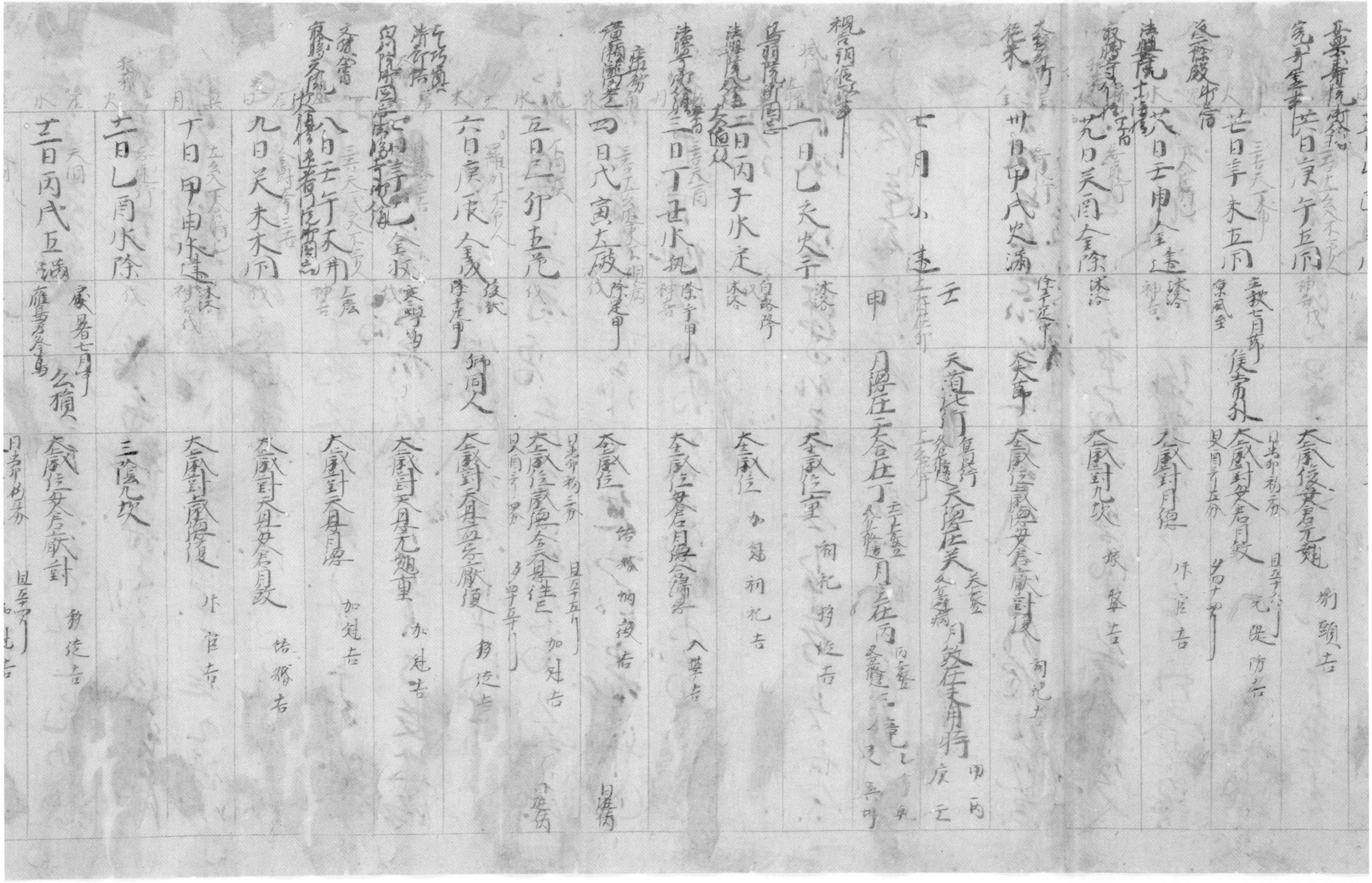

廿六日庚午土開
廿七日辛未土閉
廿八日壬申金建
廿九日癸酉金除
卅日甲戌火滿
七月小　建壬申
一日乙亥火平
二日丙子水定
三日丁丑水執
四日戊寅土破
五日己卯土危
六日庚辰金成
七日辛巳金收
八日壬午木開
九日癸未木閉
十日甲申水建
十一日乙酉水除
十二日丙戌土滿

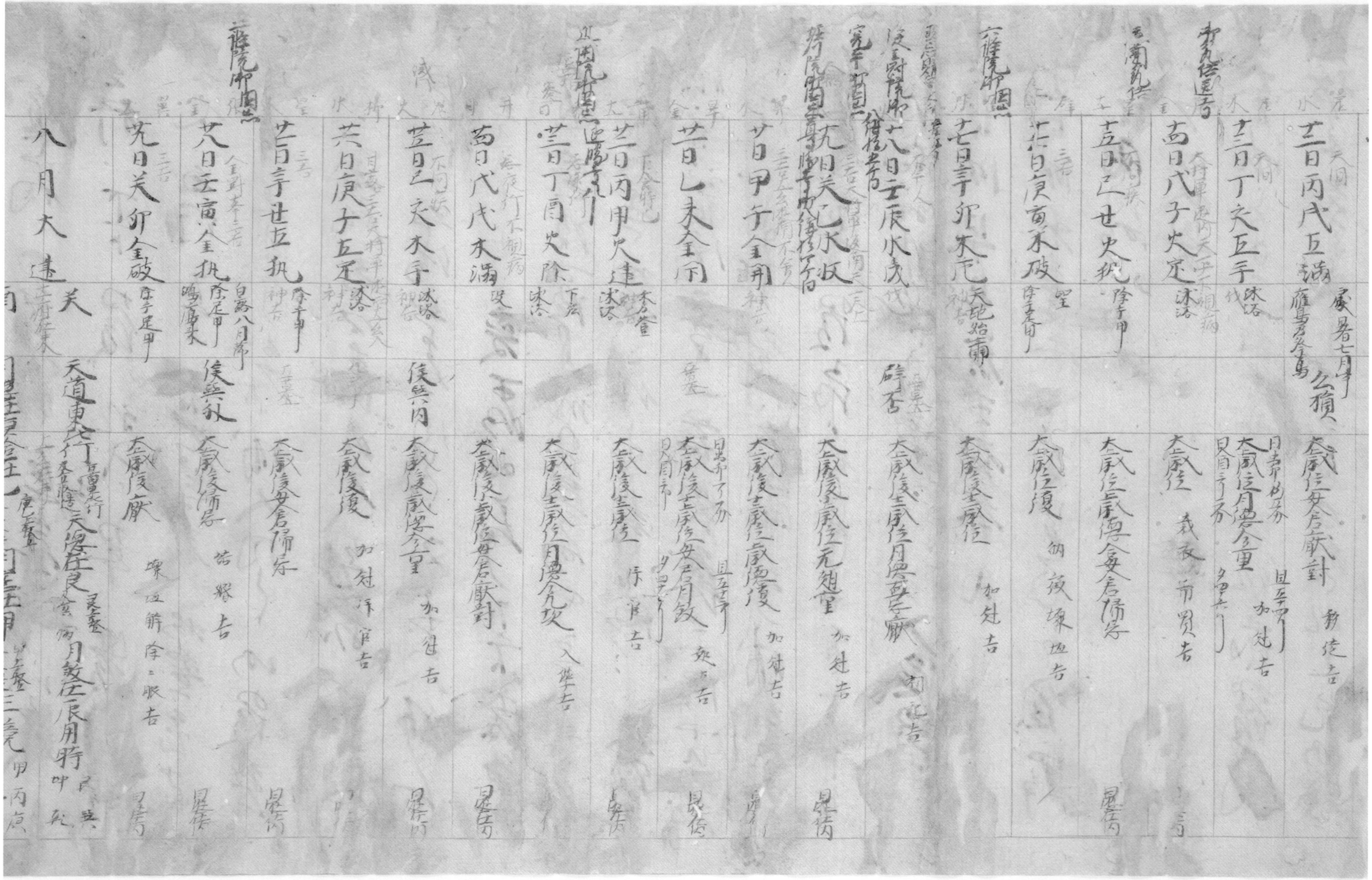

(20)

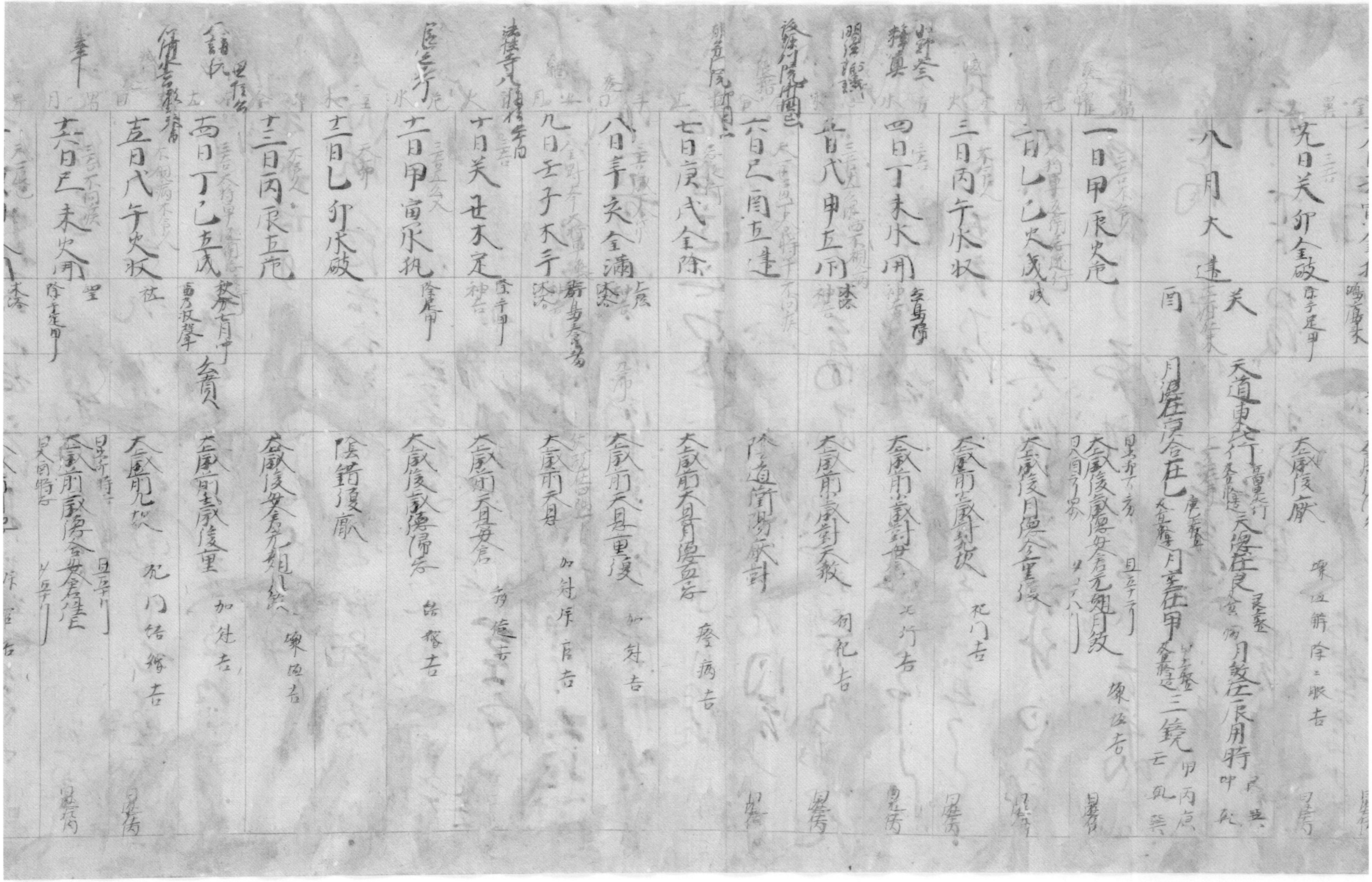

廿九日癸卯金破

八月大建癸酉

一日甲辰火危

二日乙巳火成

三日丙午水収

四日丁未水開

五日戊申土閉

六日己酉土建

七日庚戌金除

八日辛亥金満

九日壬子木平

十日癸丑木定

十一日甲寅水執

十二日乙卯水破

十三日丙辰土危

十四日丁巳土成

十五日戊午火収

十六日己未火開

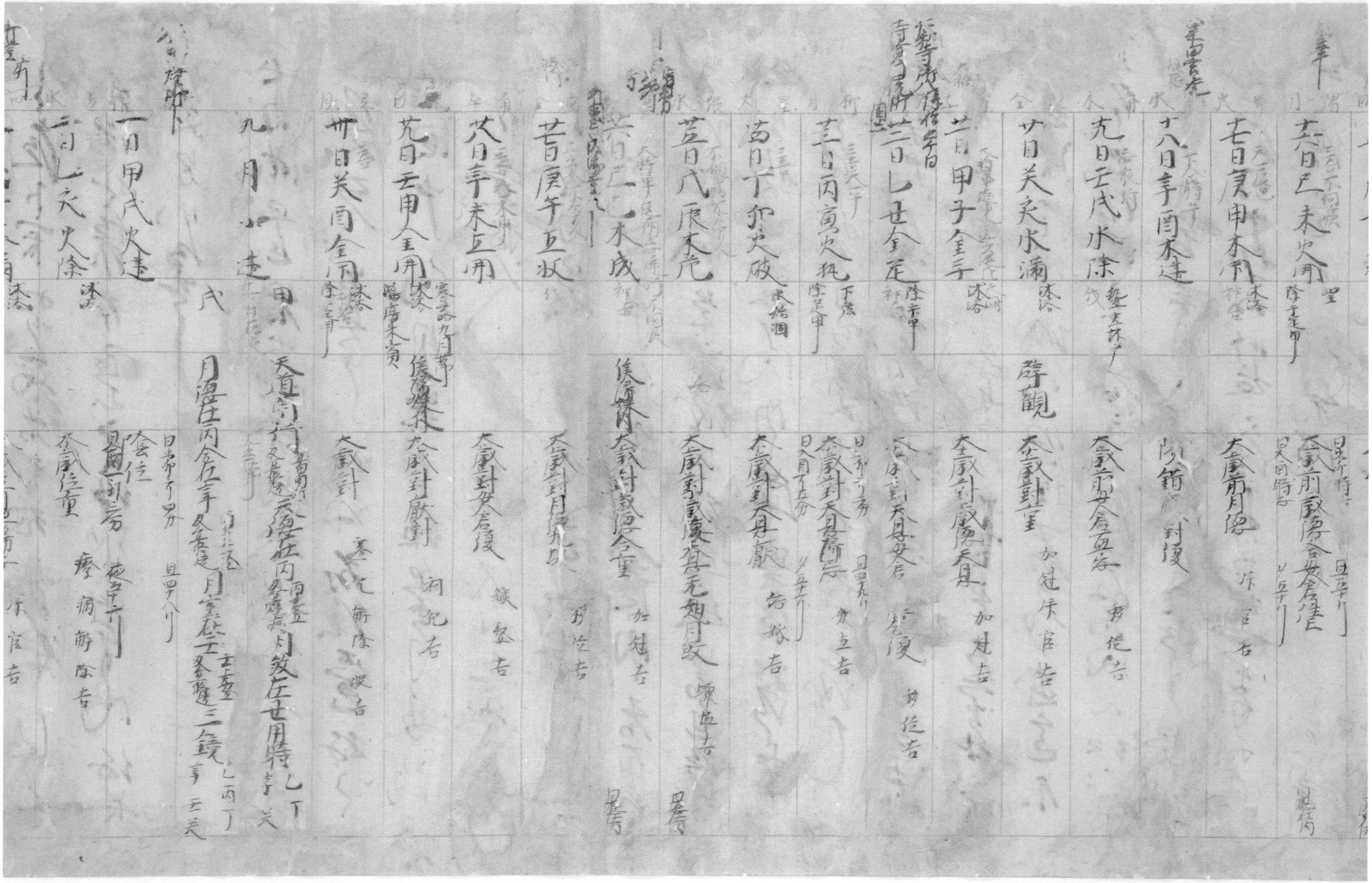

(18)

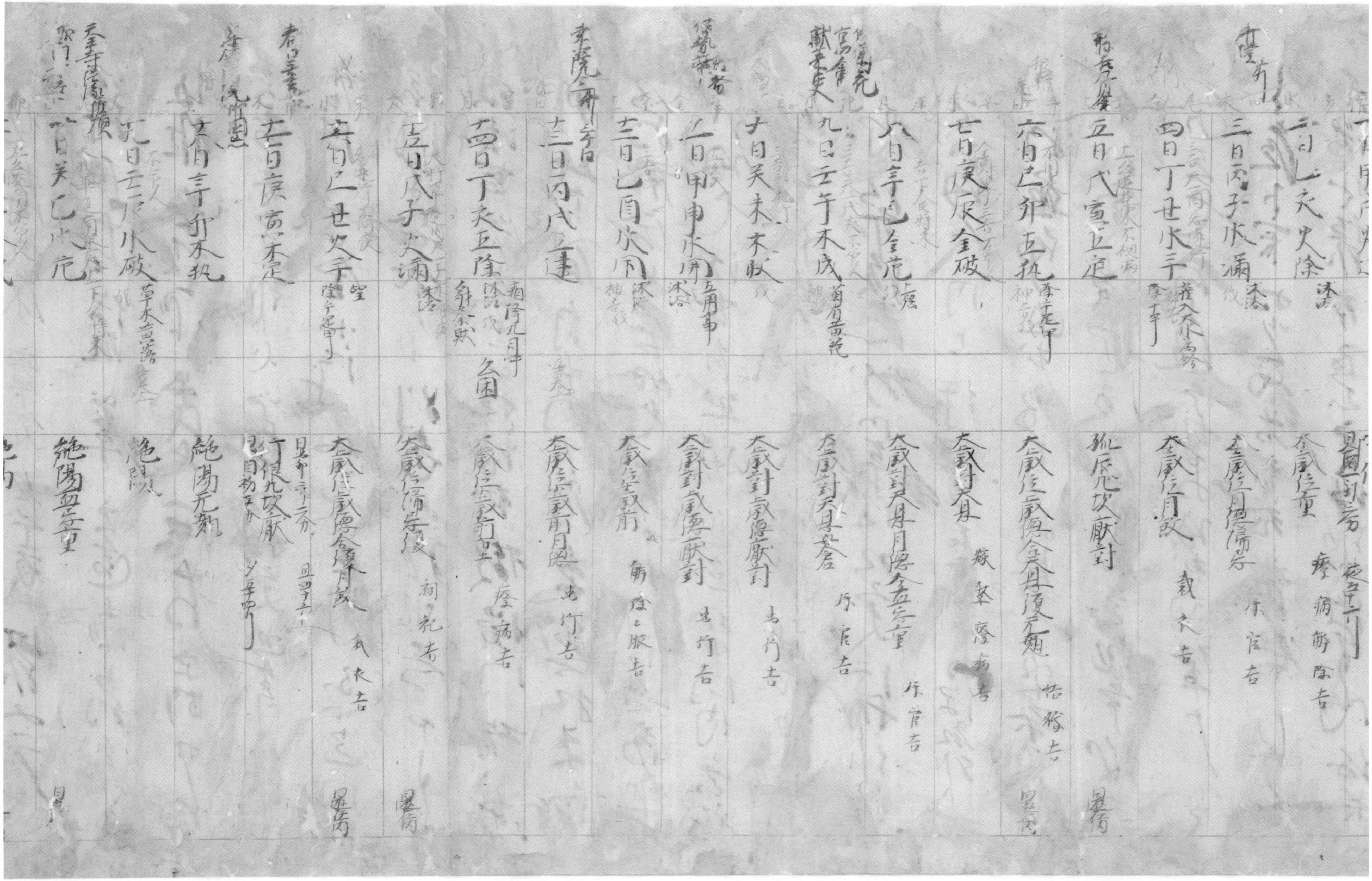
二日乙亥火除
三日丙子水満
四日丁丑水平
五日戊寅土定
六日己卯土執
七日庚辰金破
八日辛巳金危
九日壬午木成
十日癸未木収
十一日甲申水開
十二日乙酉水閉
十三日丙戌土建
十四日丁亥土除
十五日戊子火満
十六日己丑火平
十七日庚寅木定
十八日辛卯木執
十九日壬辰水破
廿日癸巳水危

(17)

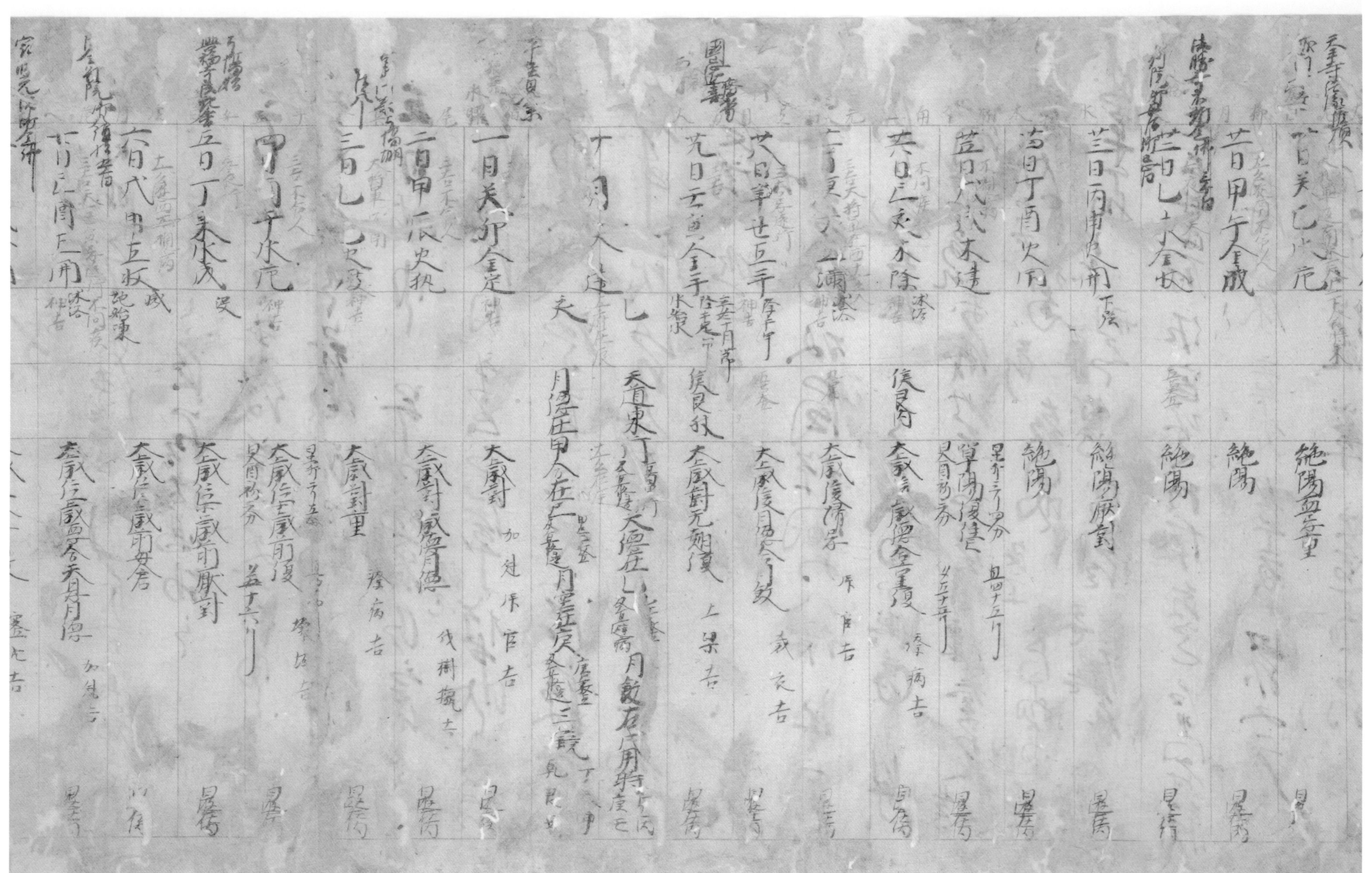

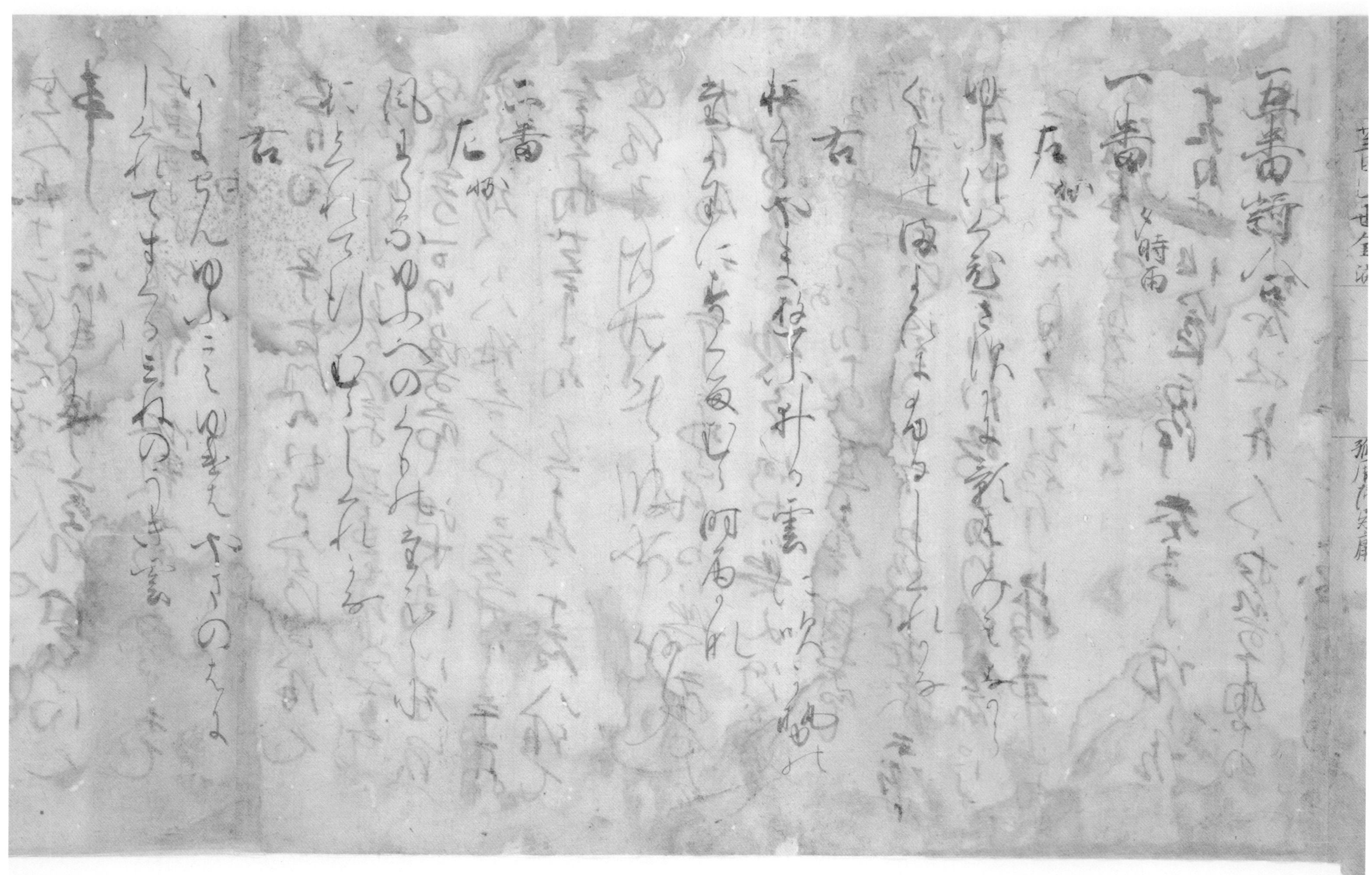

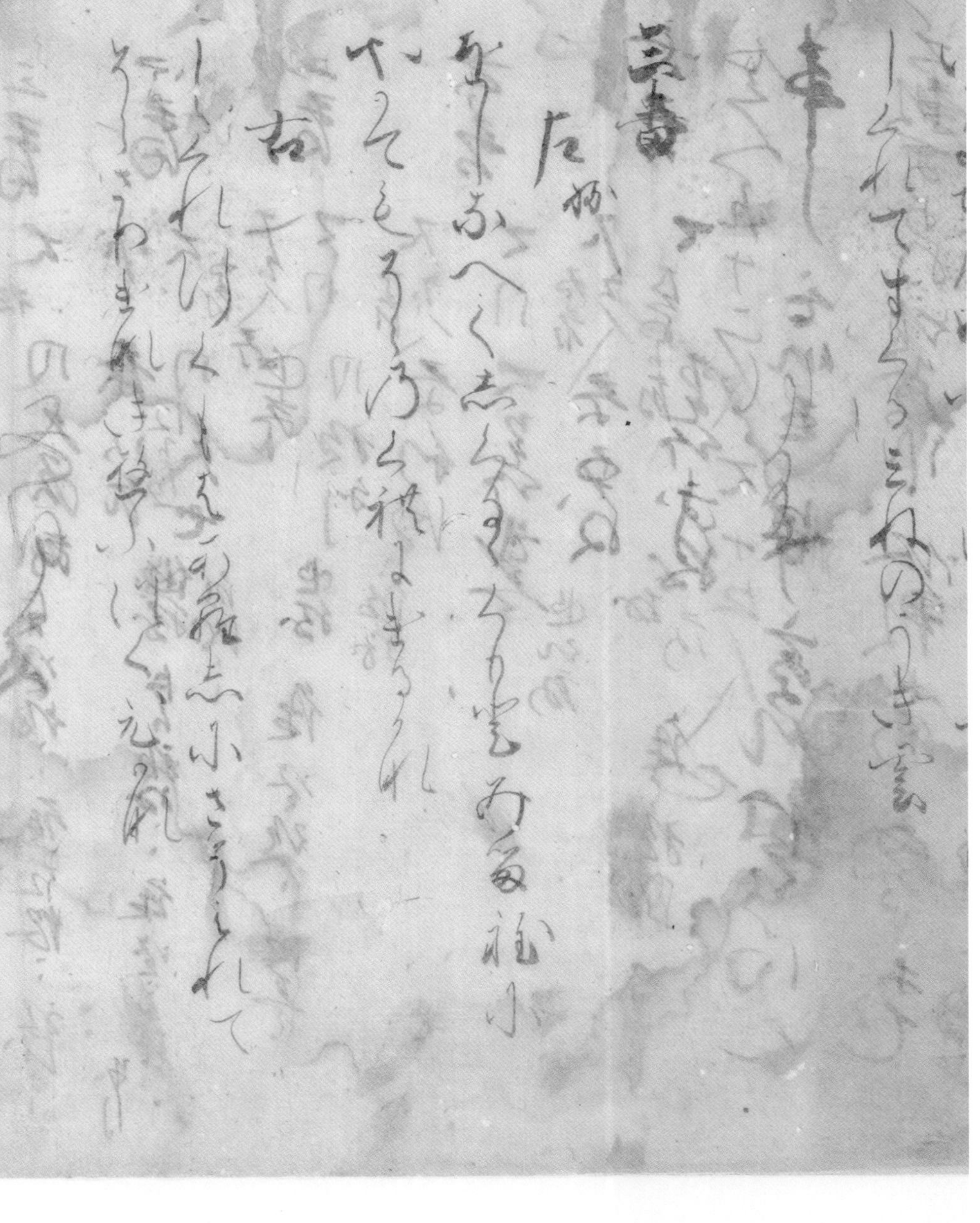

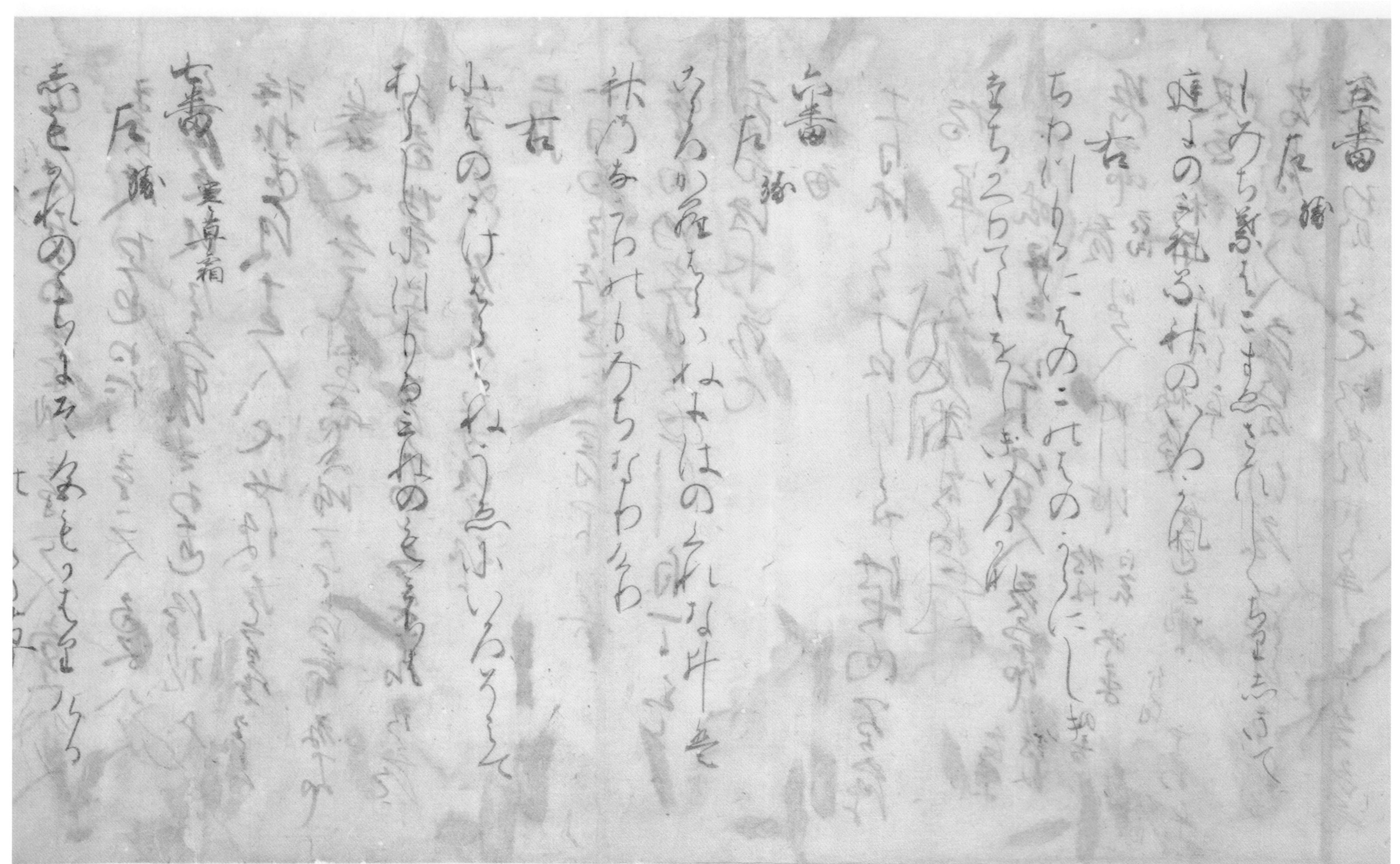

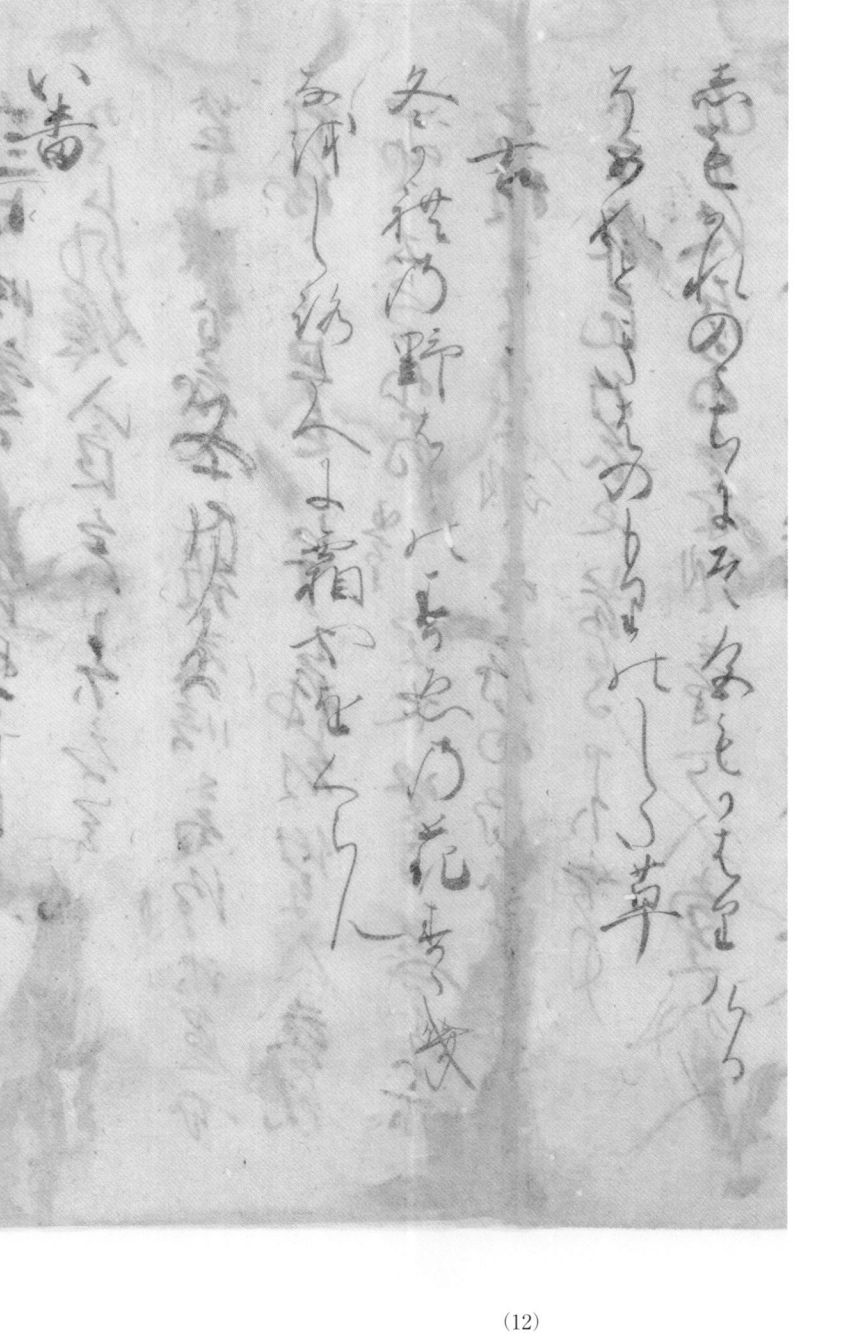

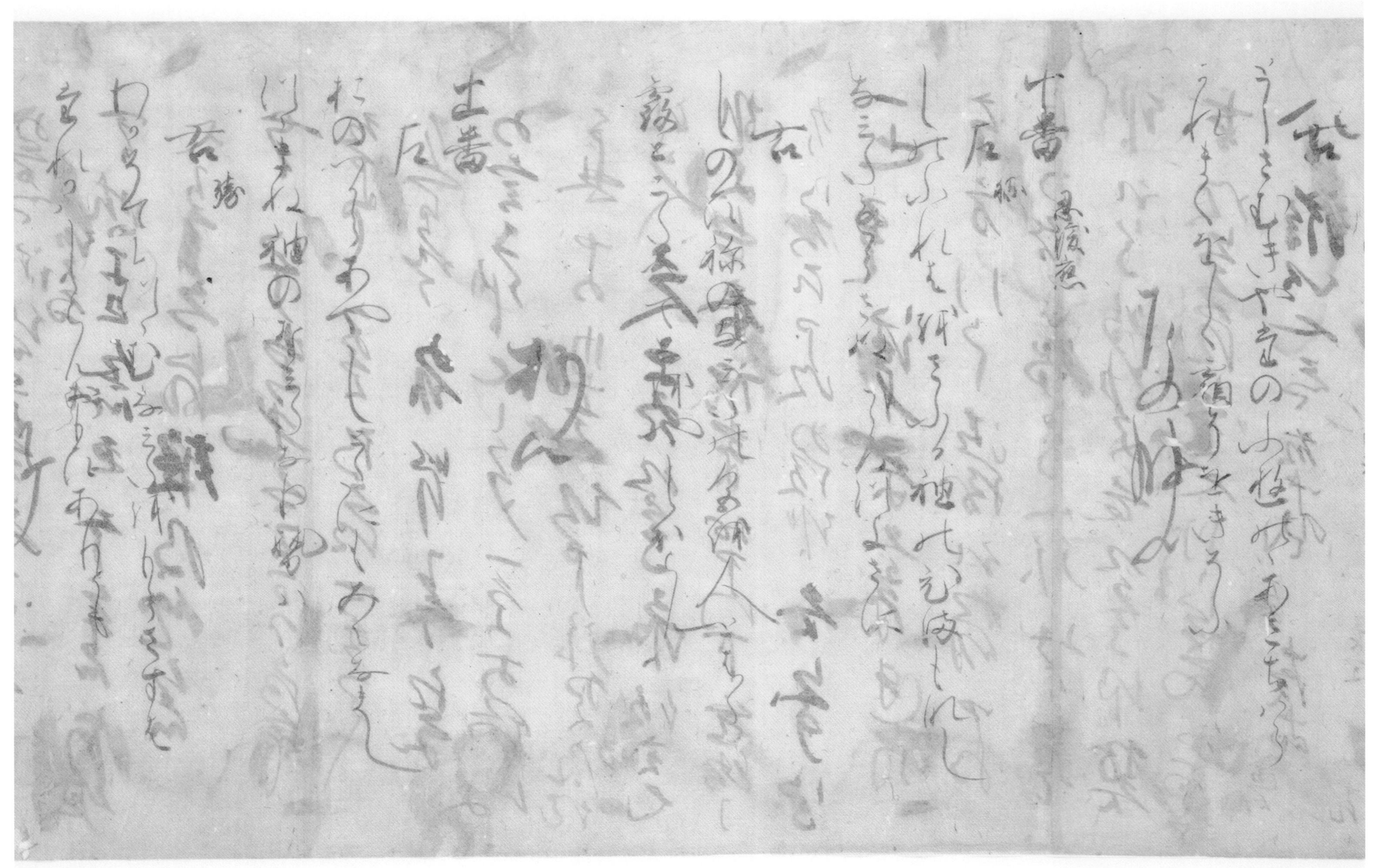

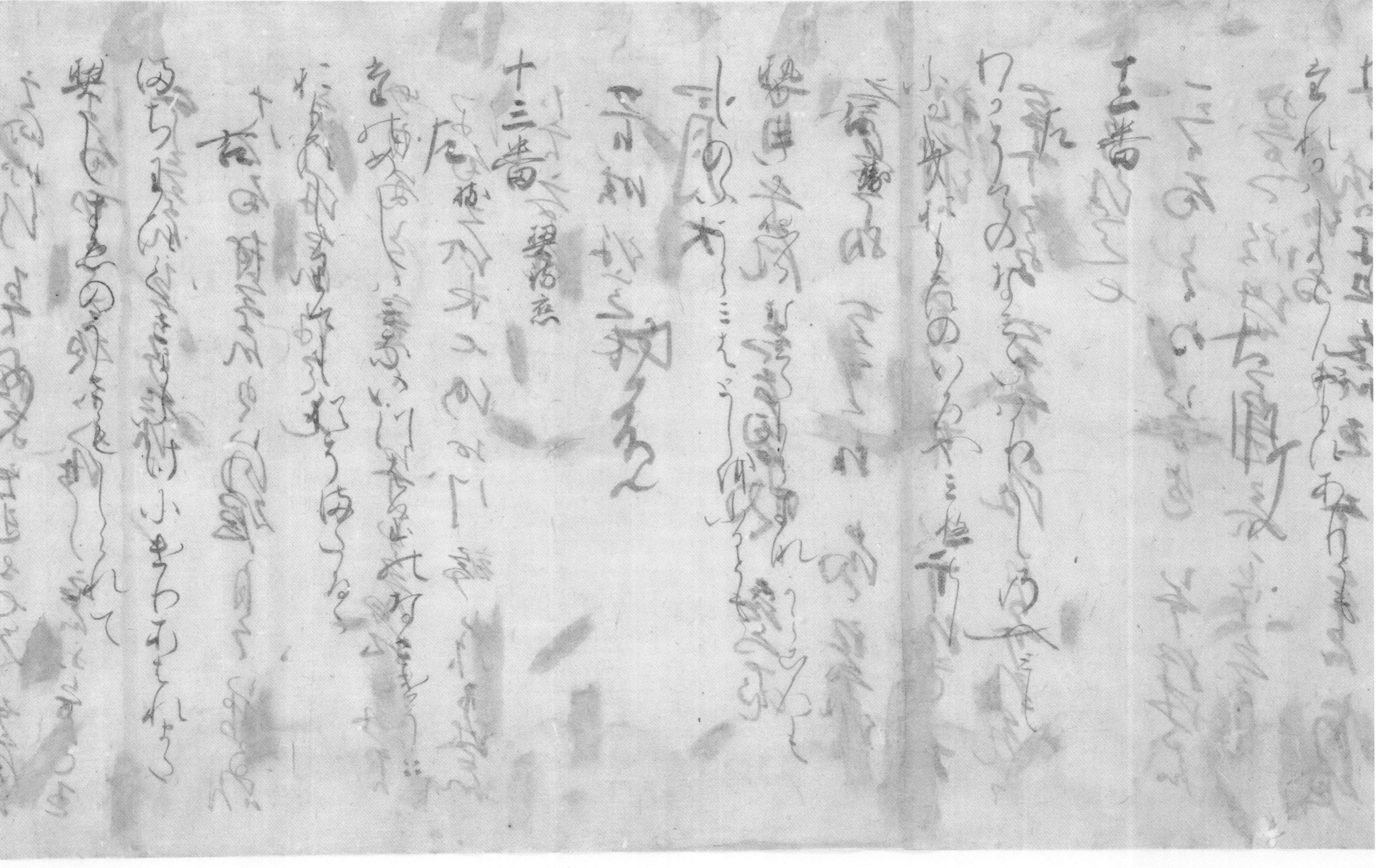

（10）

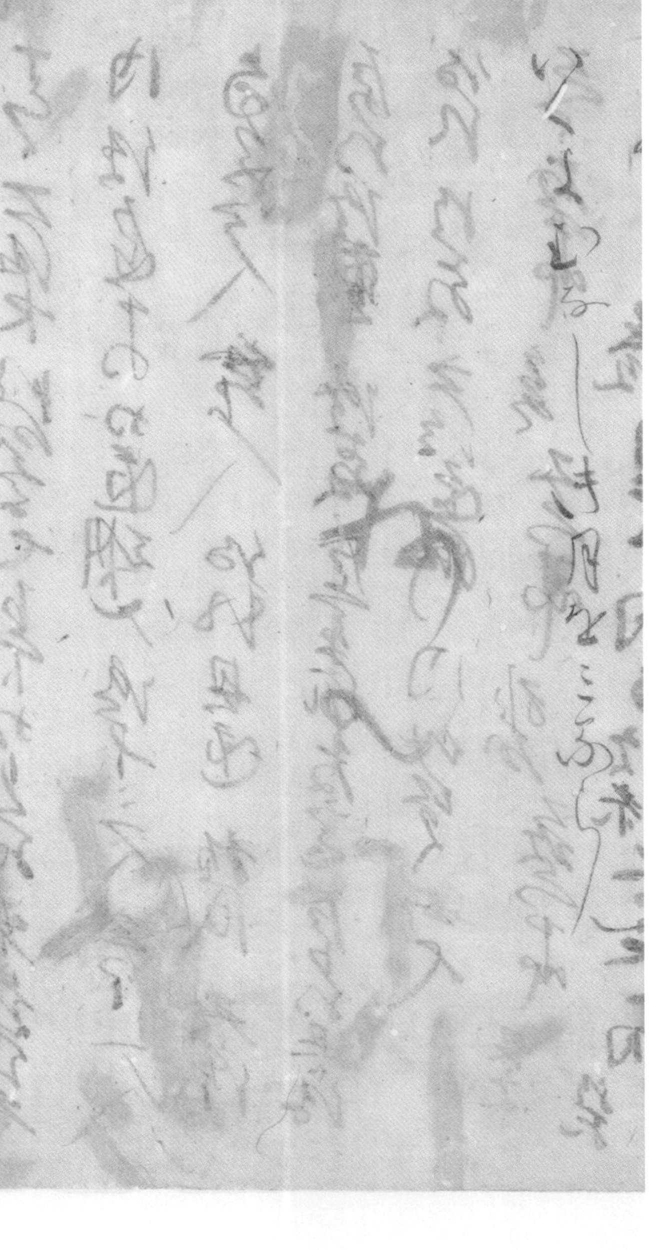

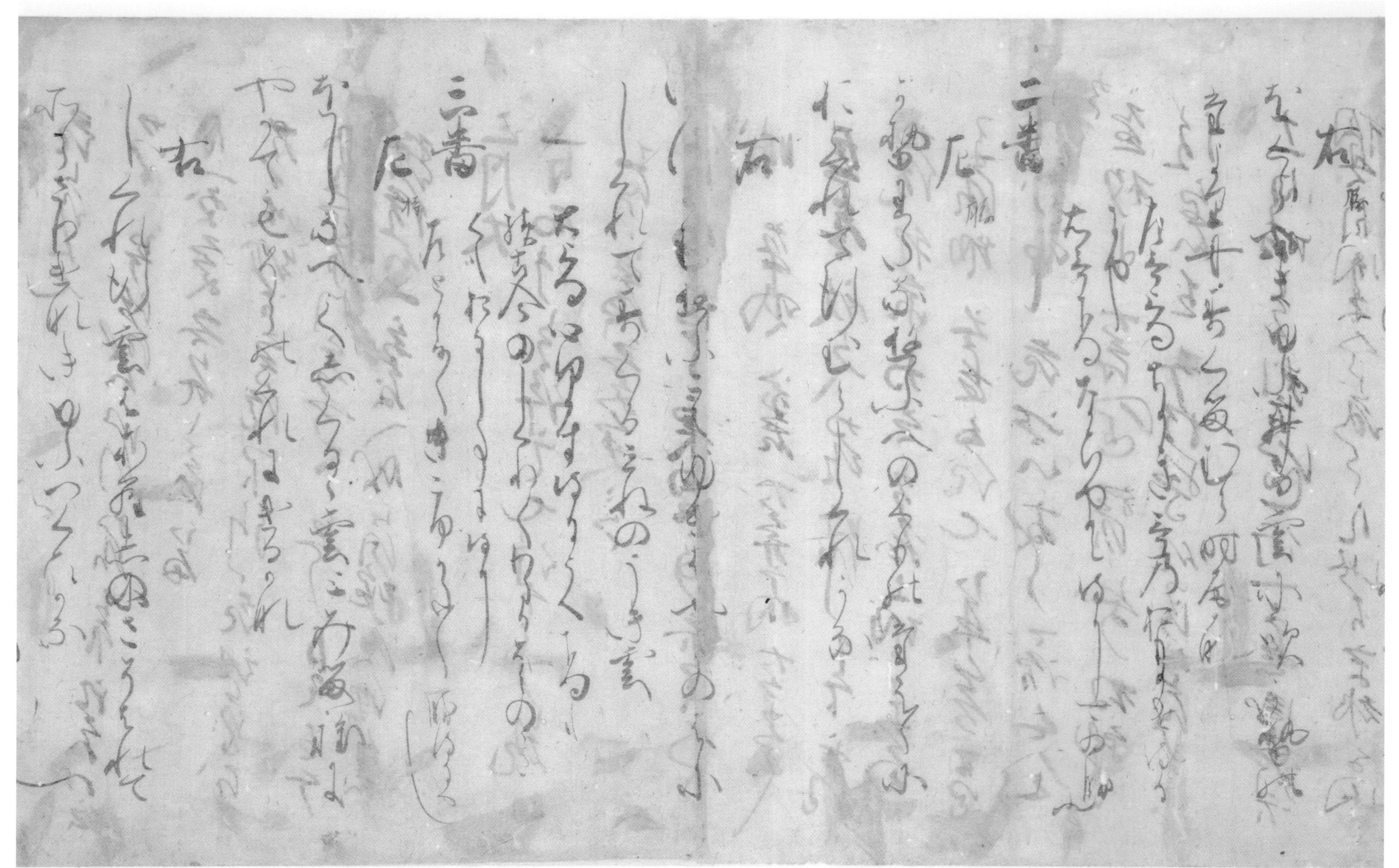

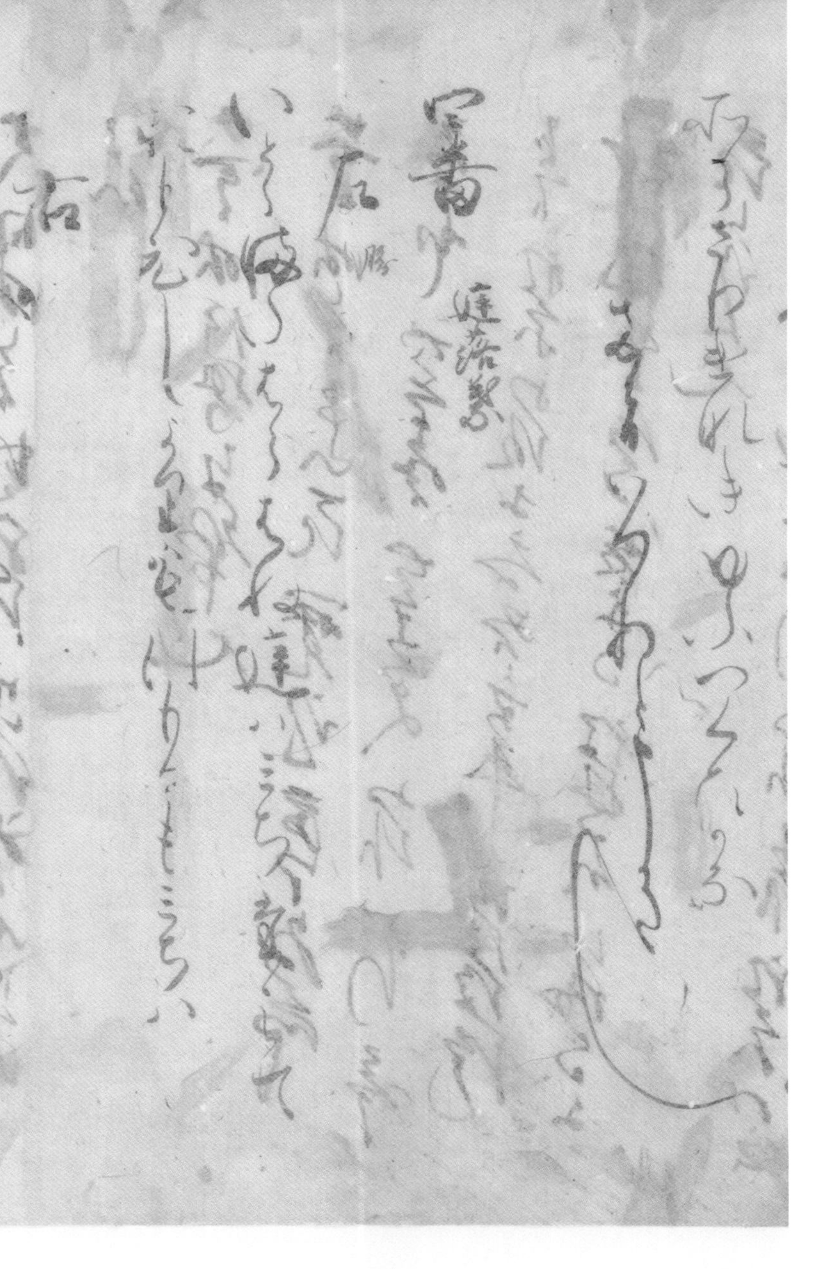

(6)

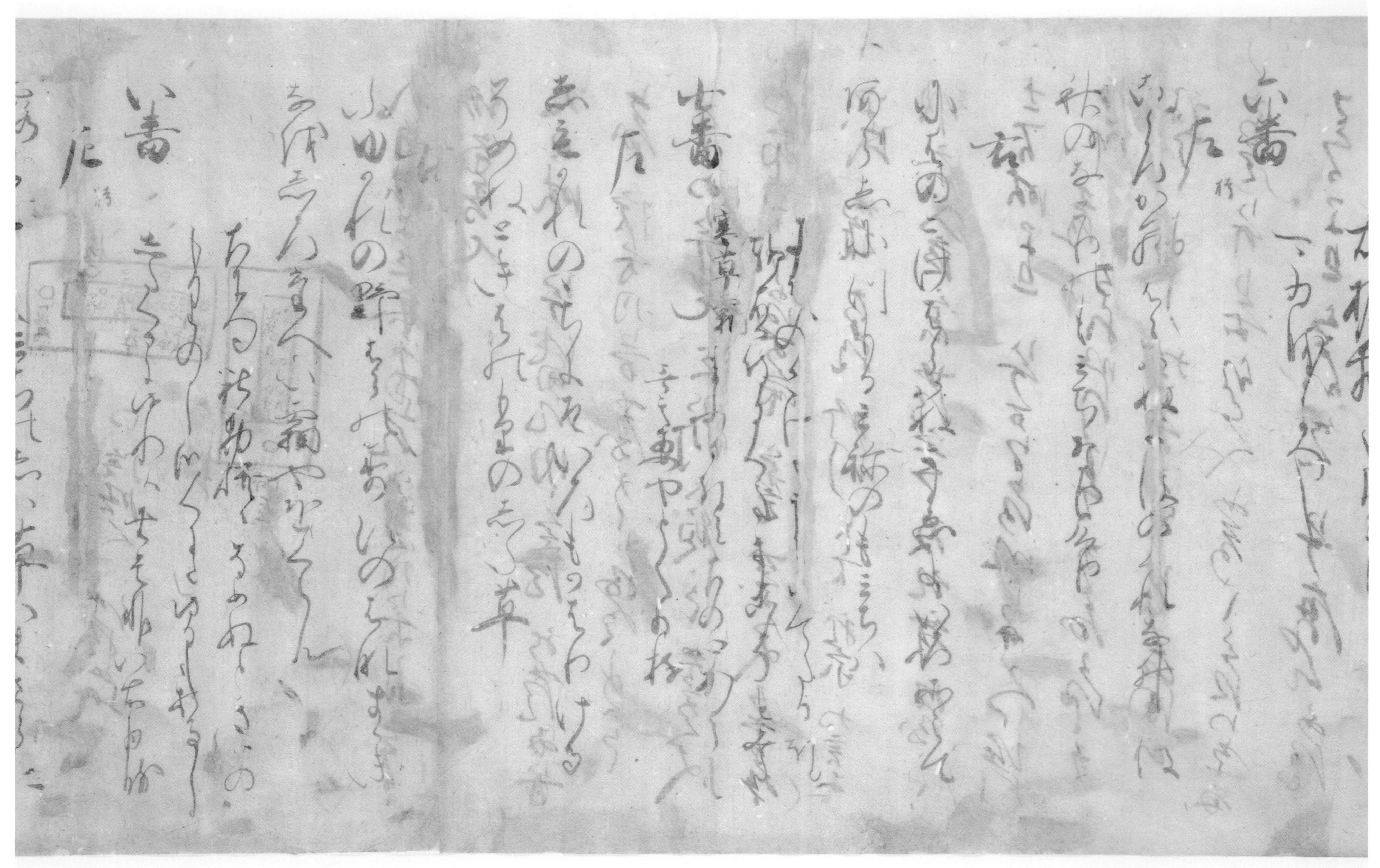

(5)

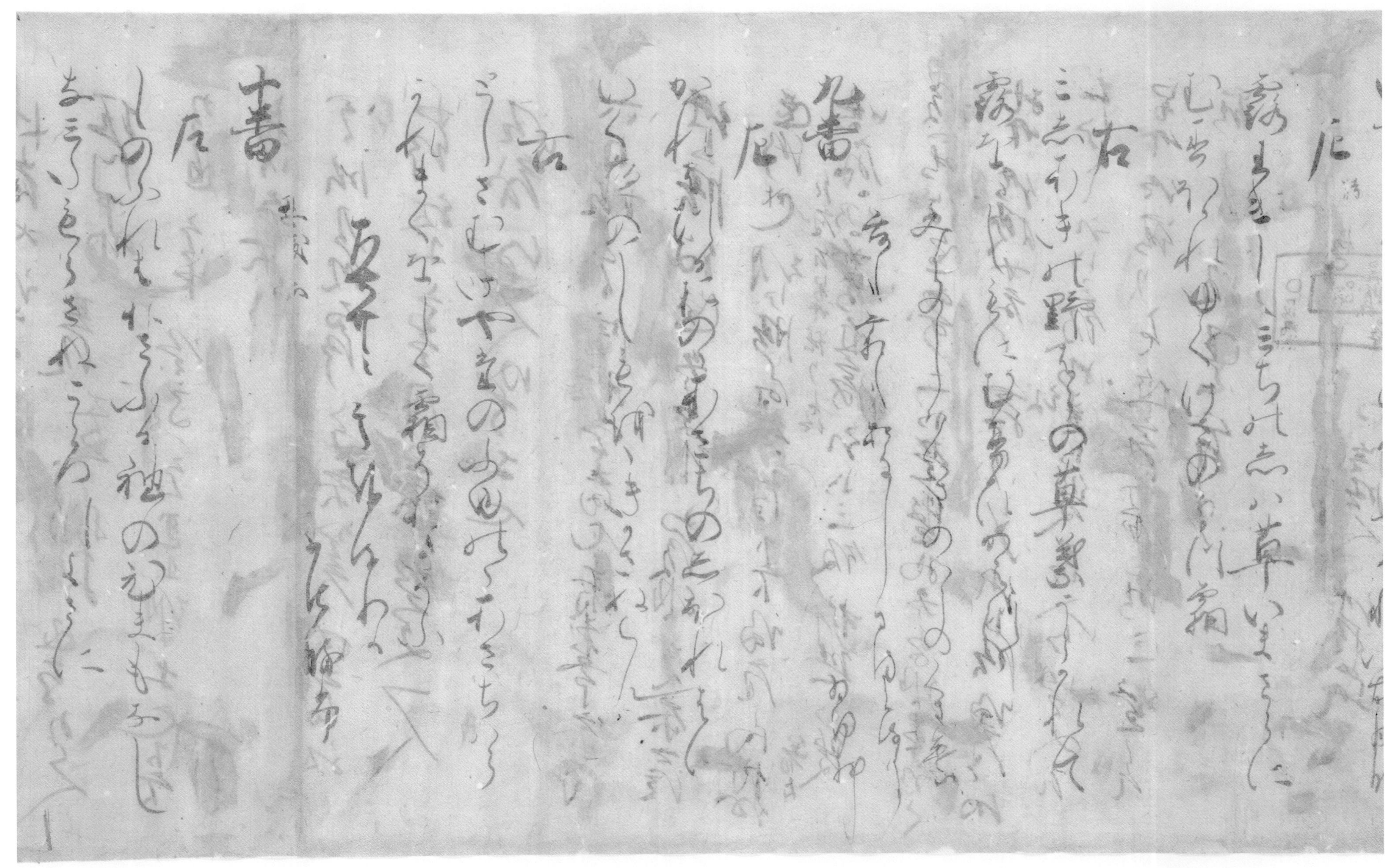

(4)

(3)

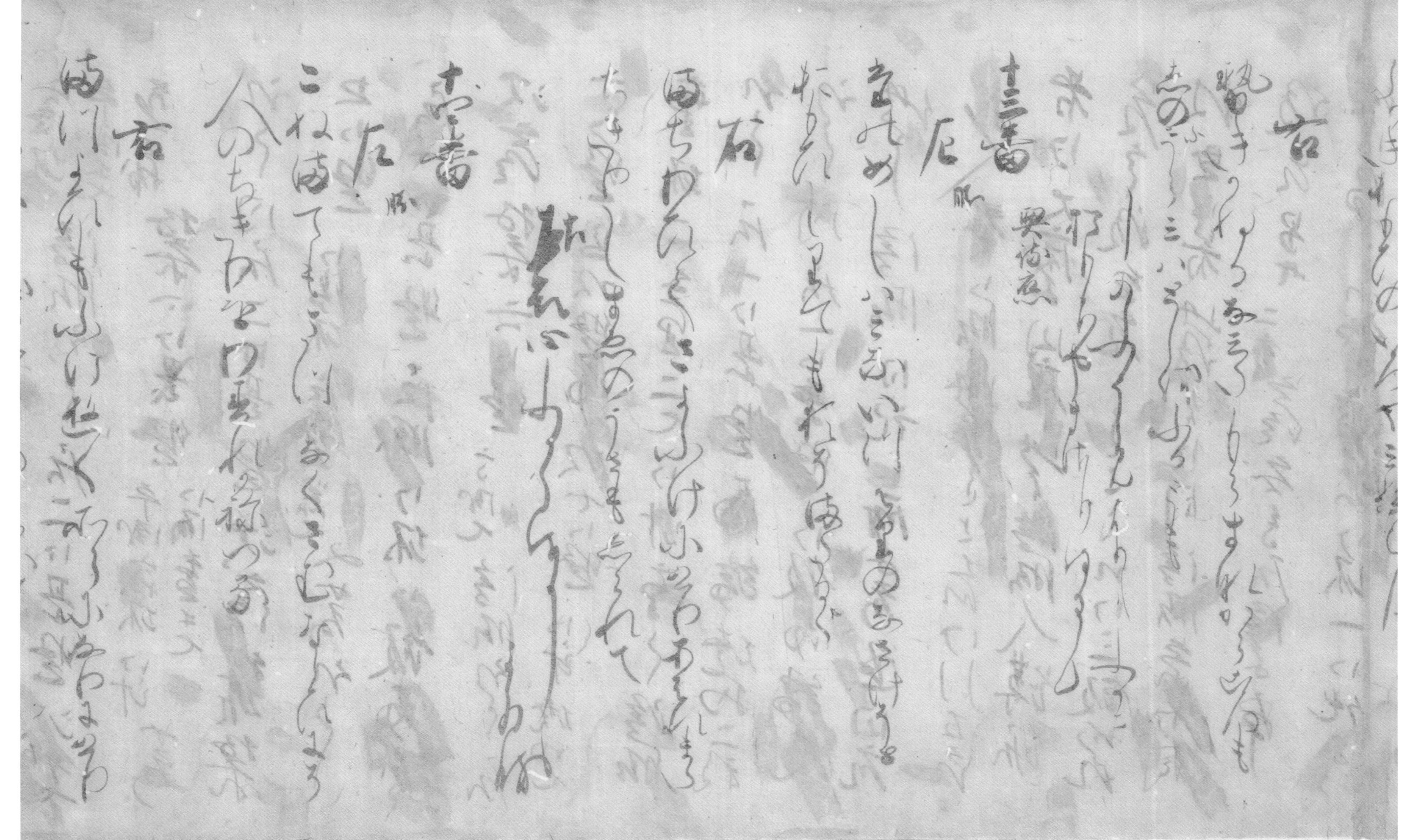

(3)

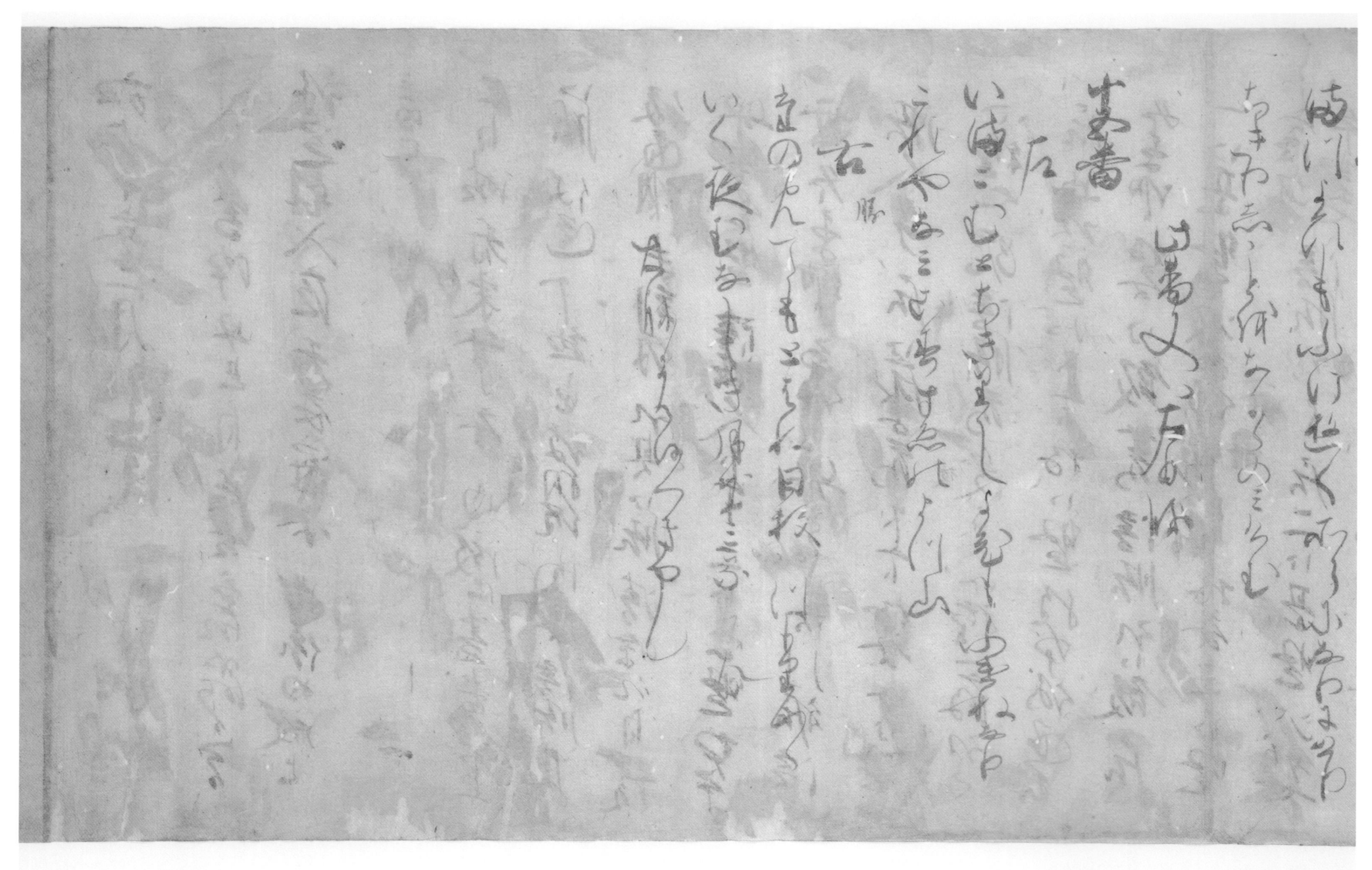

(1)

(2)

巻 二

正応二年　五月—八月

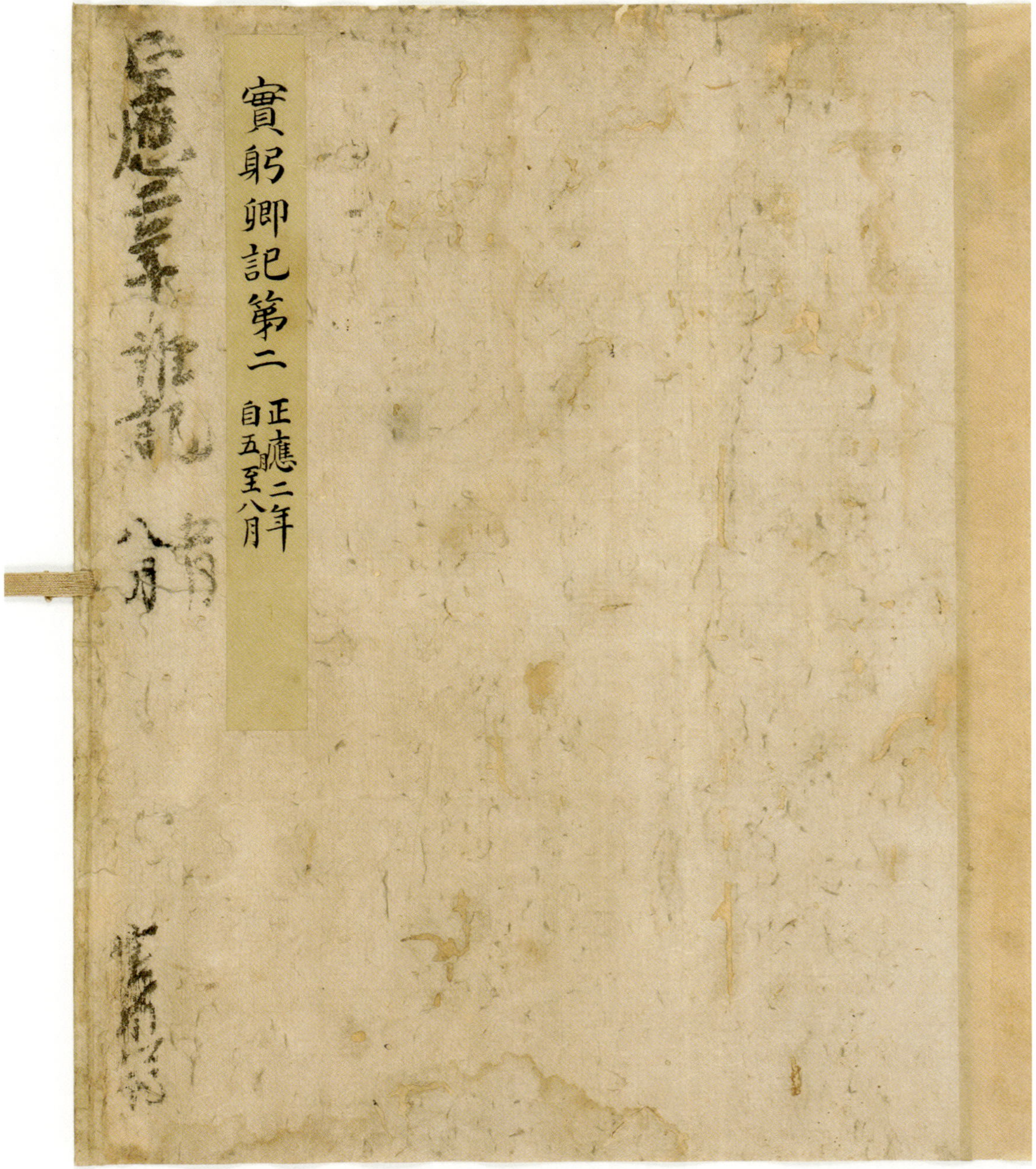

實躬卿記第二
正應二年
自五至八月

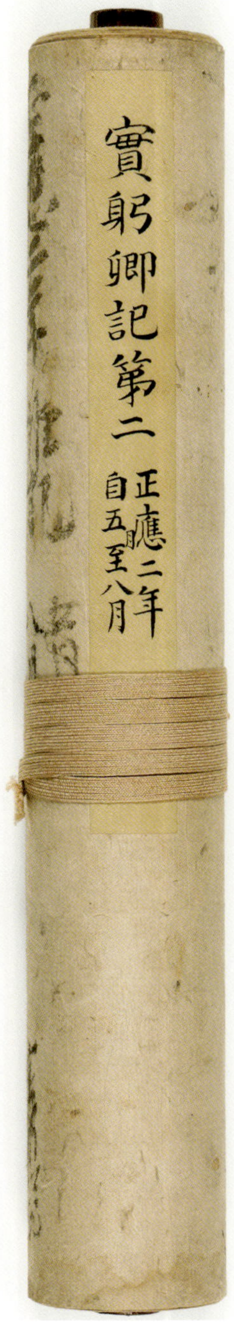

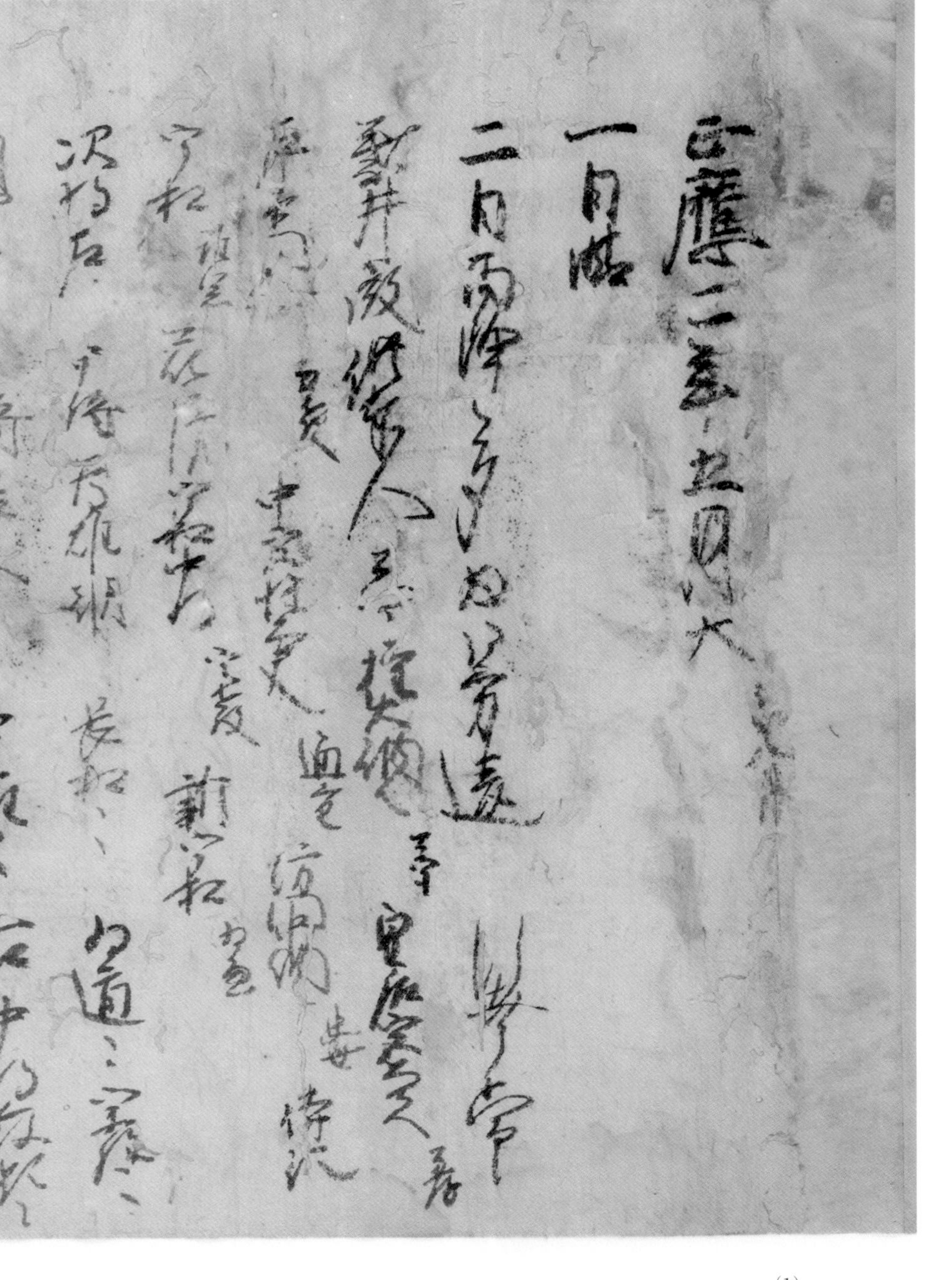

(2)　(1)

(3)

(4)

(5)

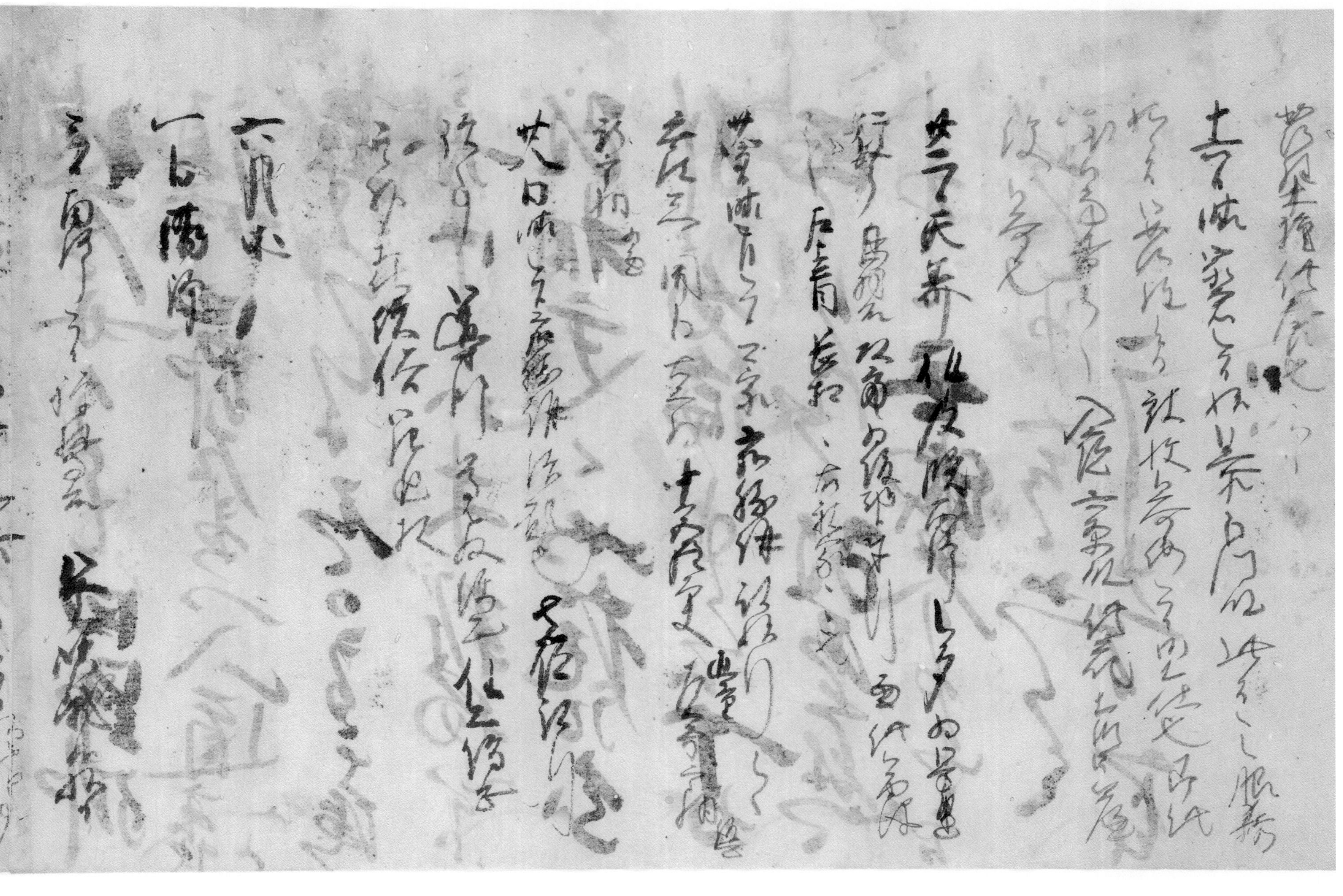

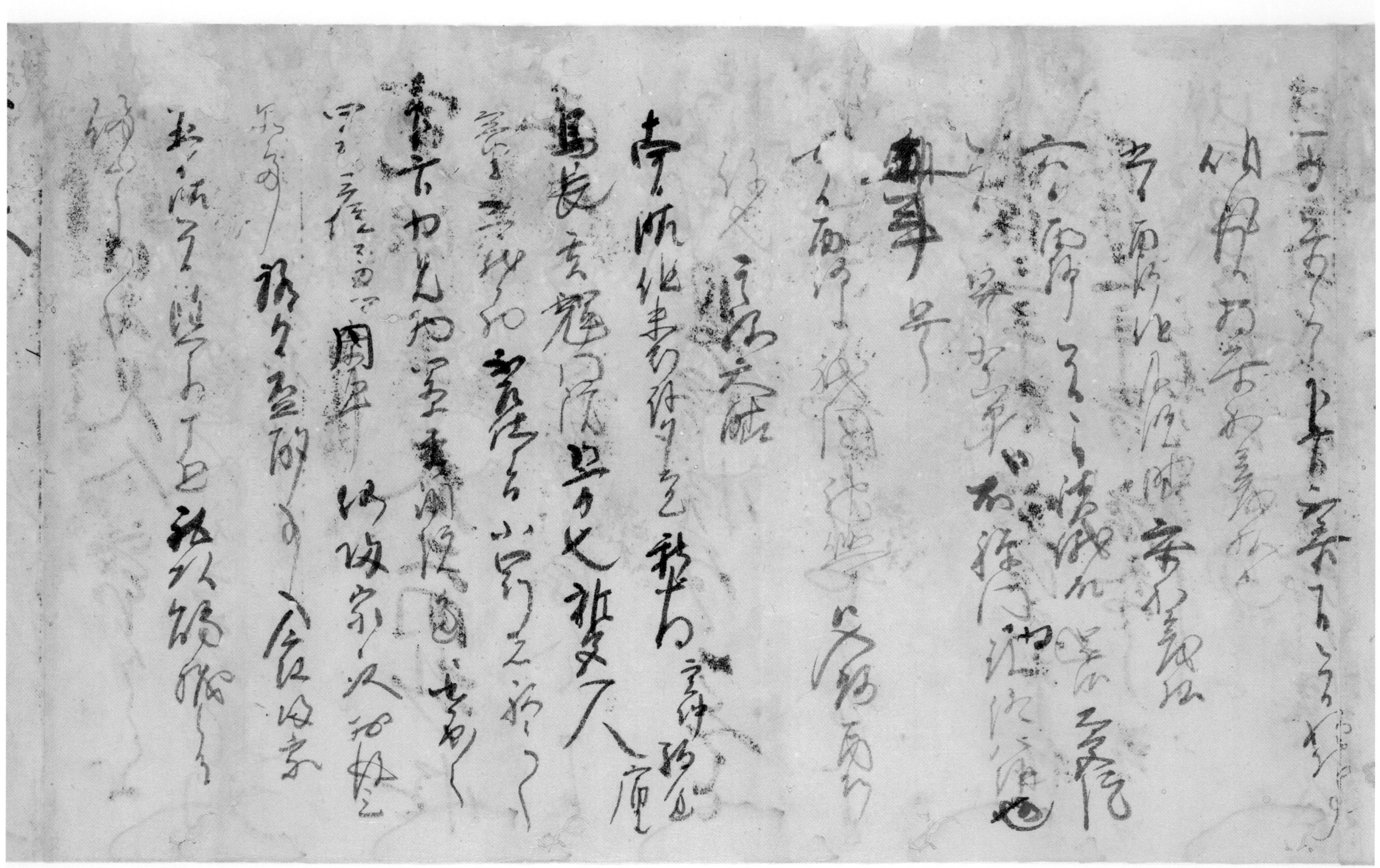

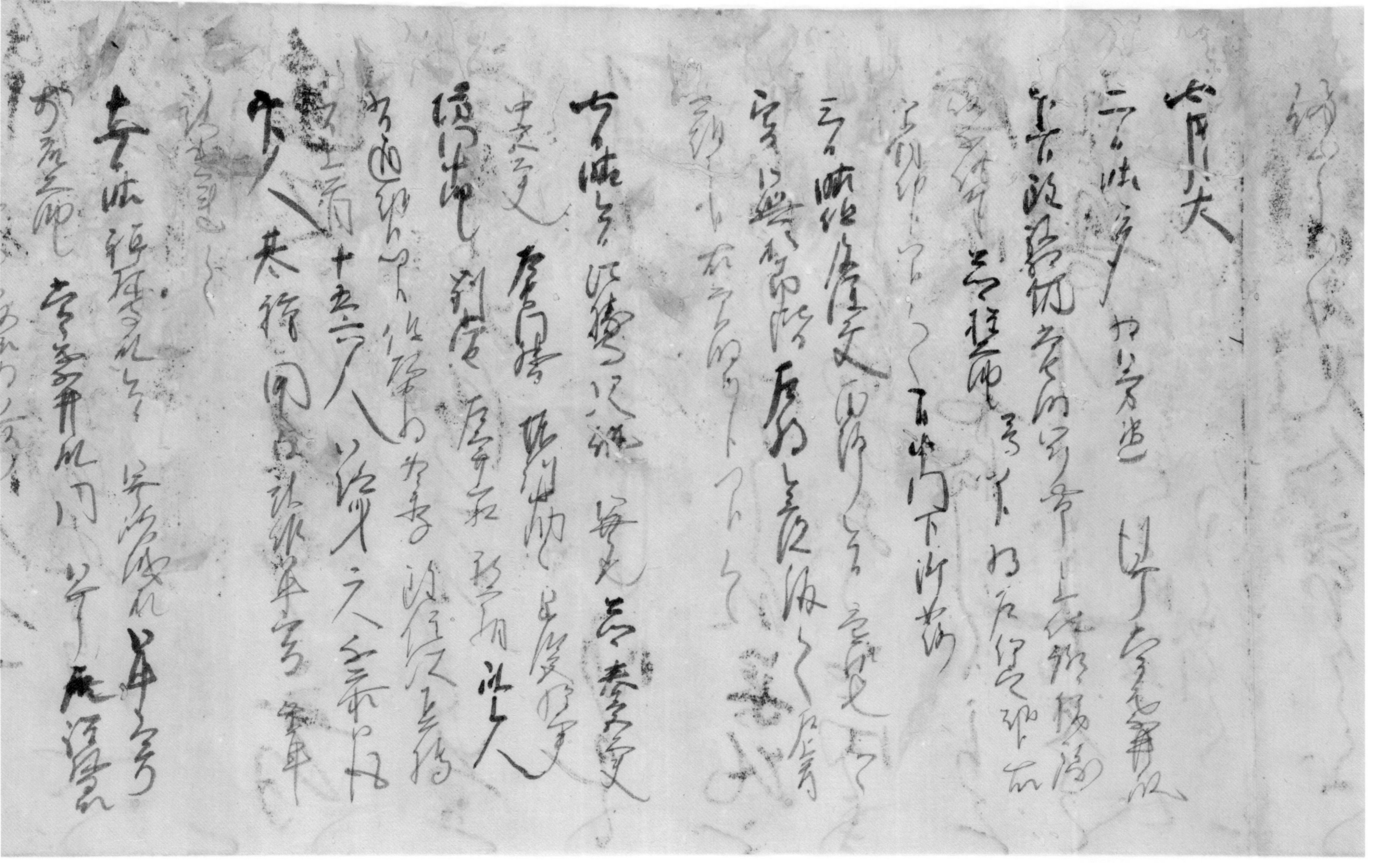

(7)

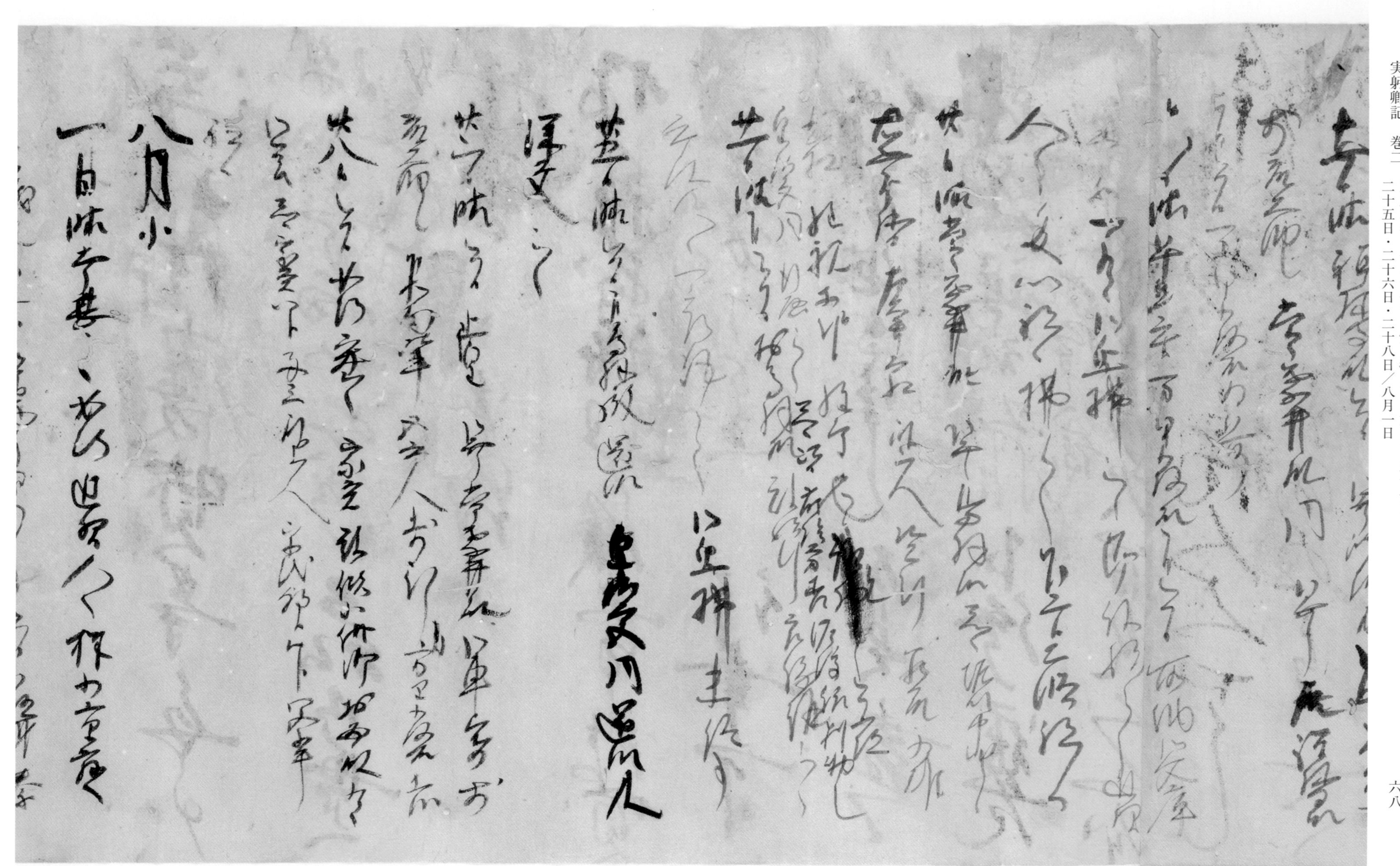

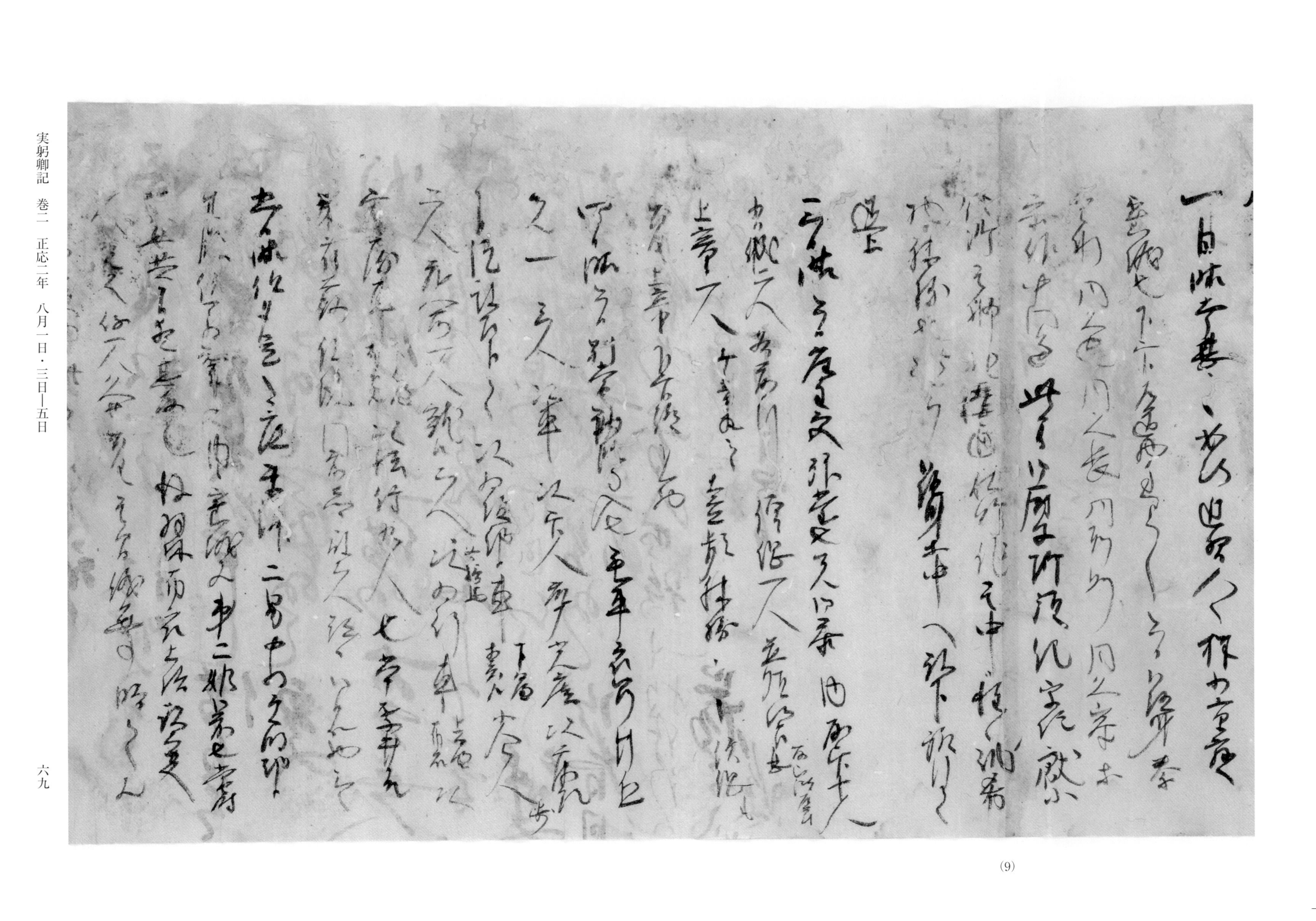

(9)

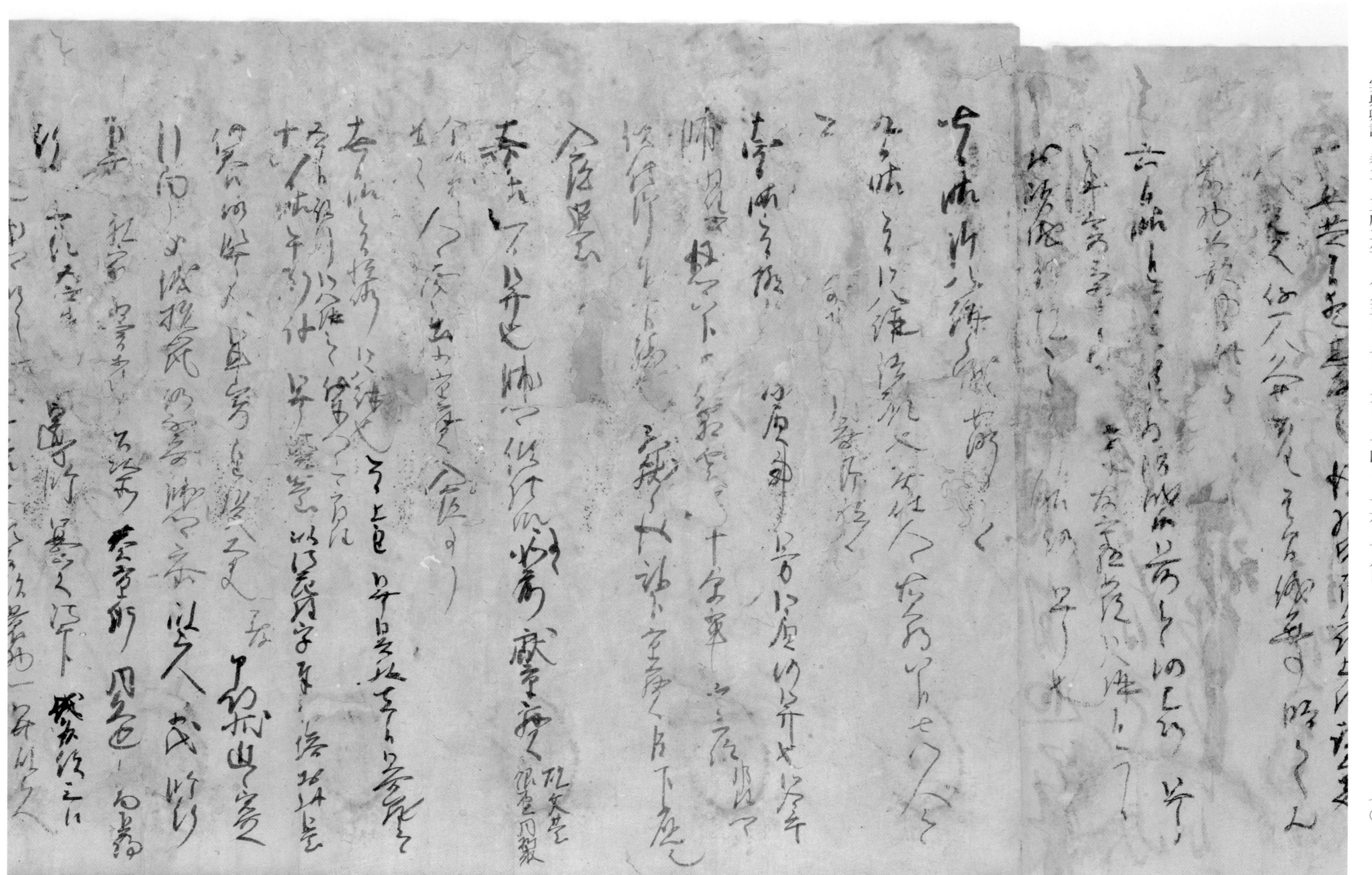

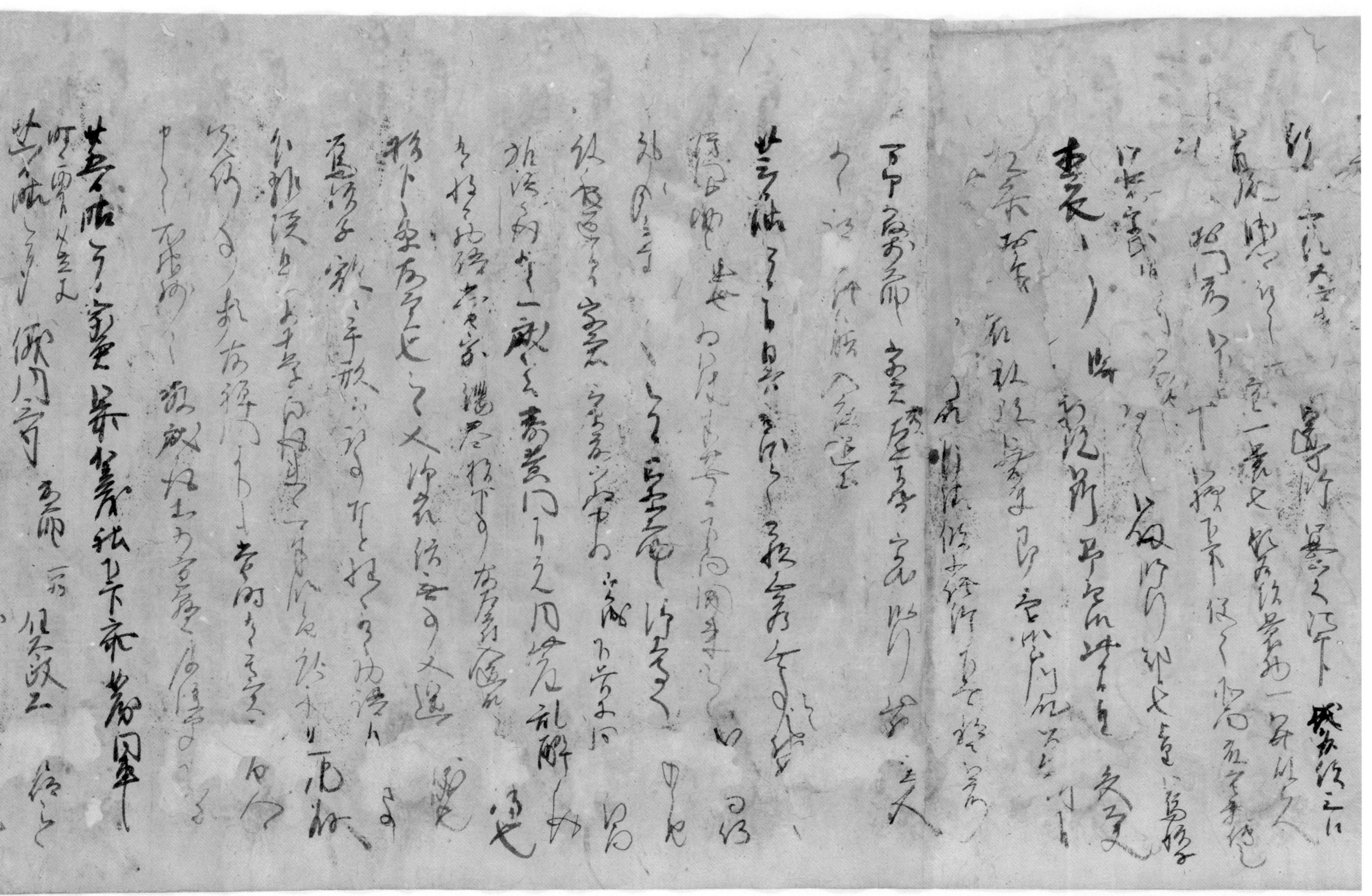

(11)

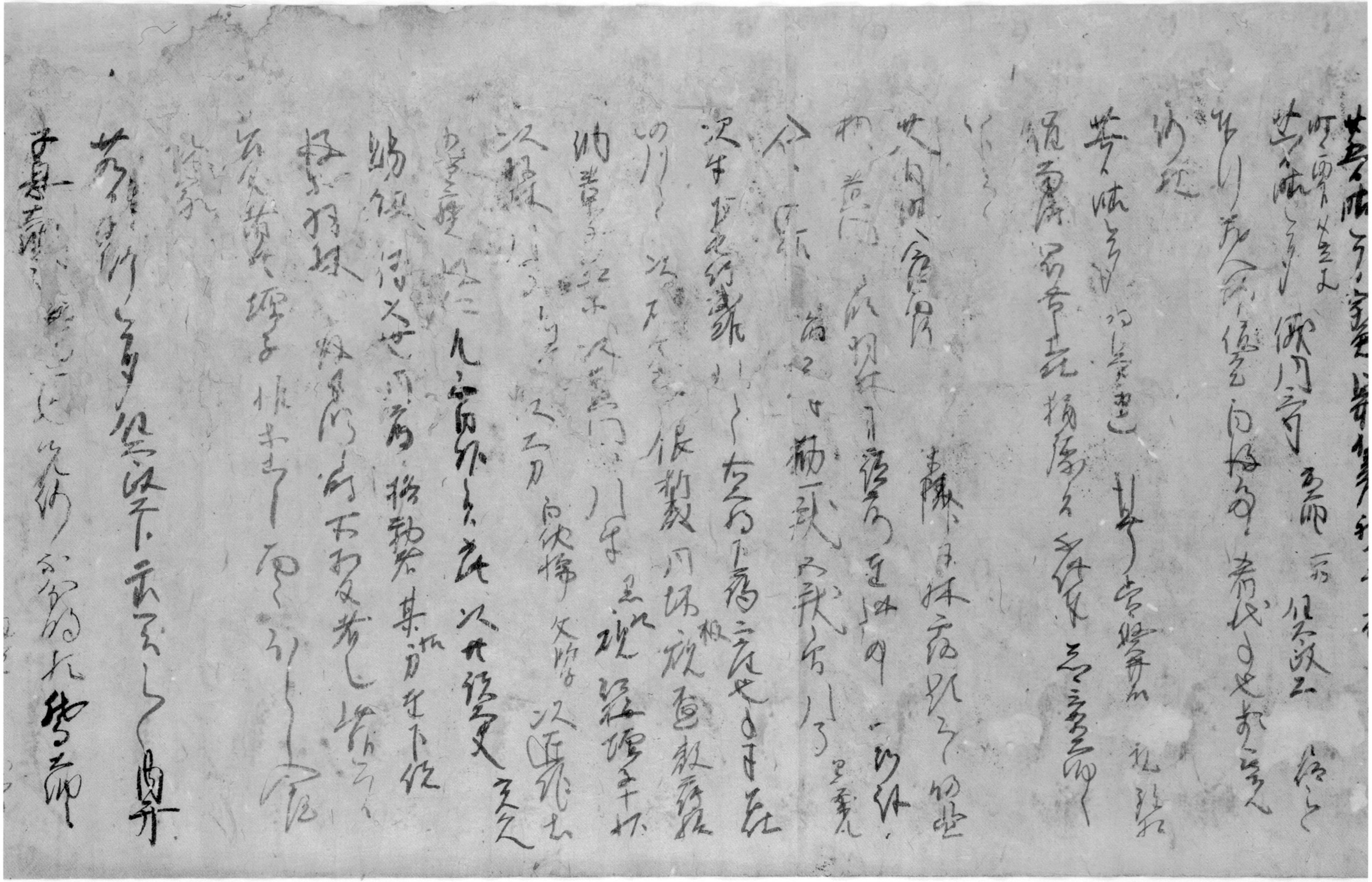

巻二紙背

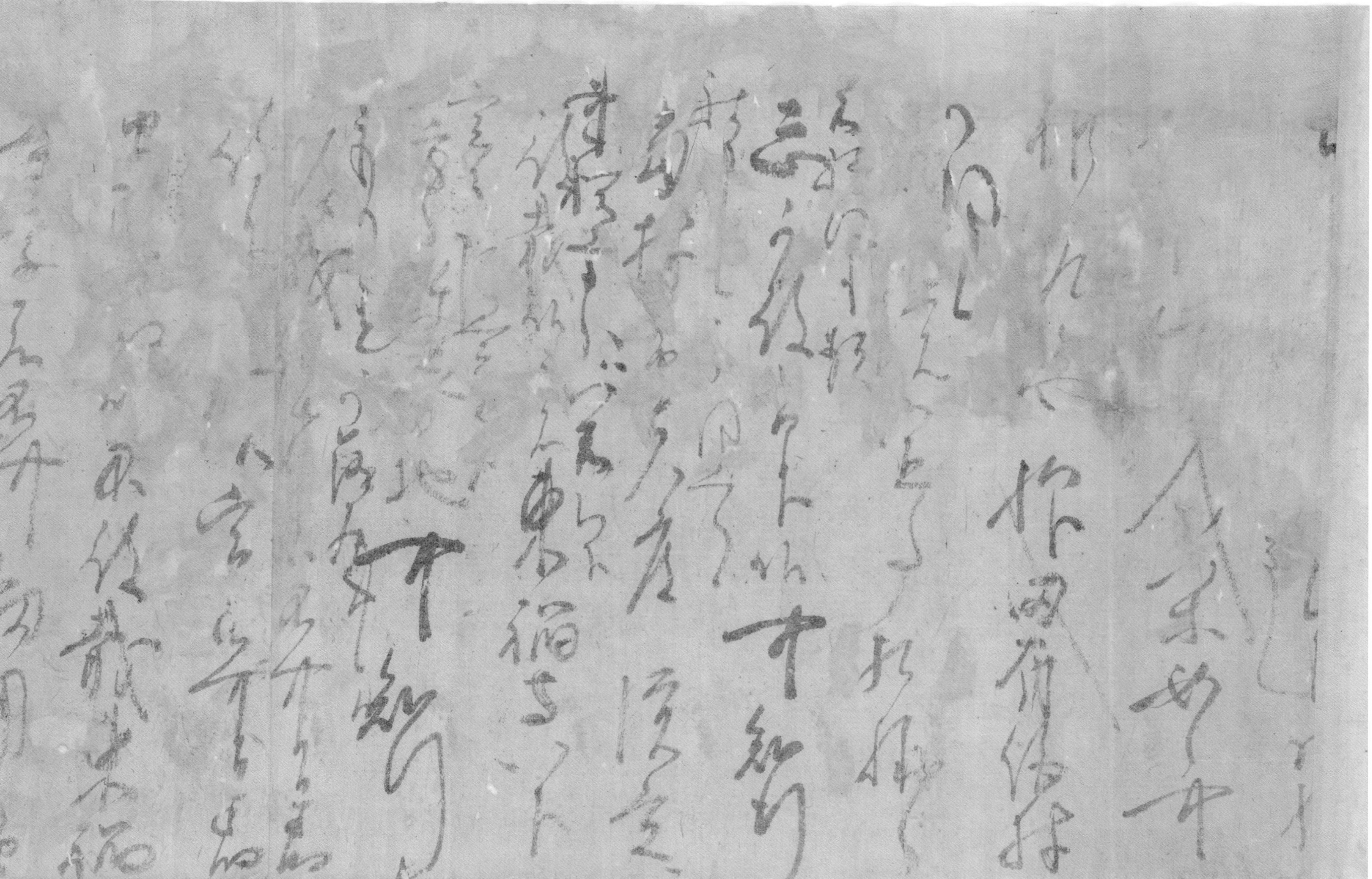

（12）

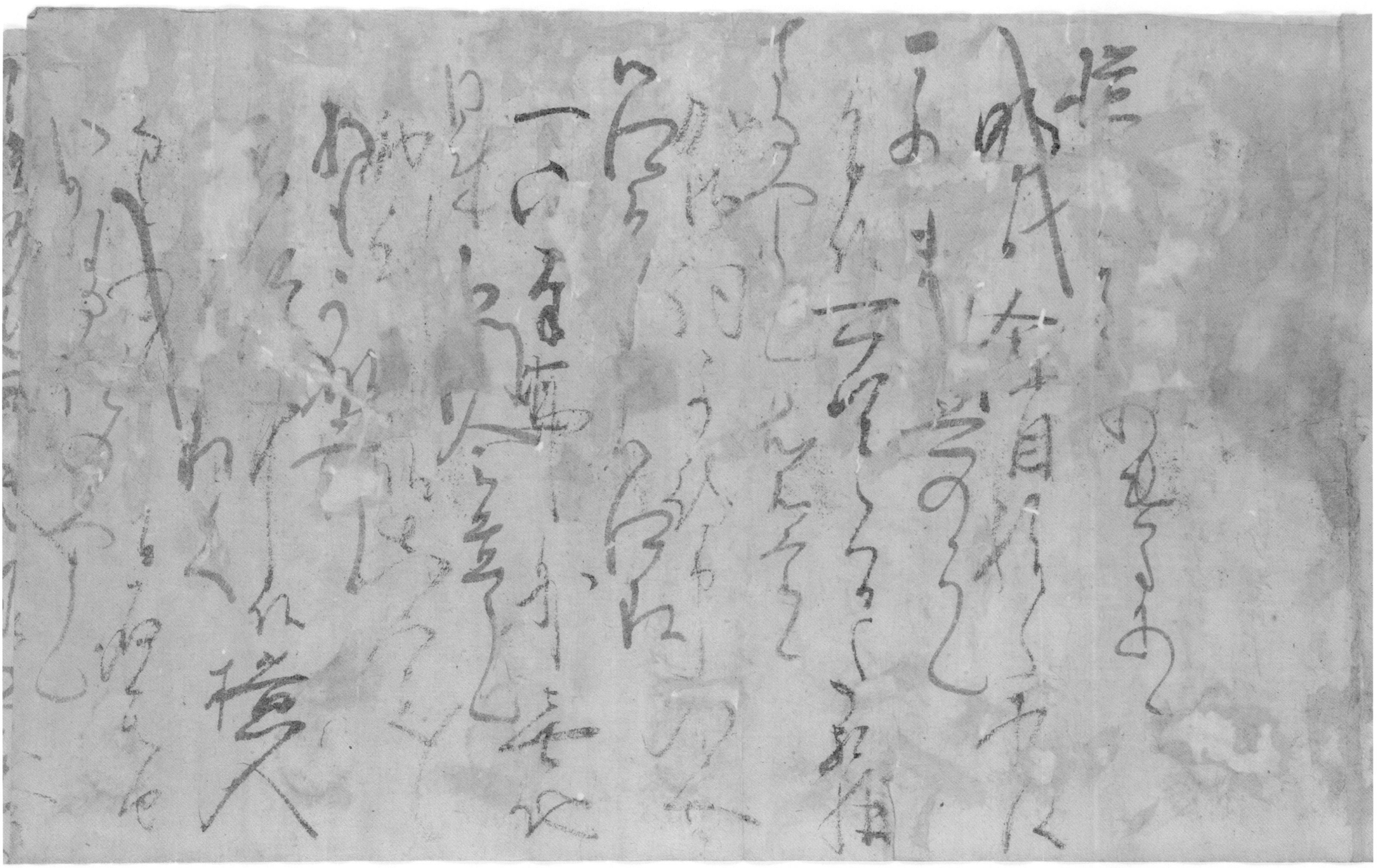

（10）

（11）

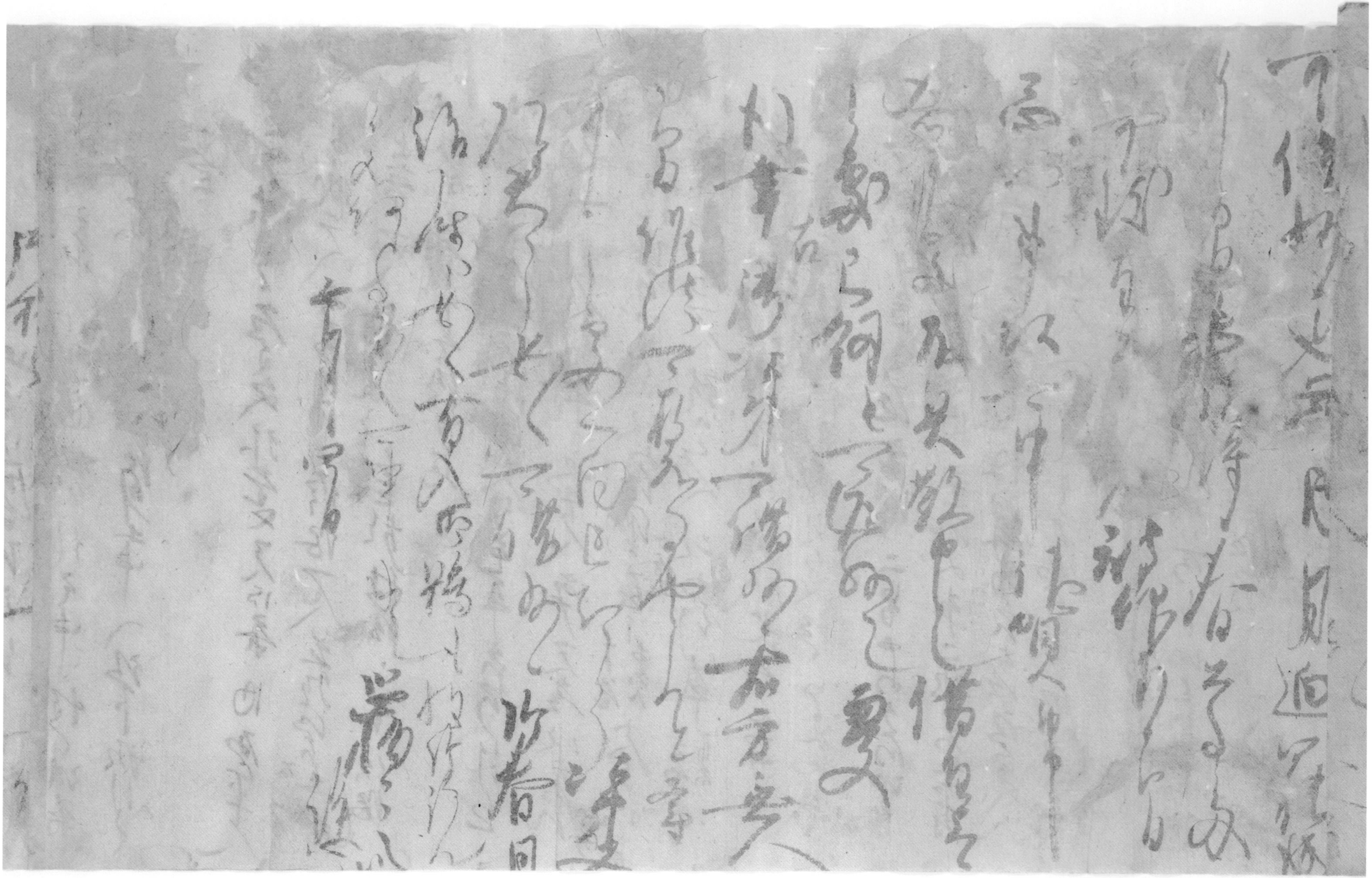

(9)

(10)

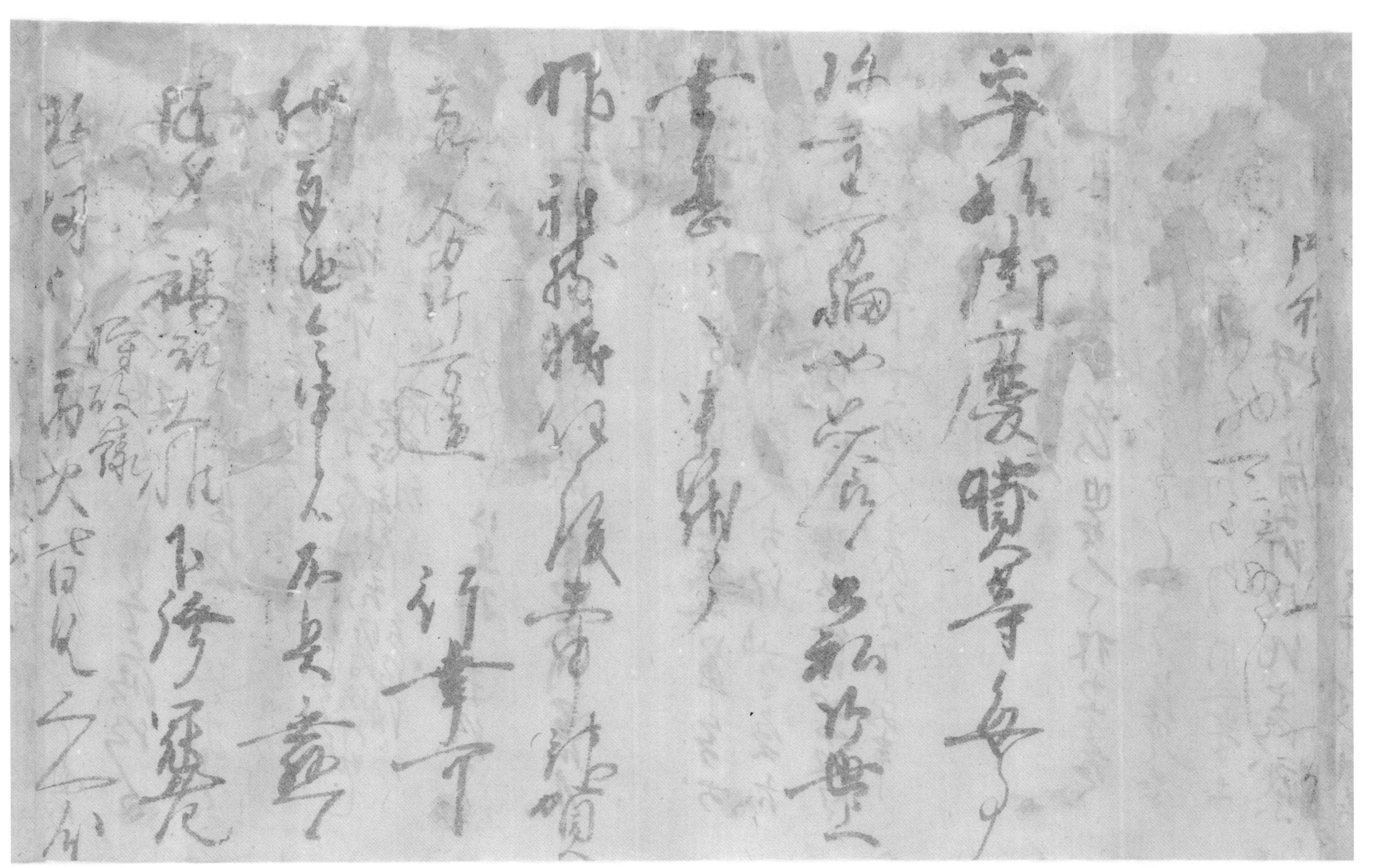

(8)

(9)

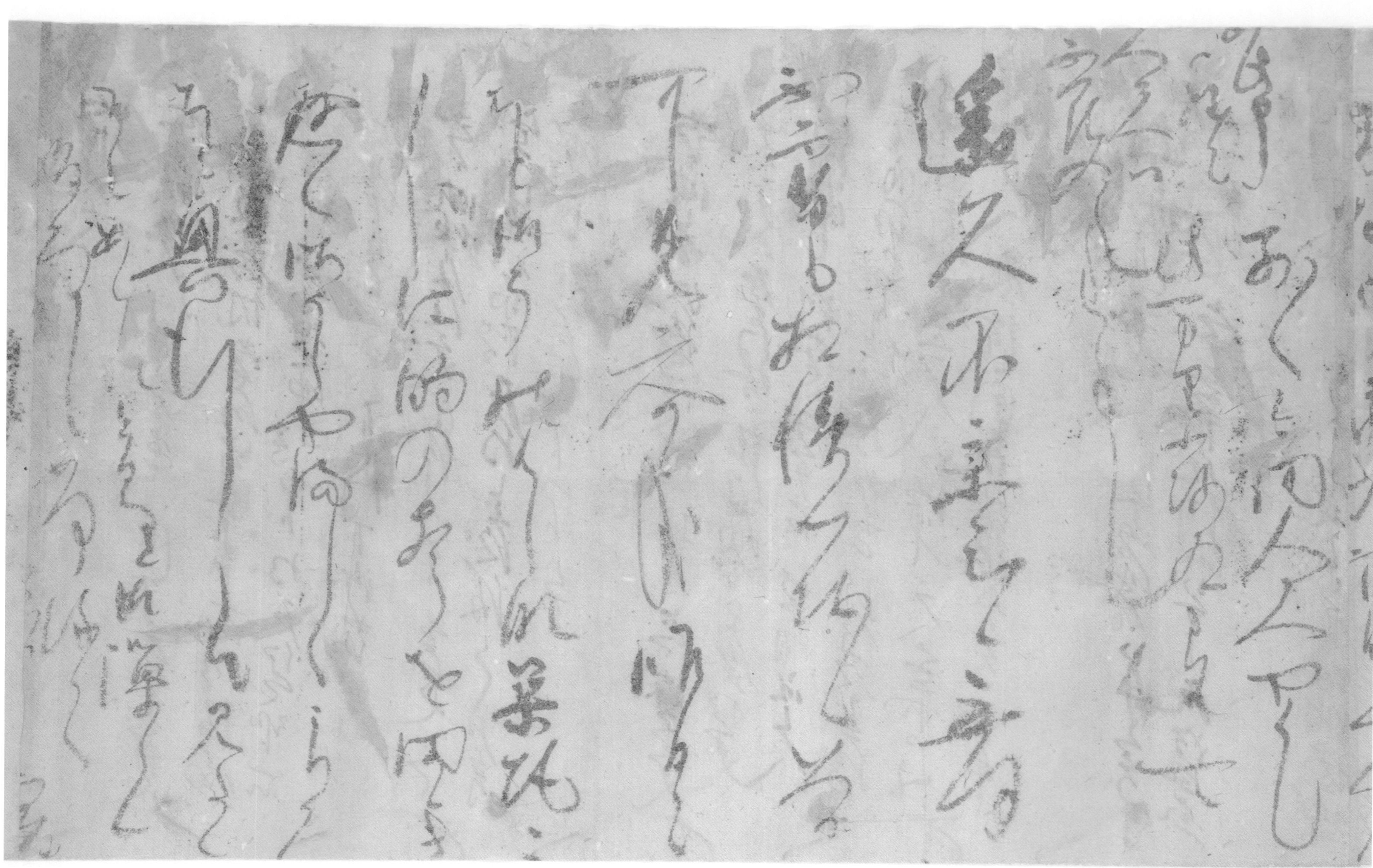

(7)　(8)

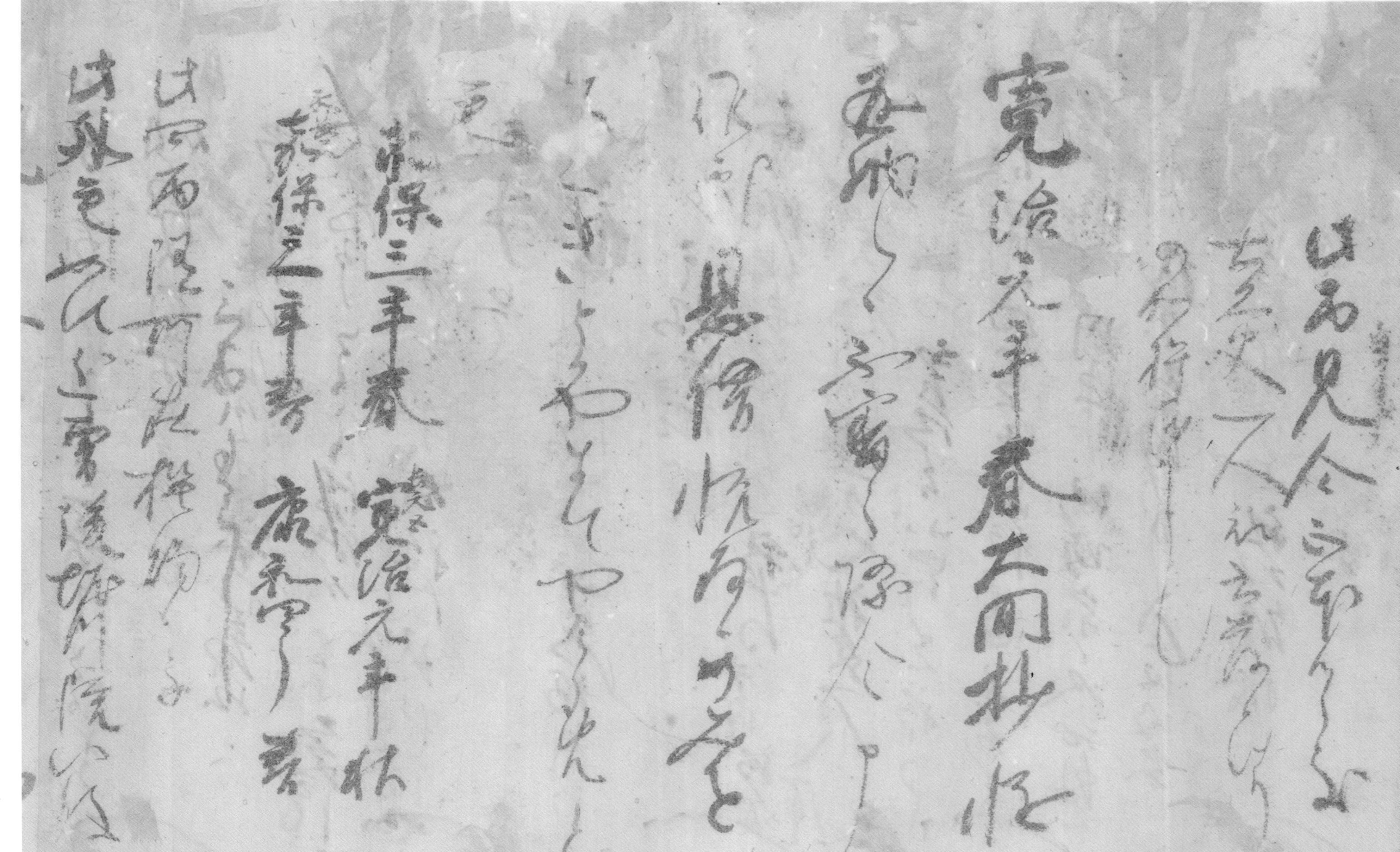

(6)

(7)

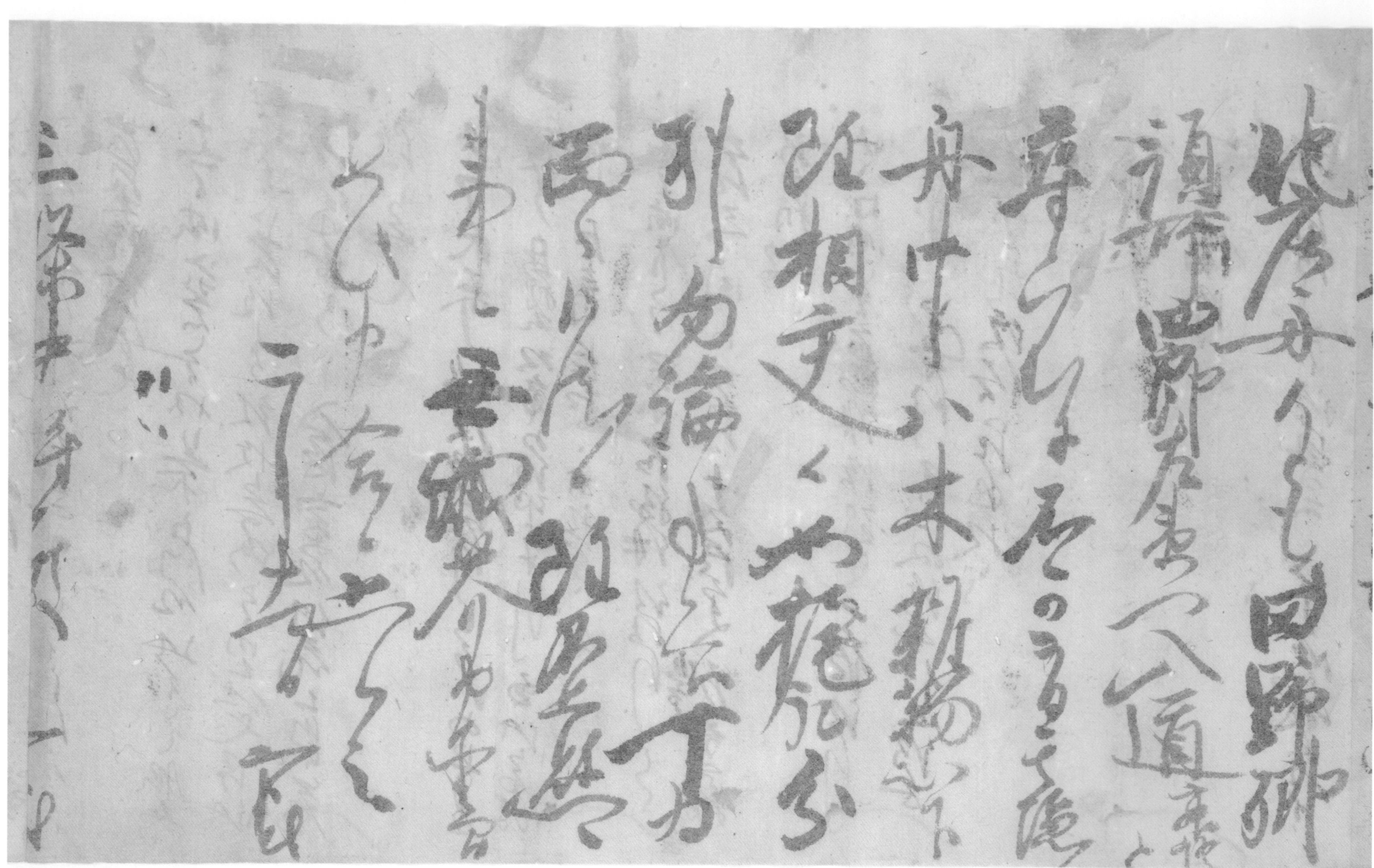

（6）

（5）

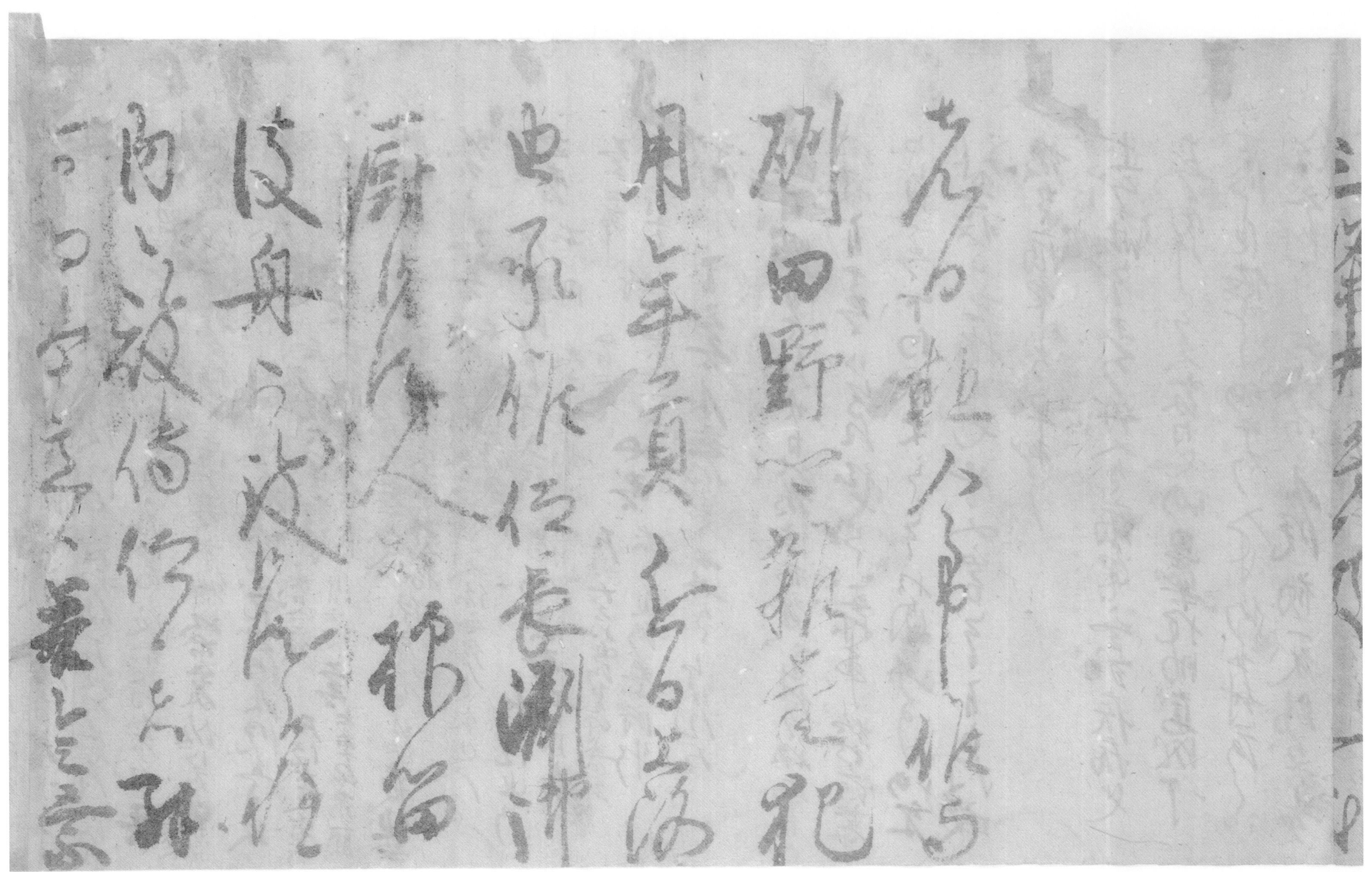

(4)

(5)

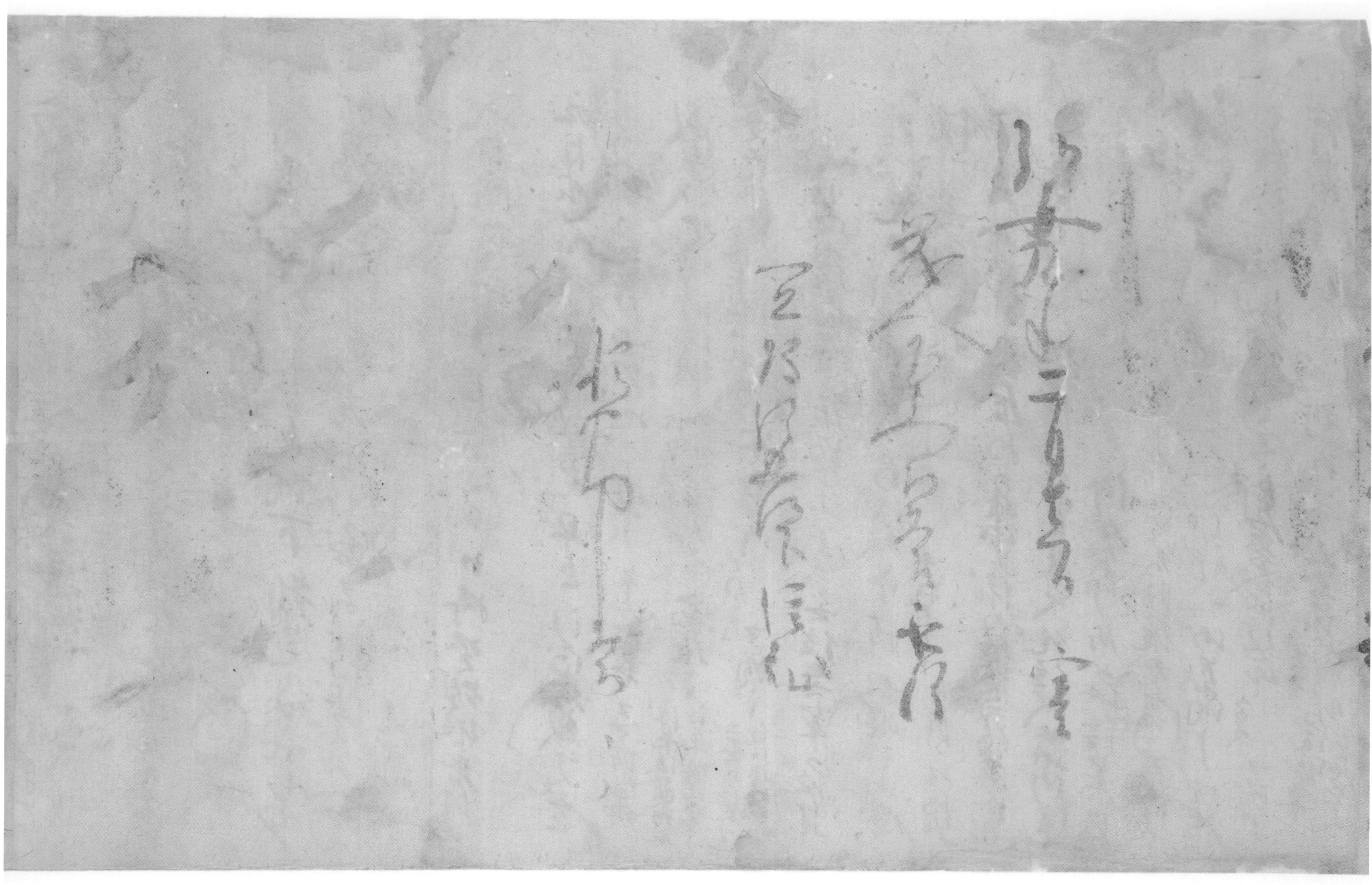

(3)

(4)

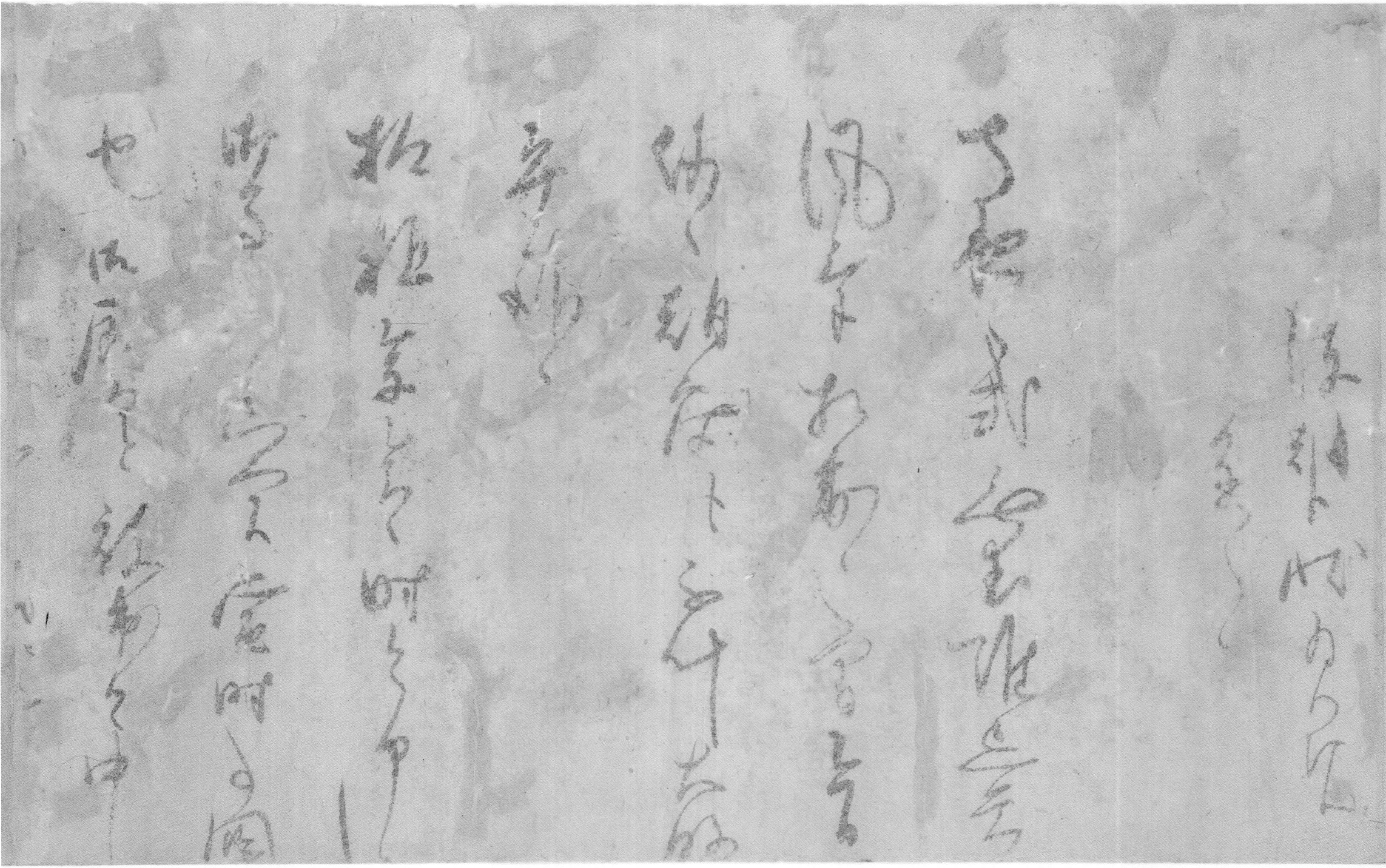

(2)

(3)

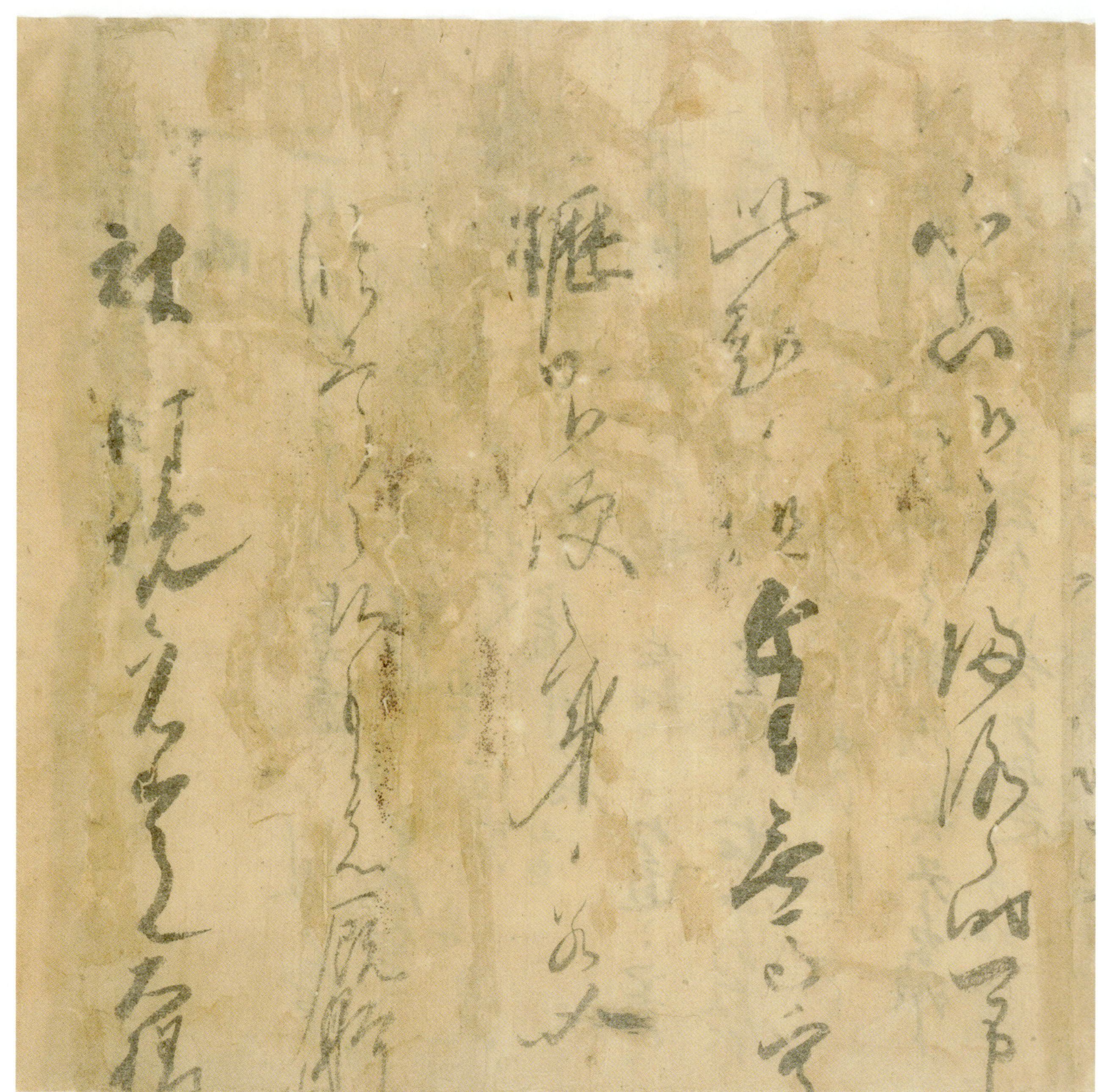

（1）　（2）

巻三上

正応三年正月・二月

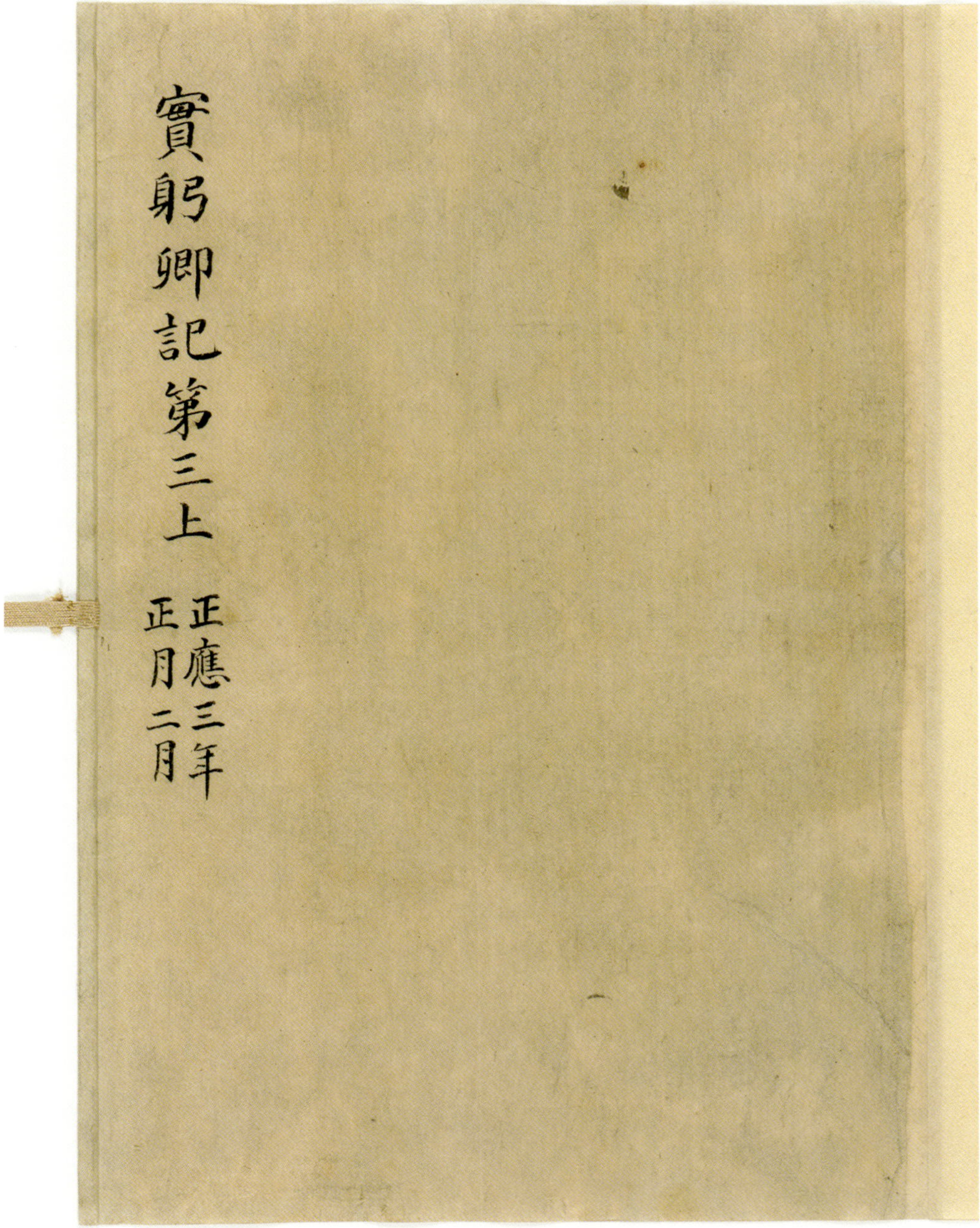

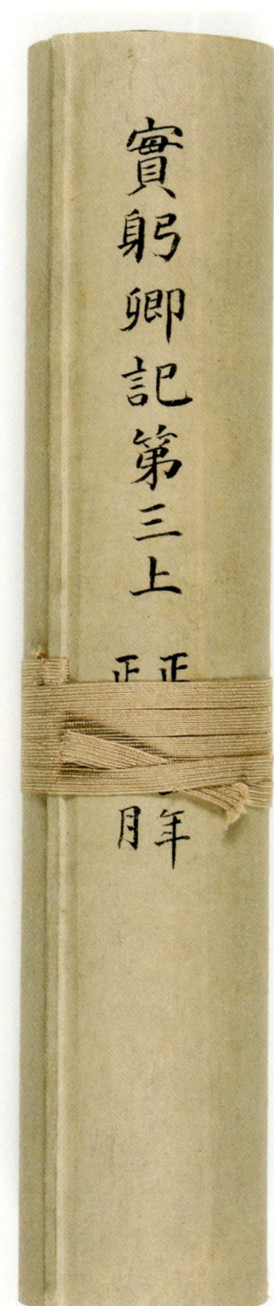

實躬卿記第三上

正應三年
正月二月

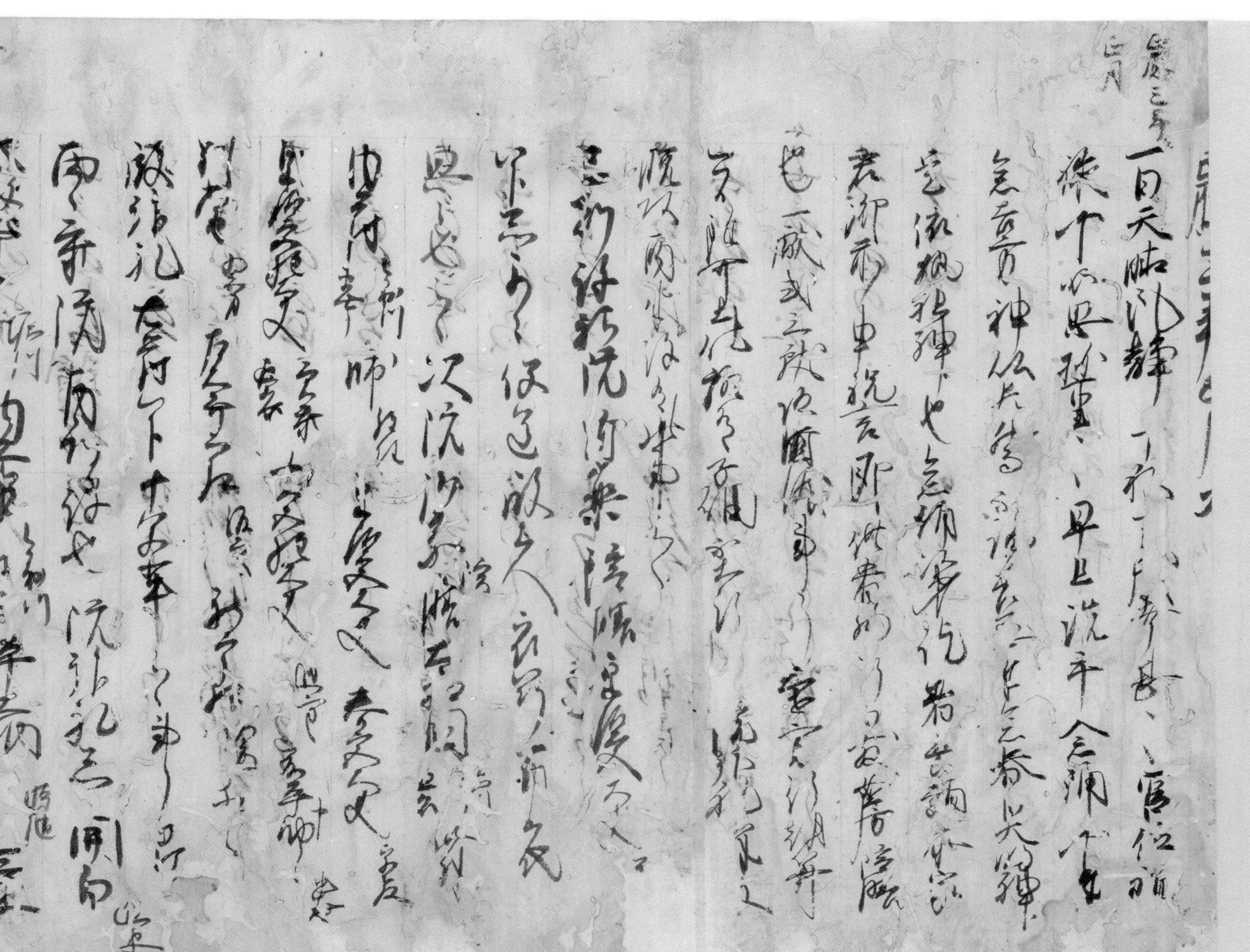

(2)　(1)

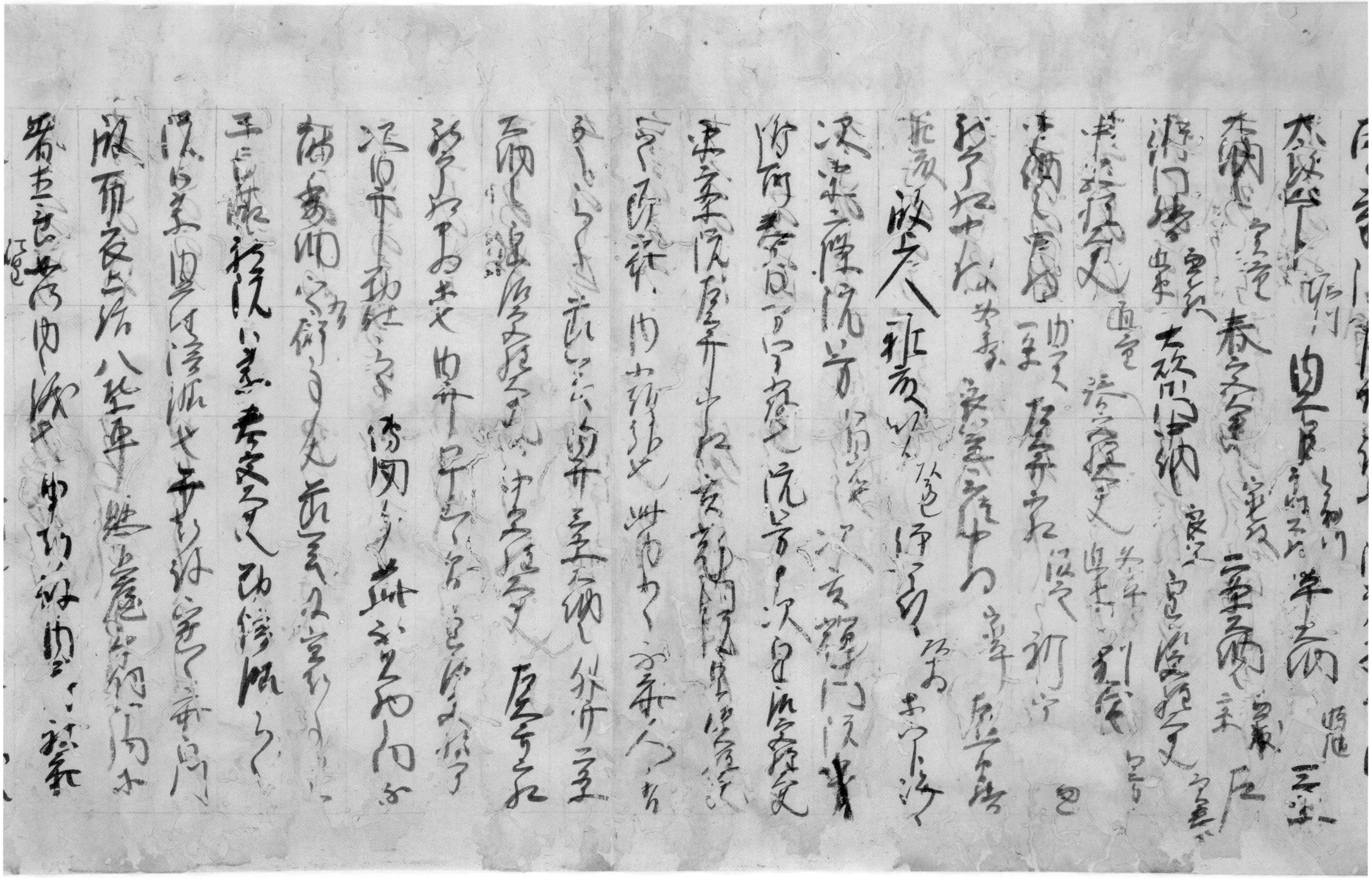

(3)

（4）

(5)

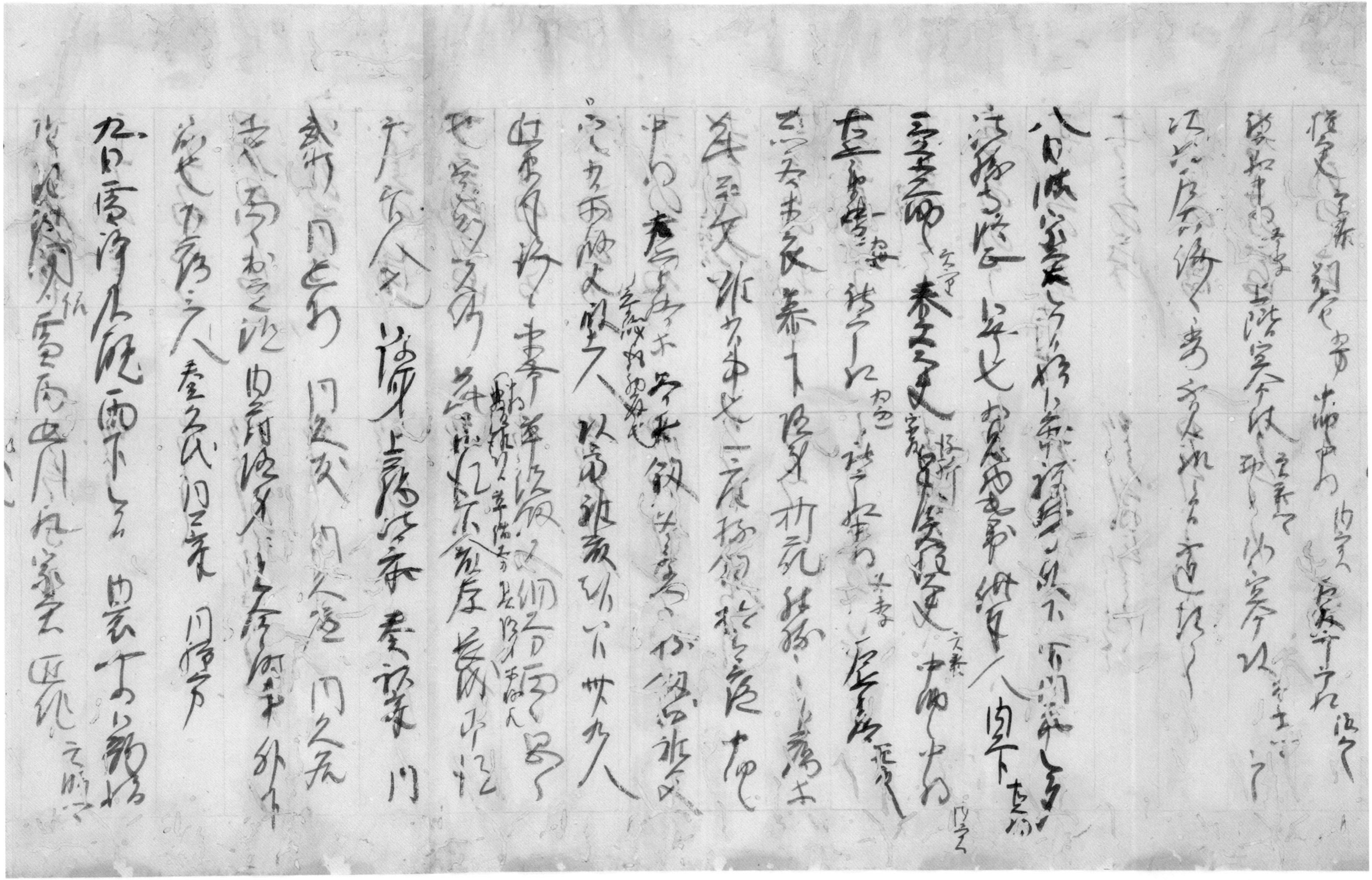

（6）

（7）

(8)

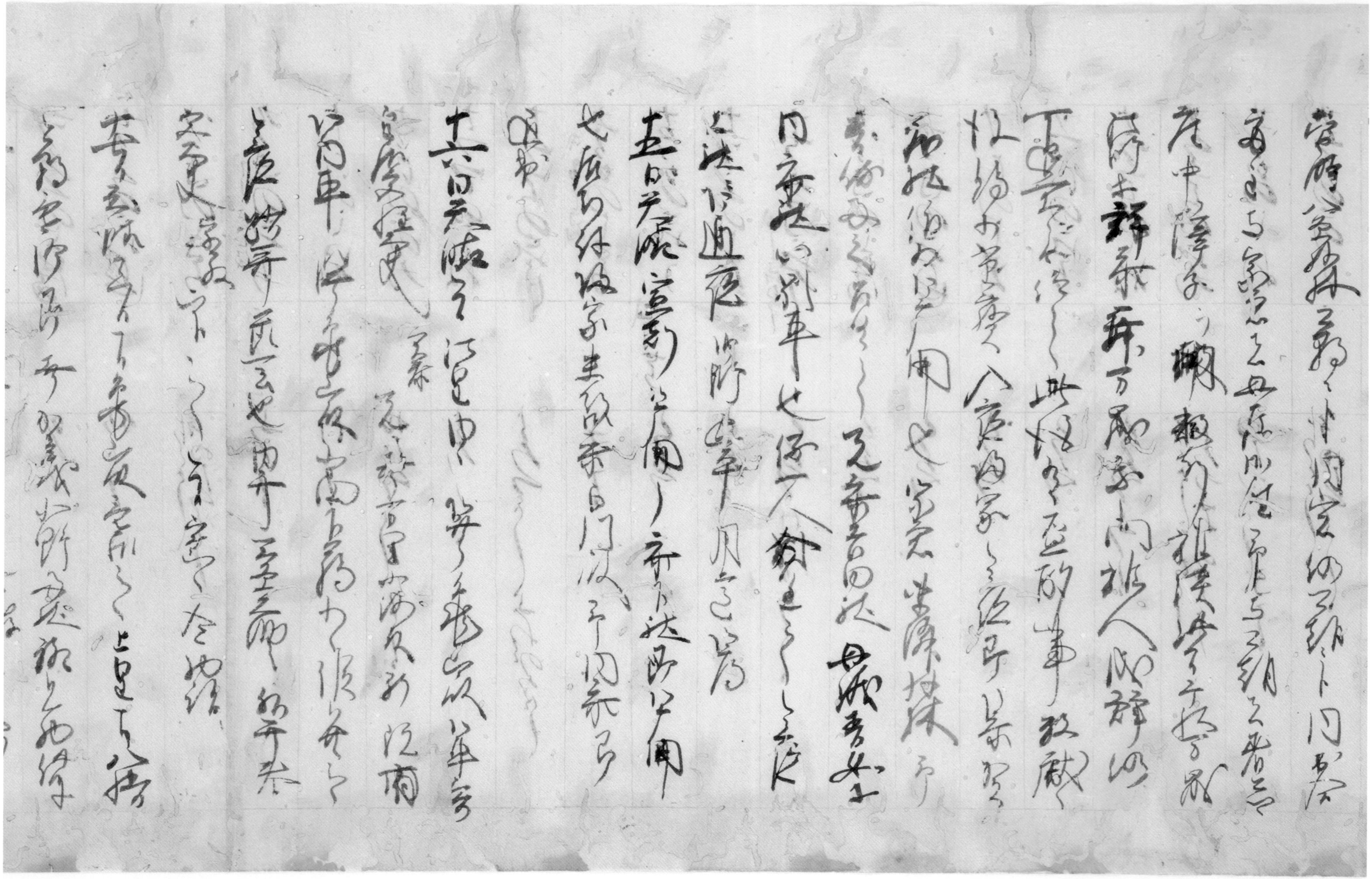

（10）

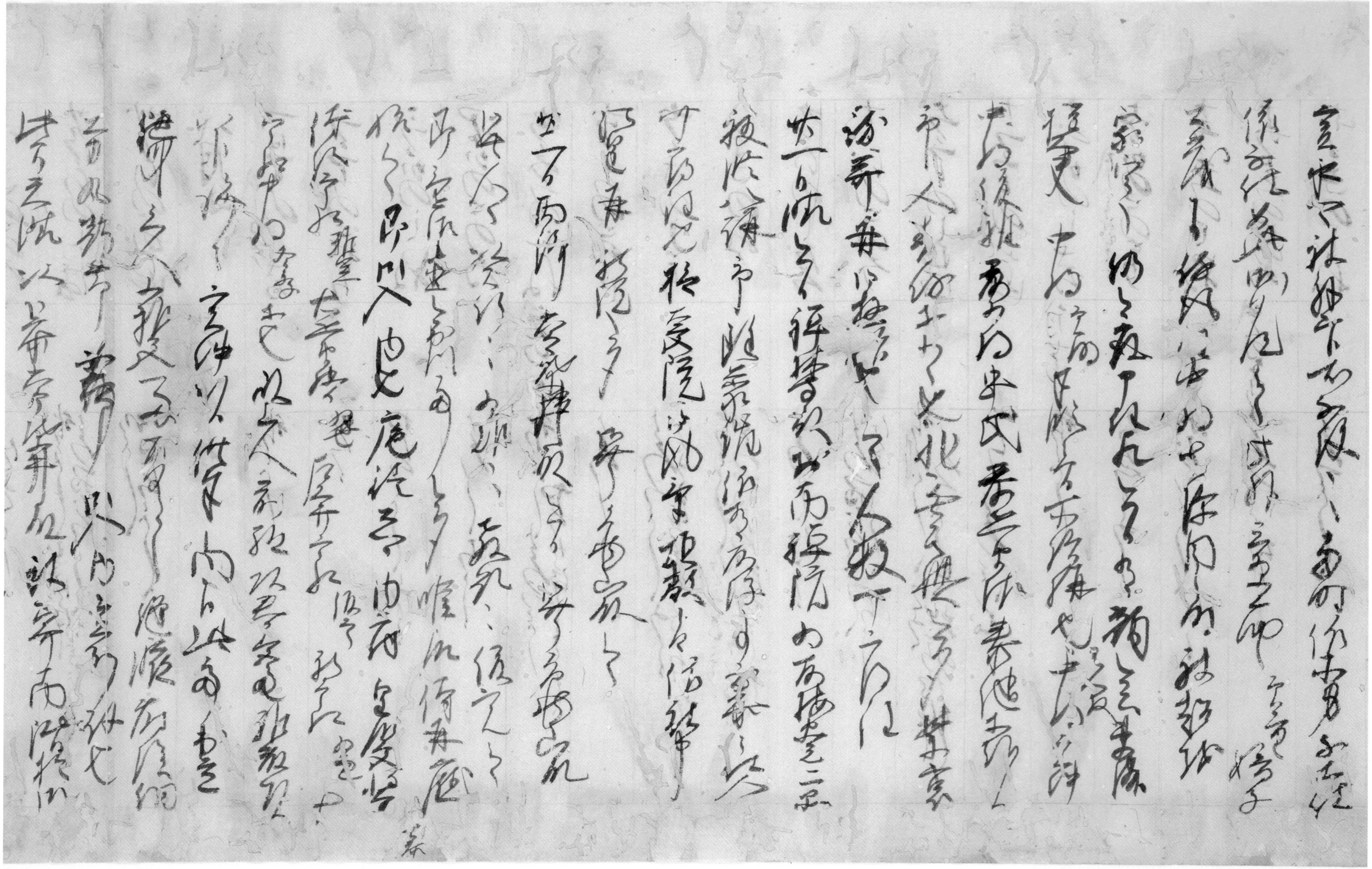

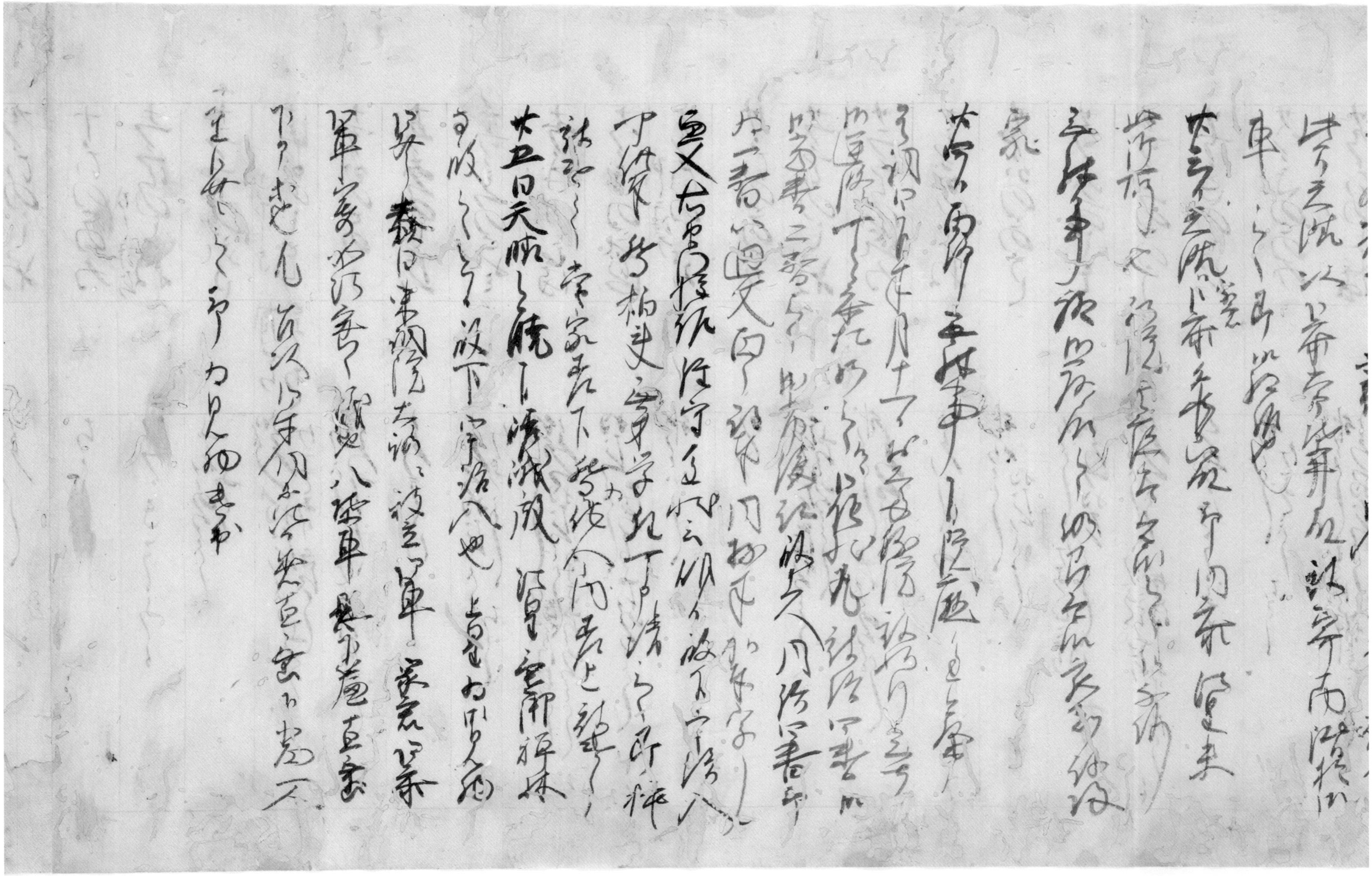

（13）　（12）

（14）

（13）

（15）　（14）

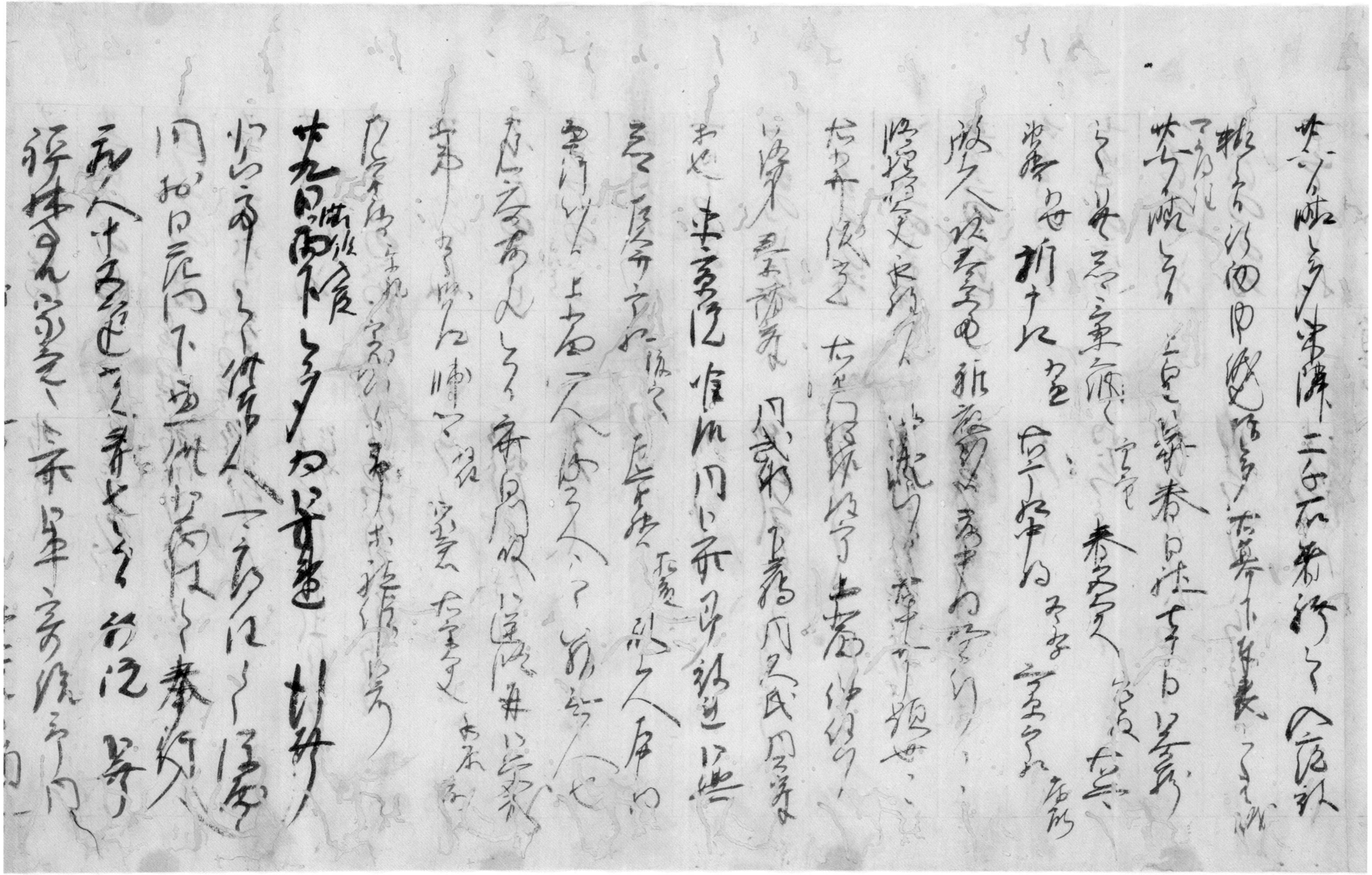

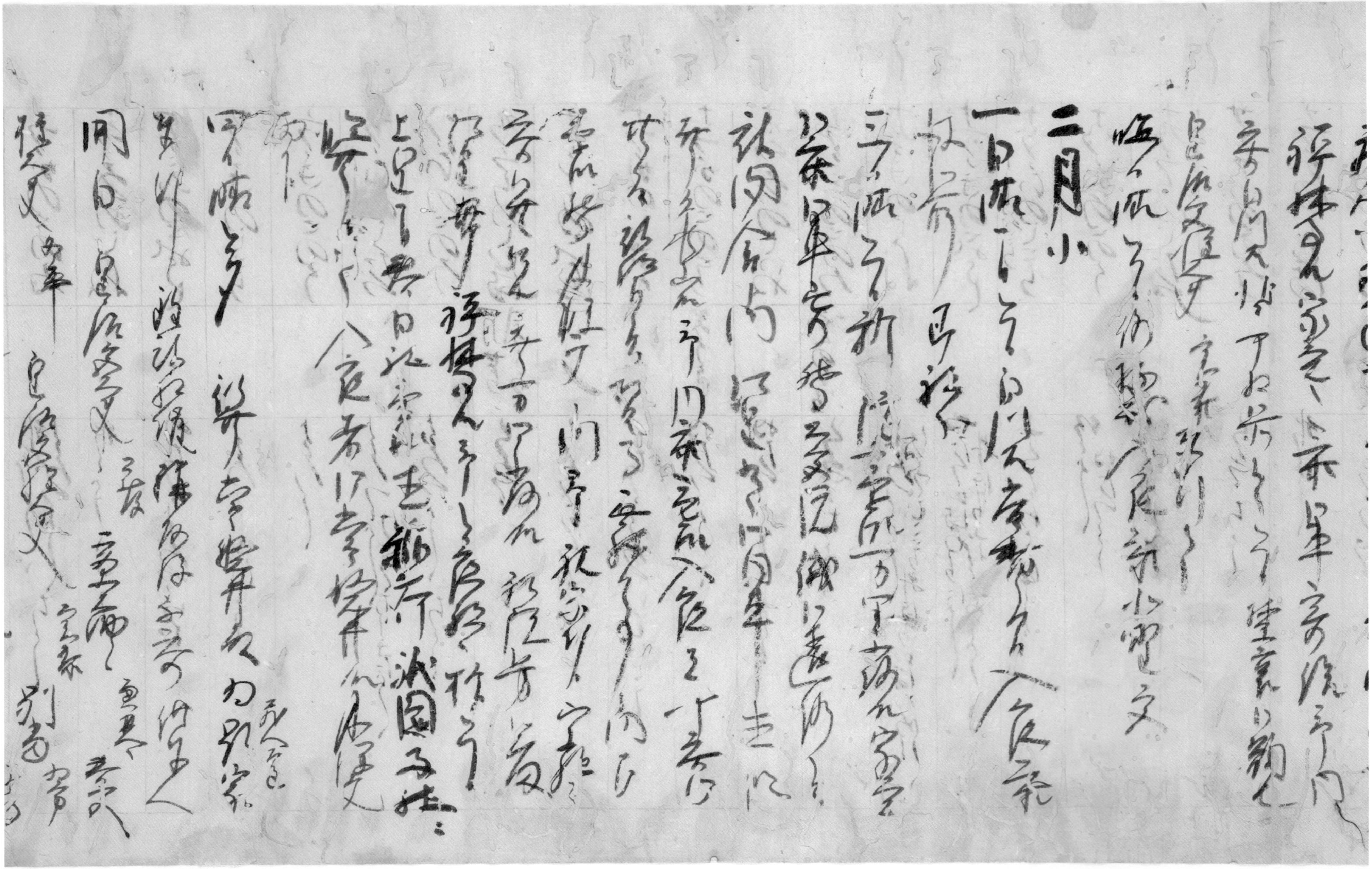

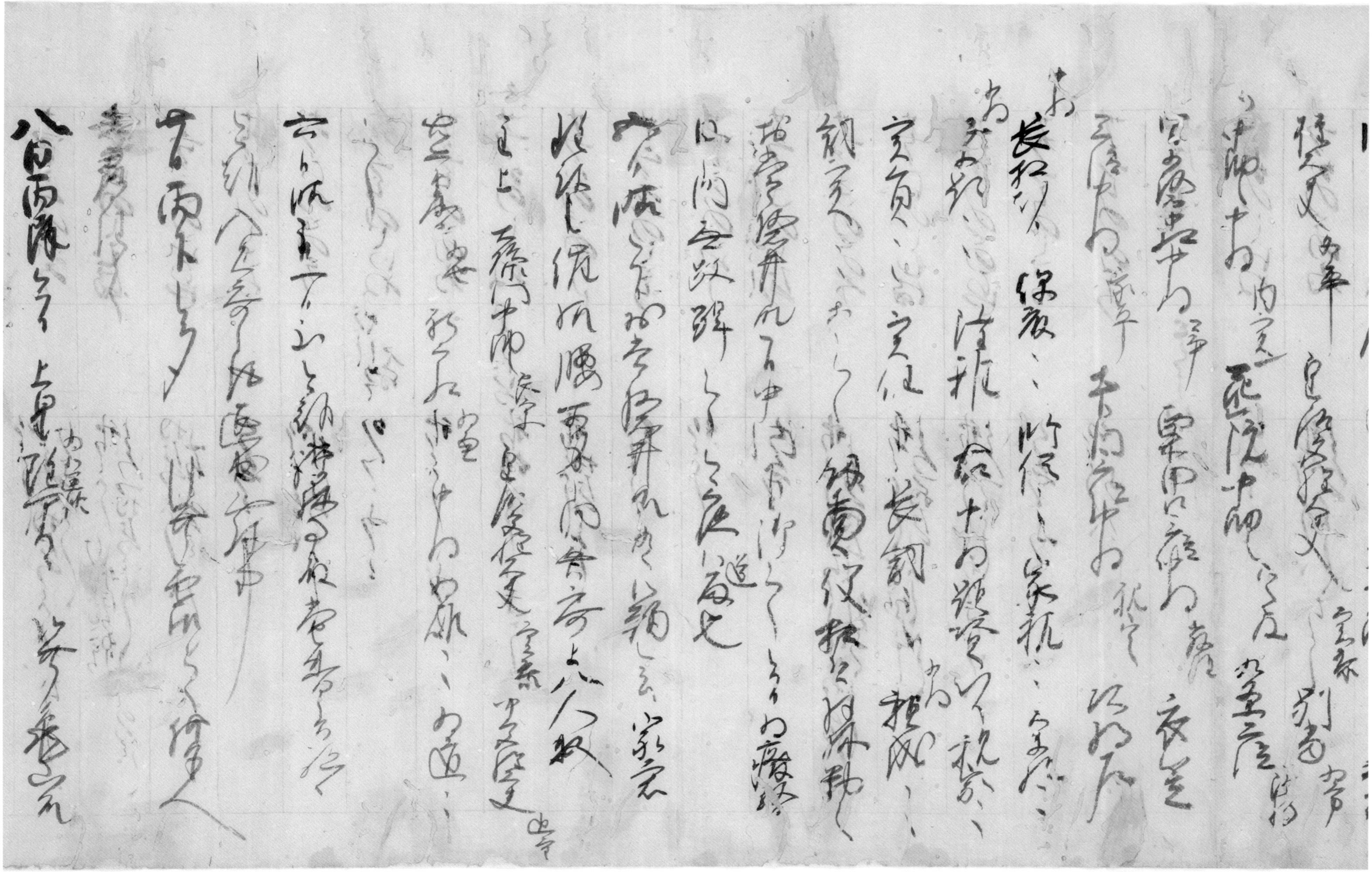

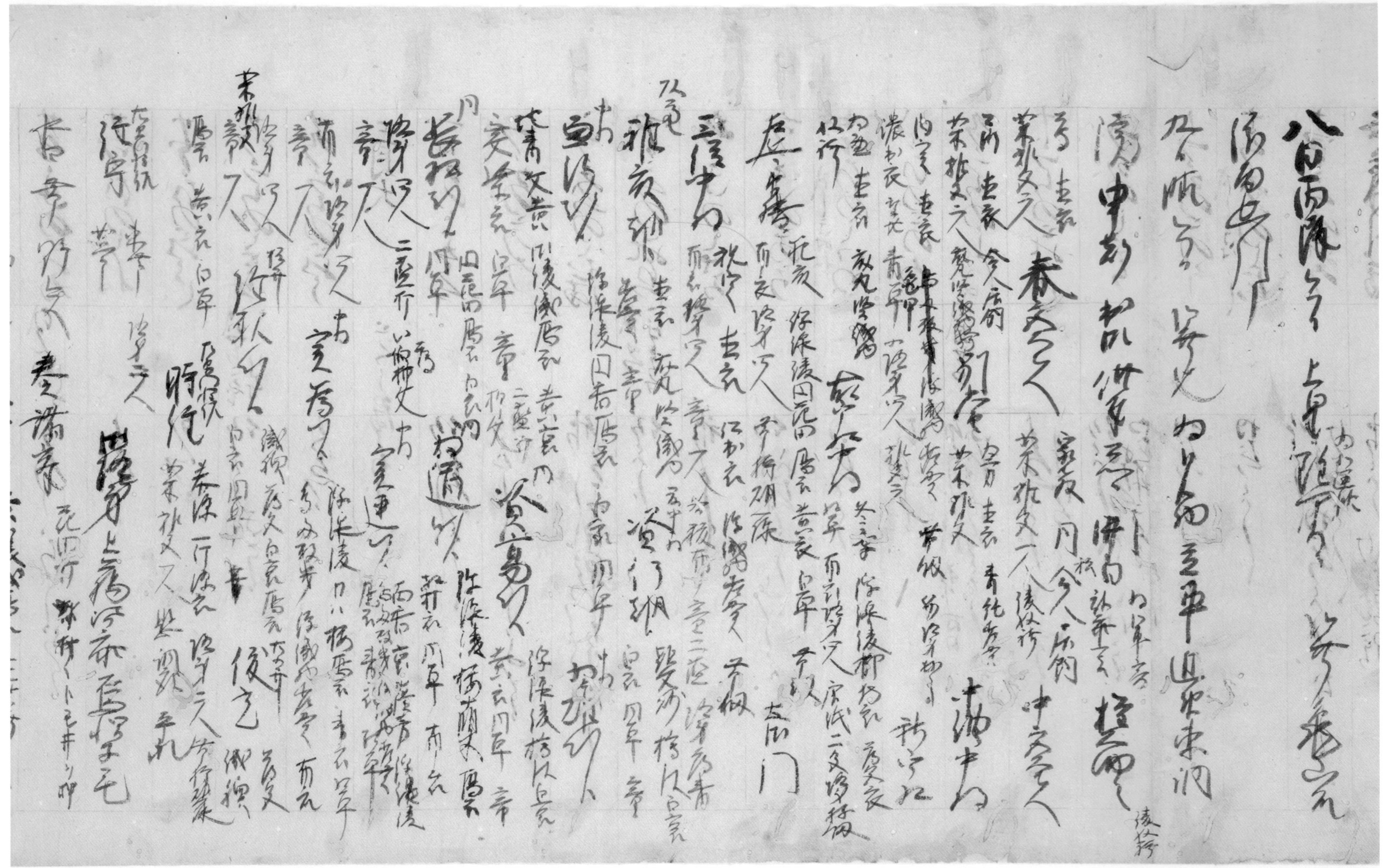

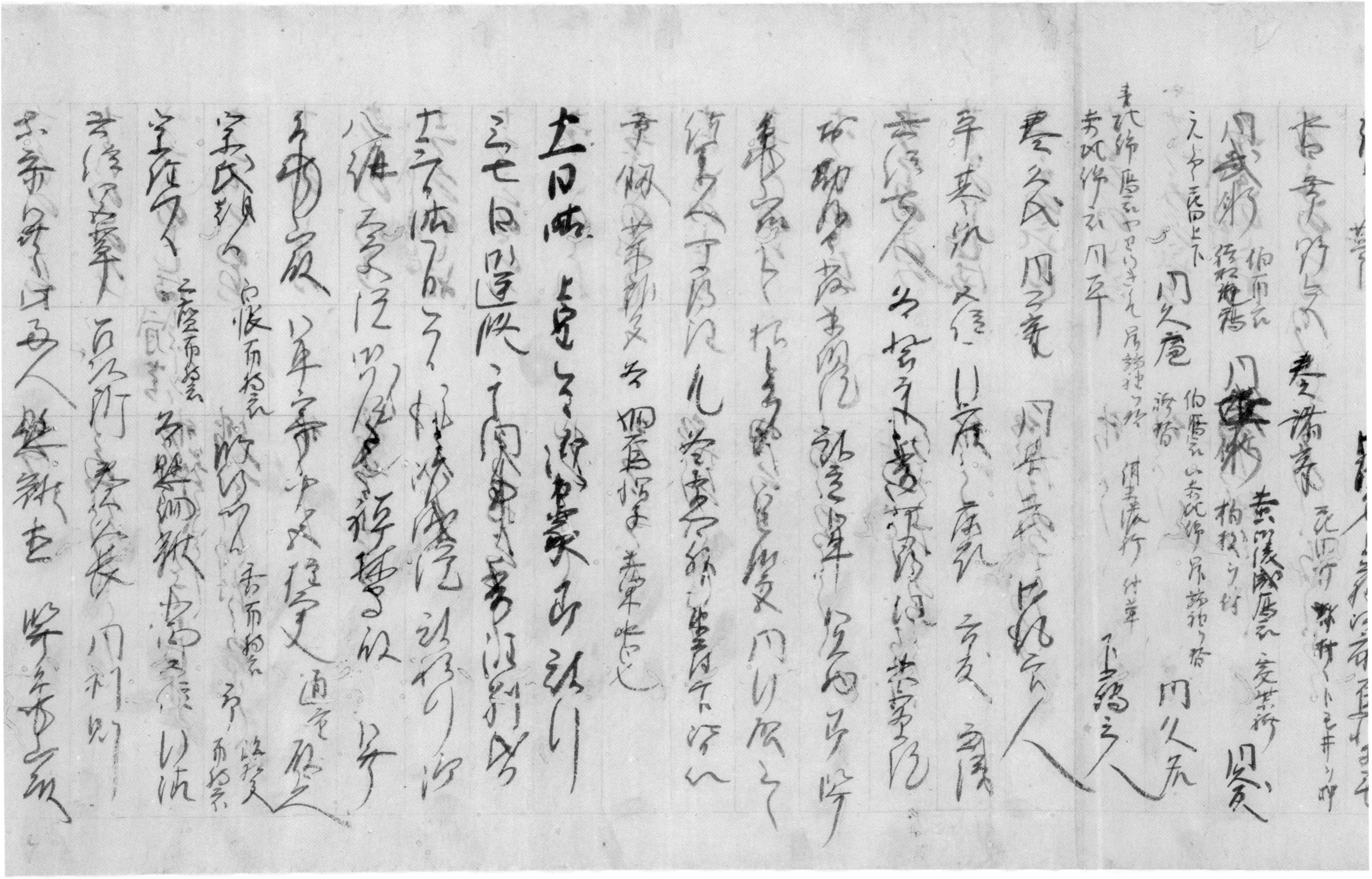

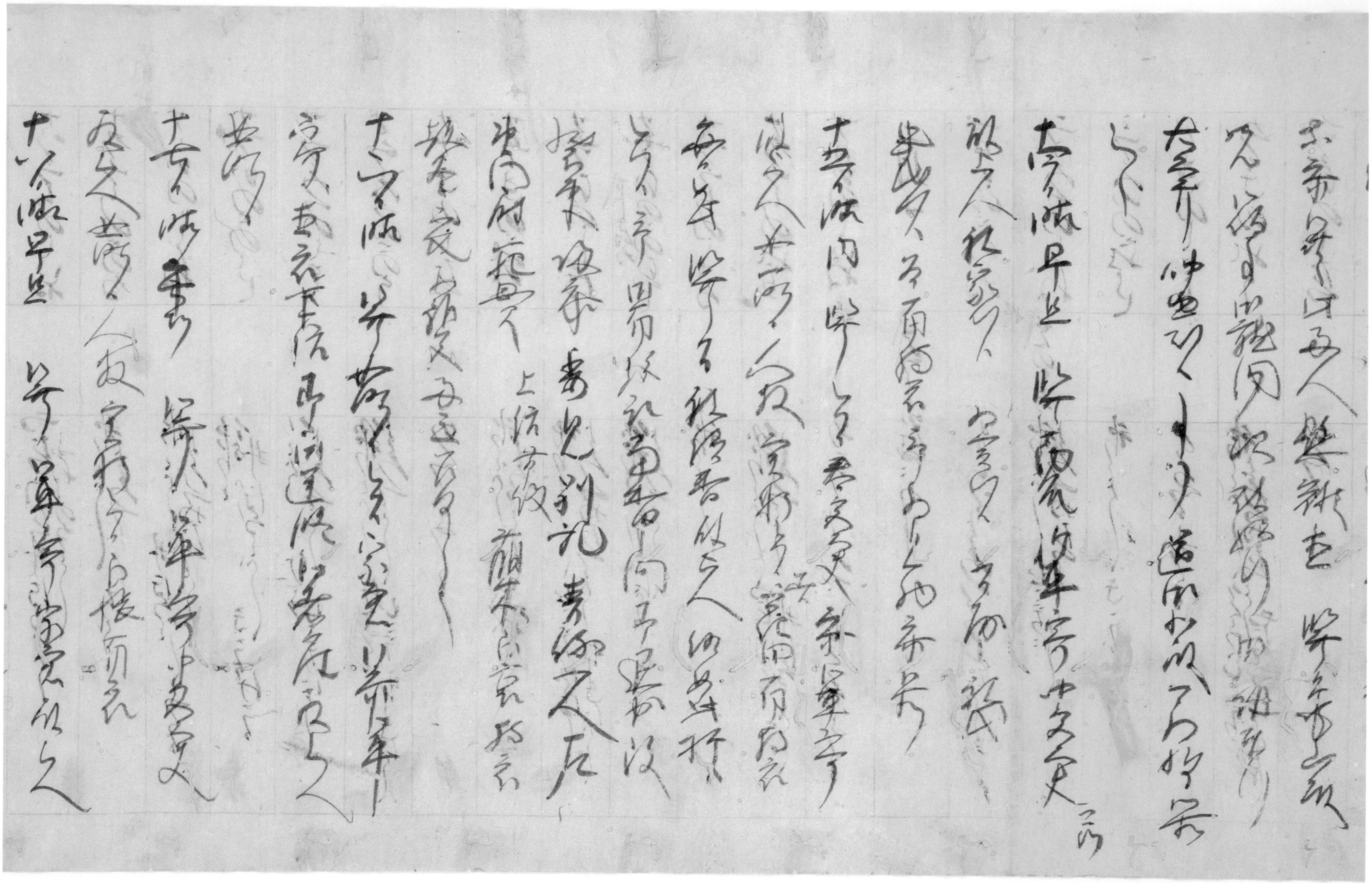

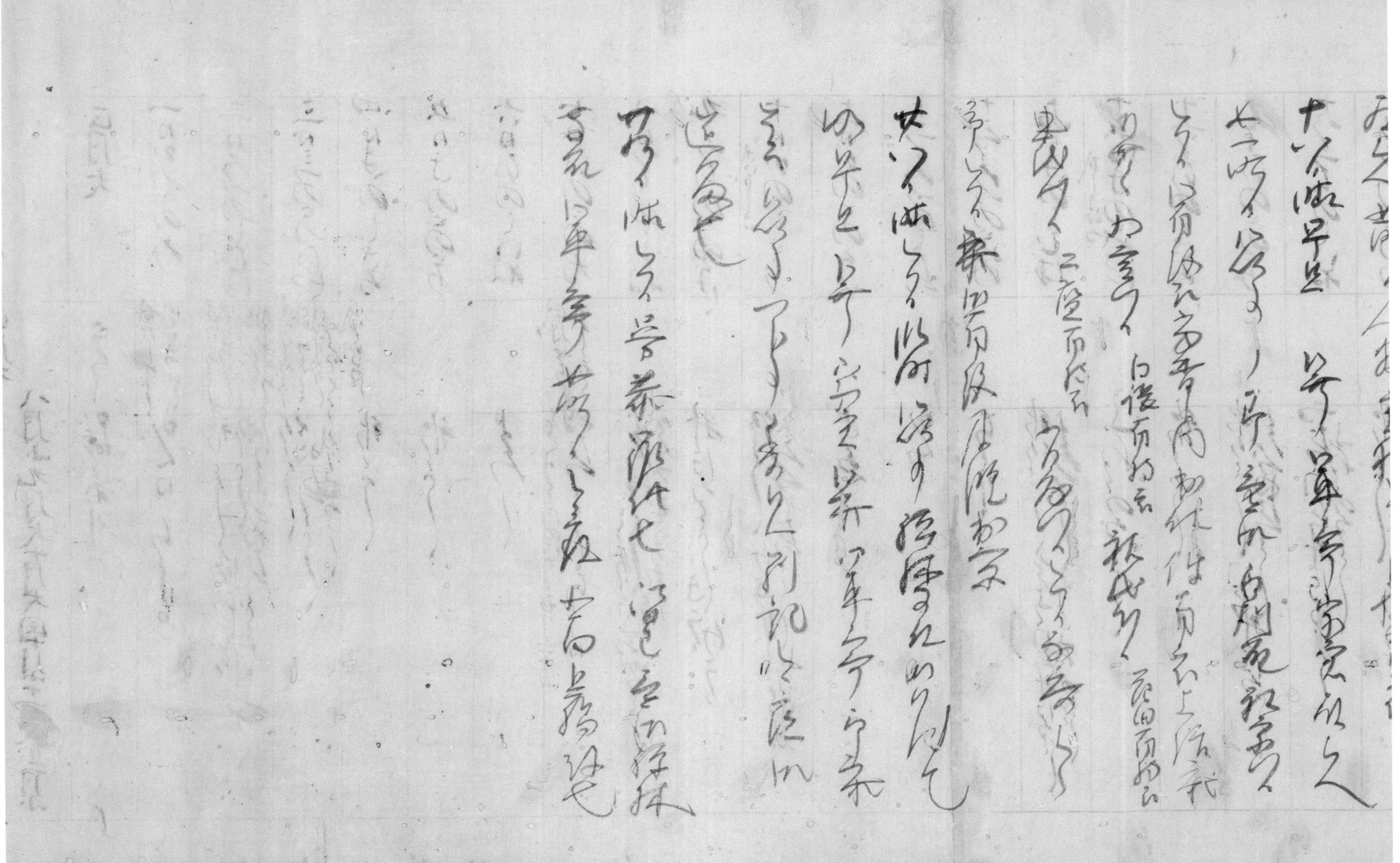

(21)

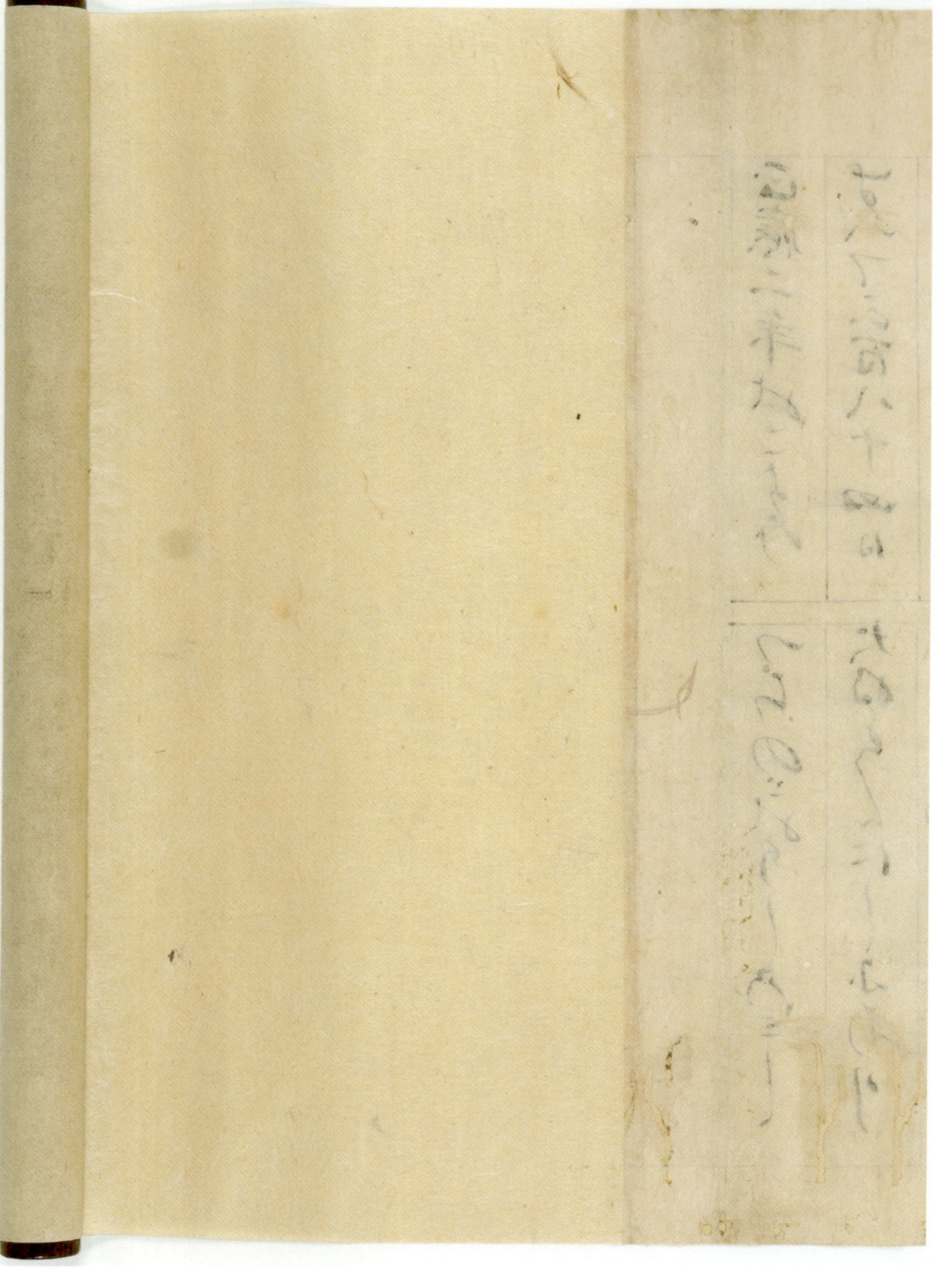

巻三上紙背

(21)

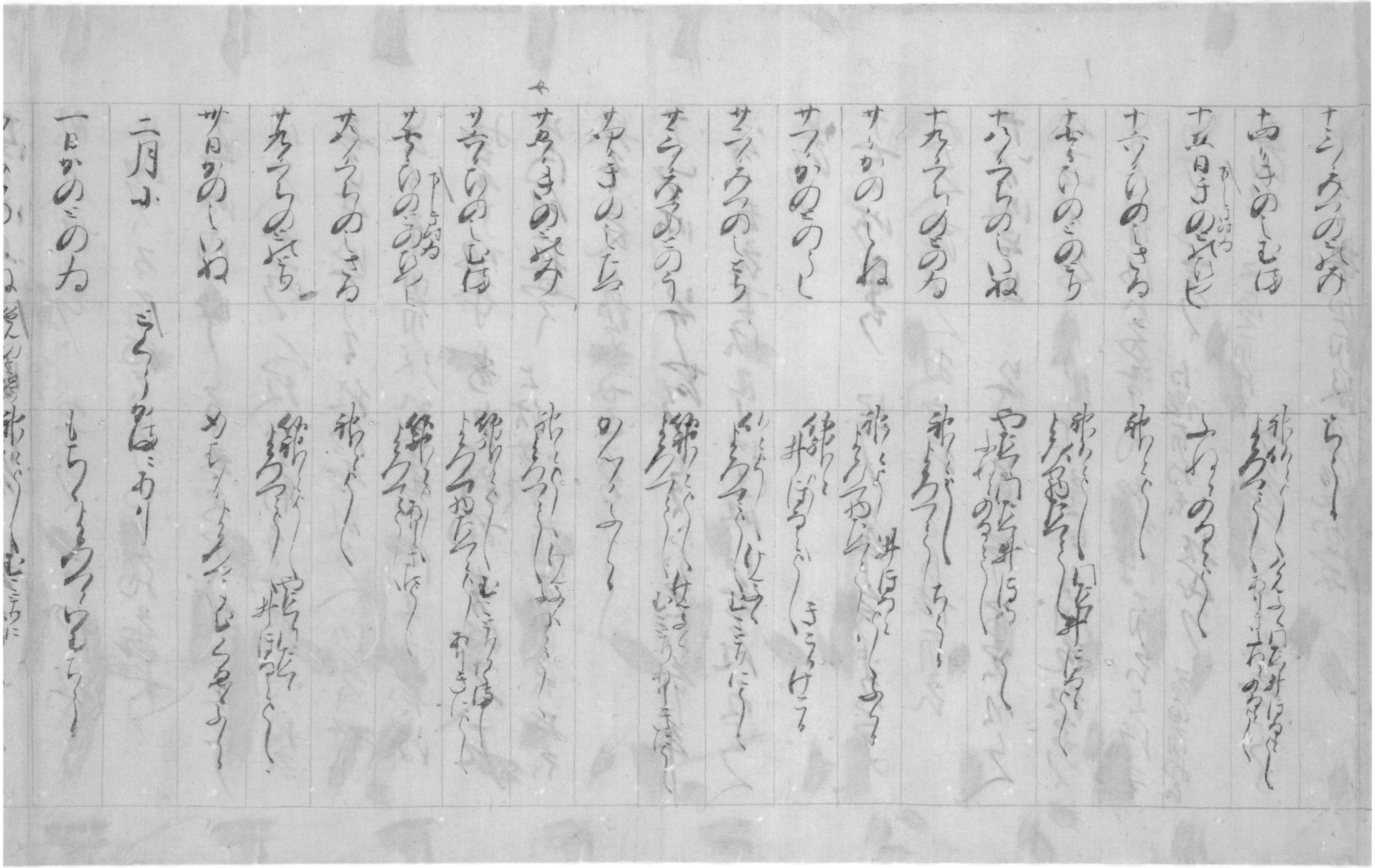

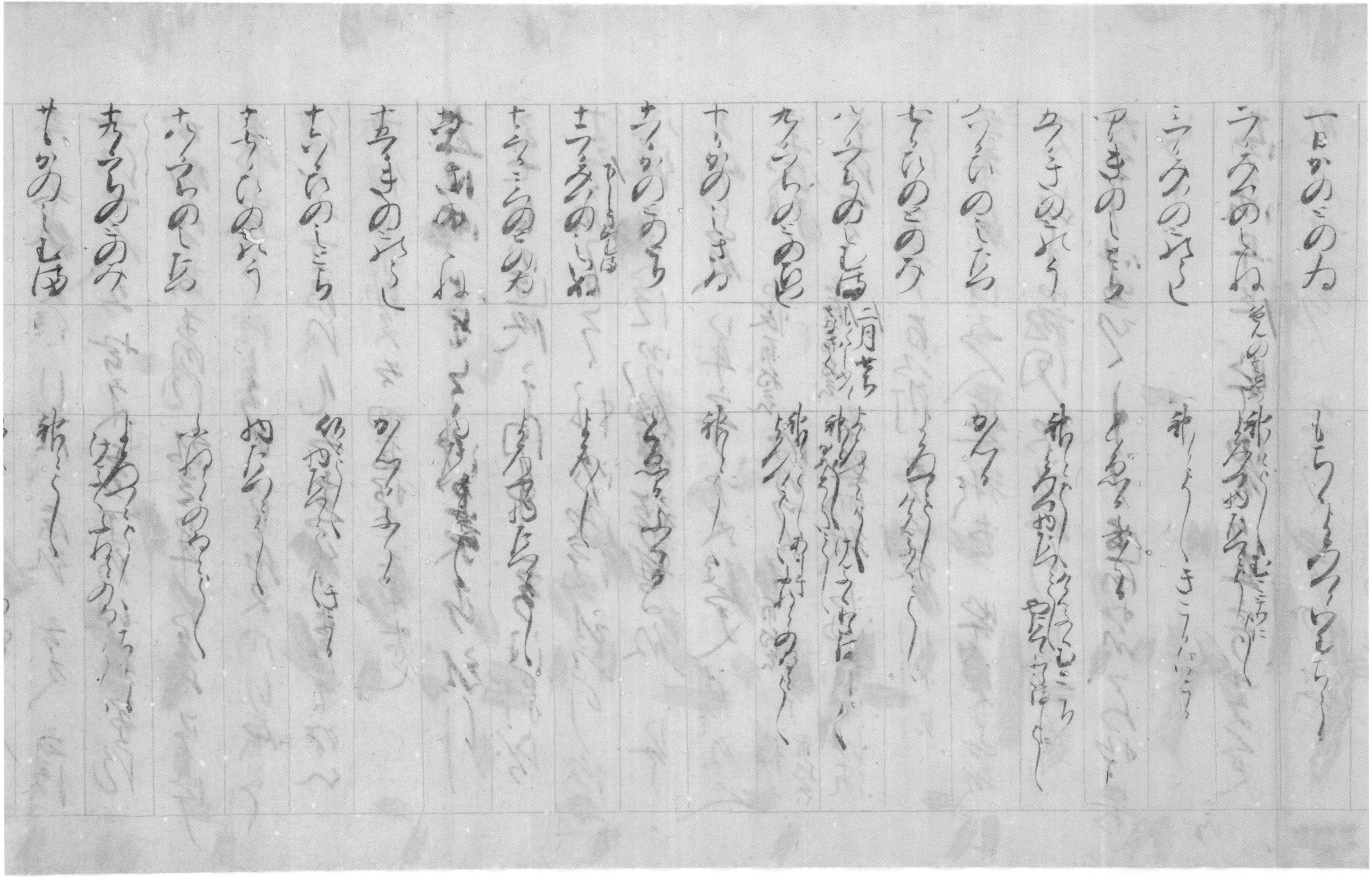

(20)

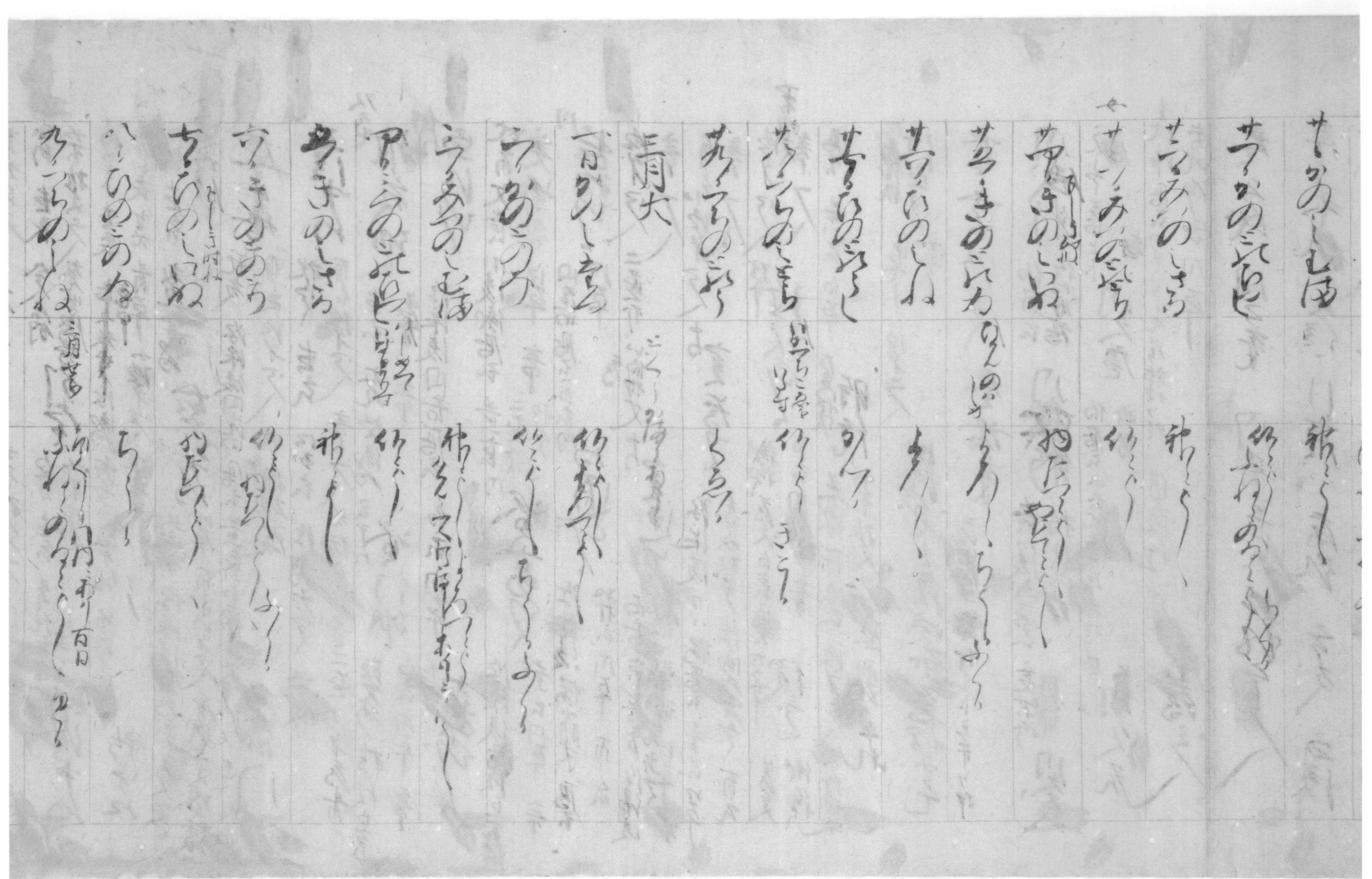

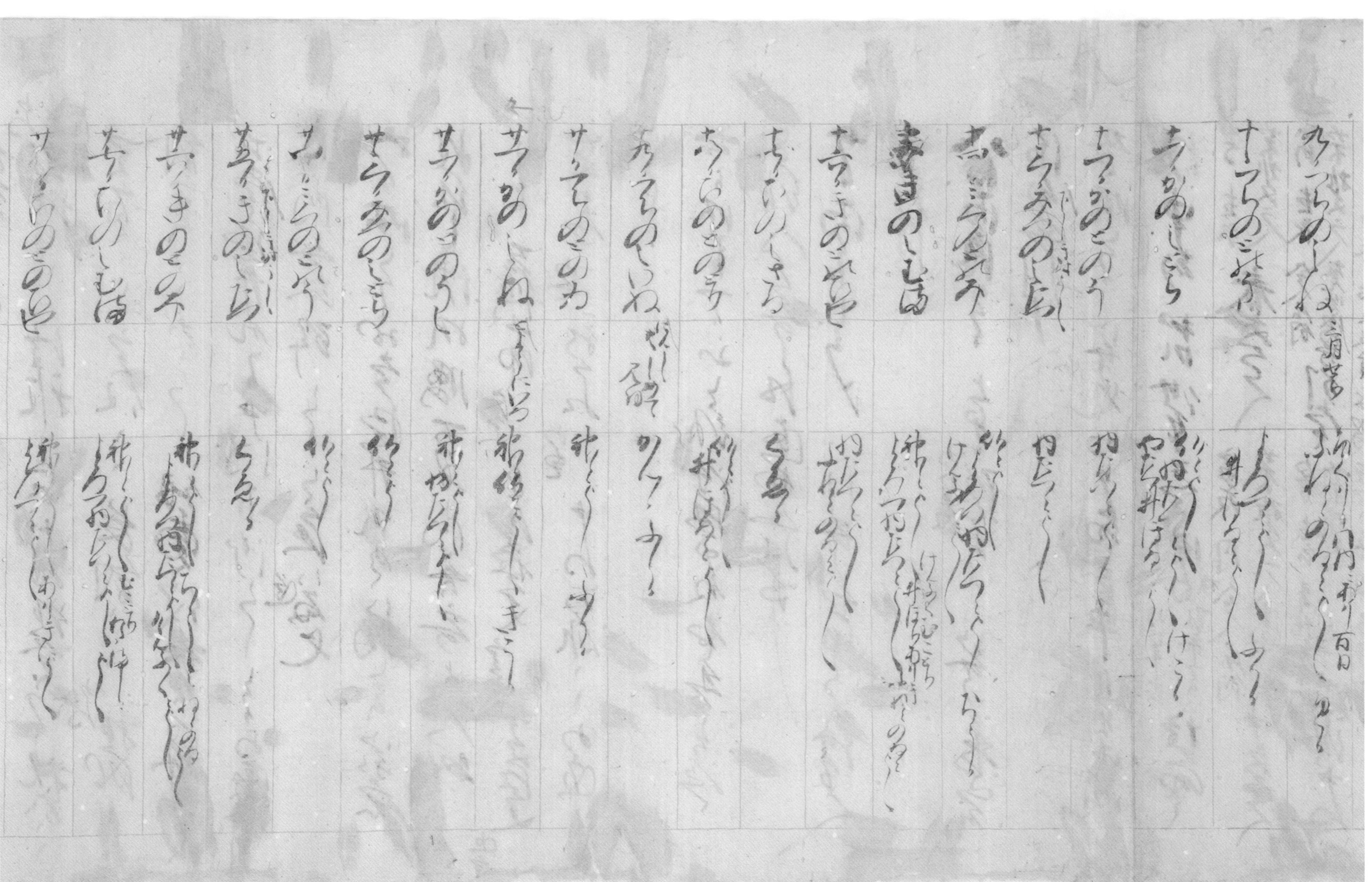

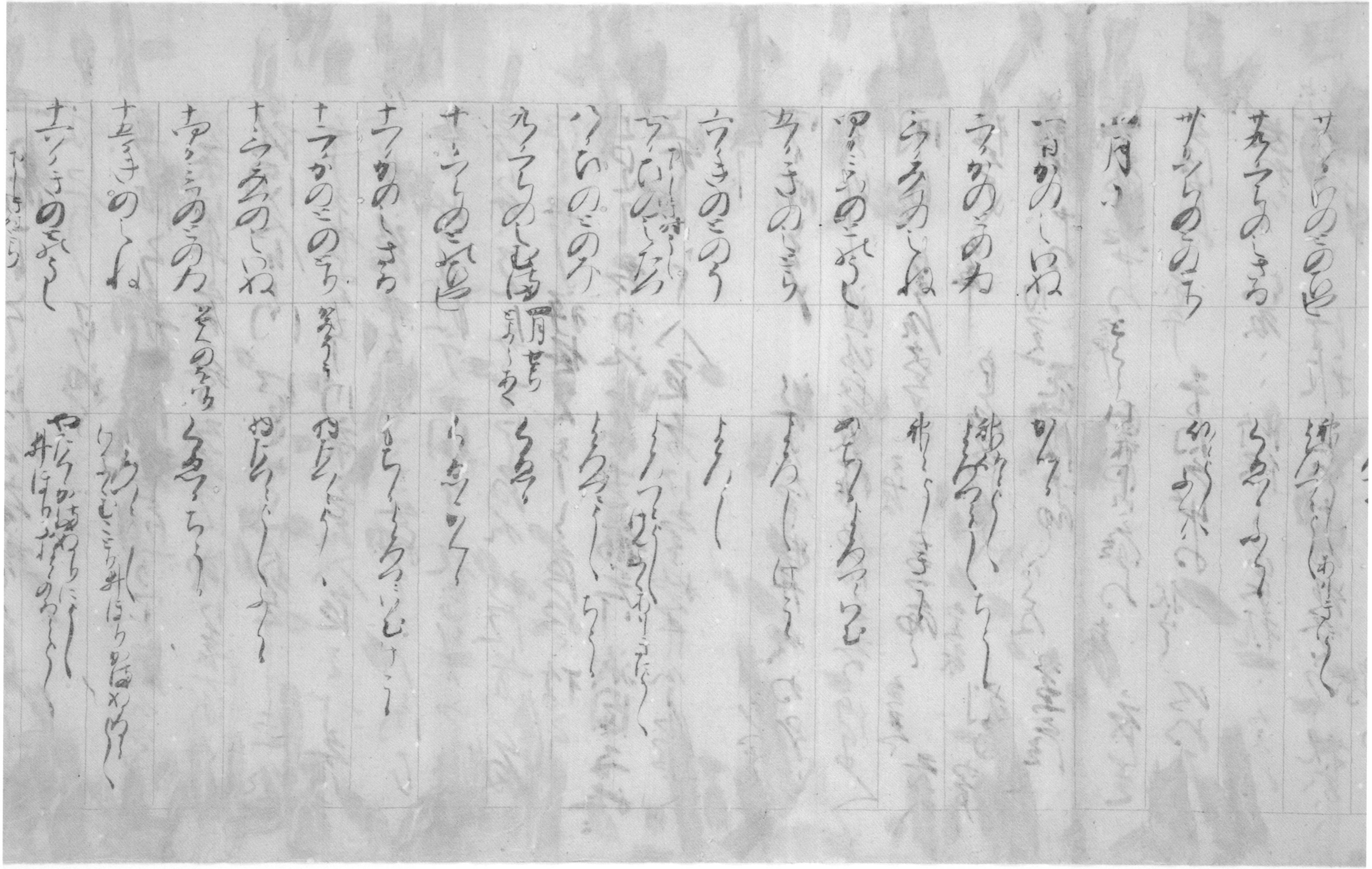

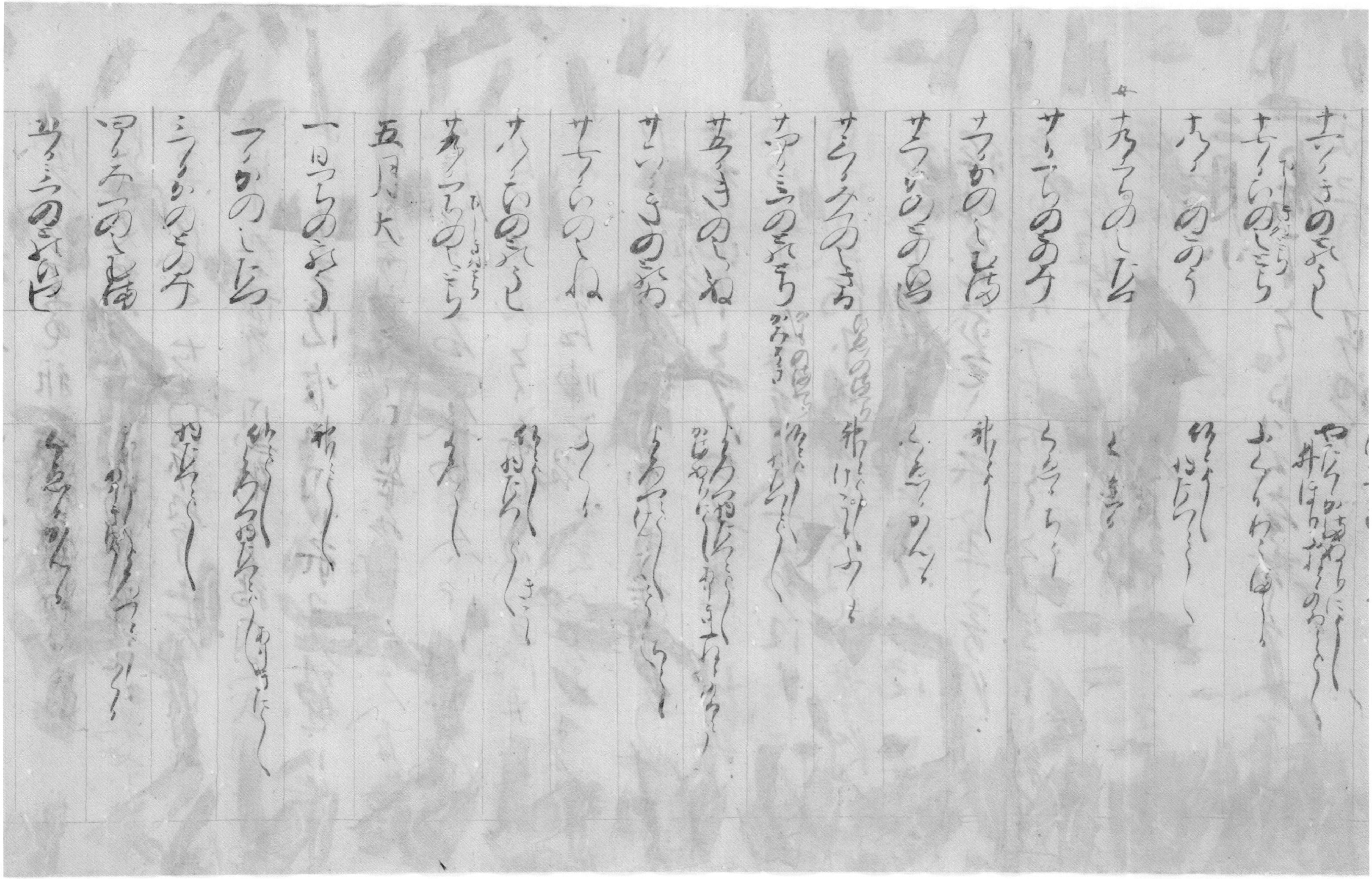

(16)

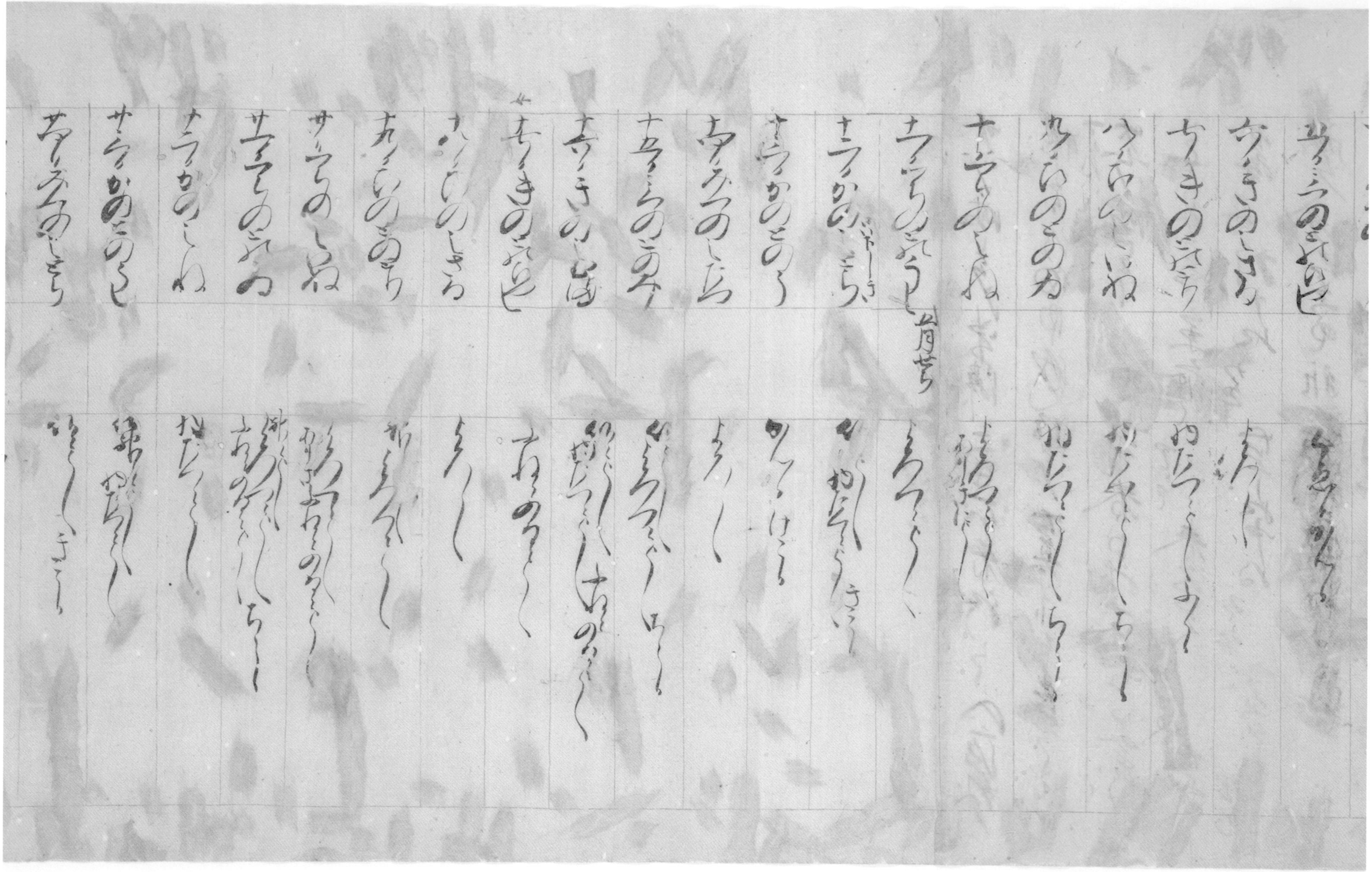

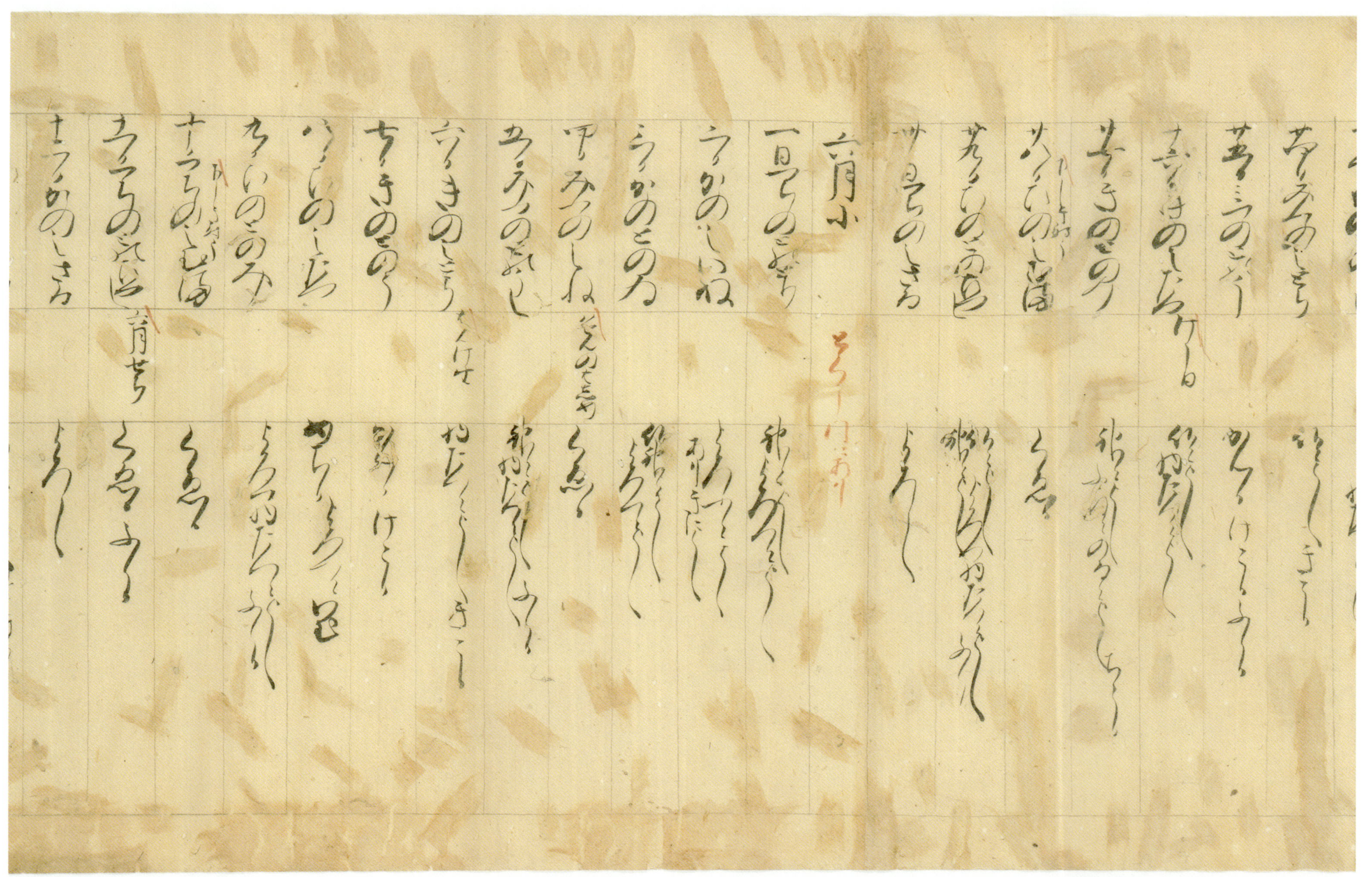

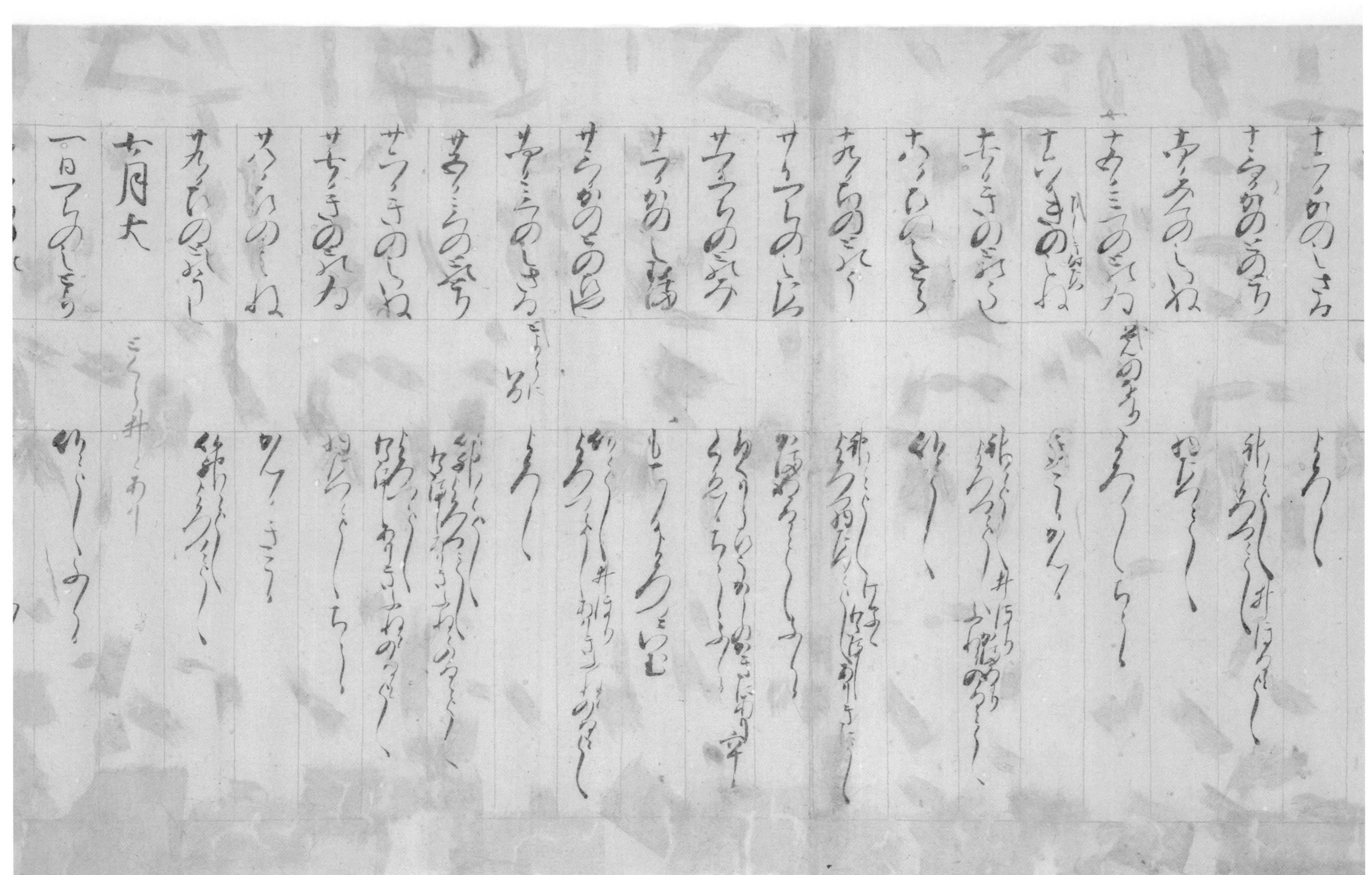

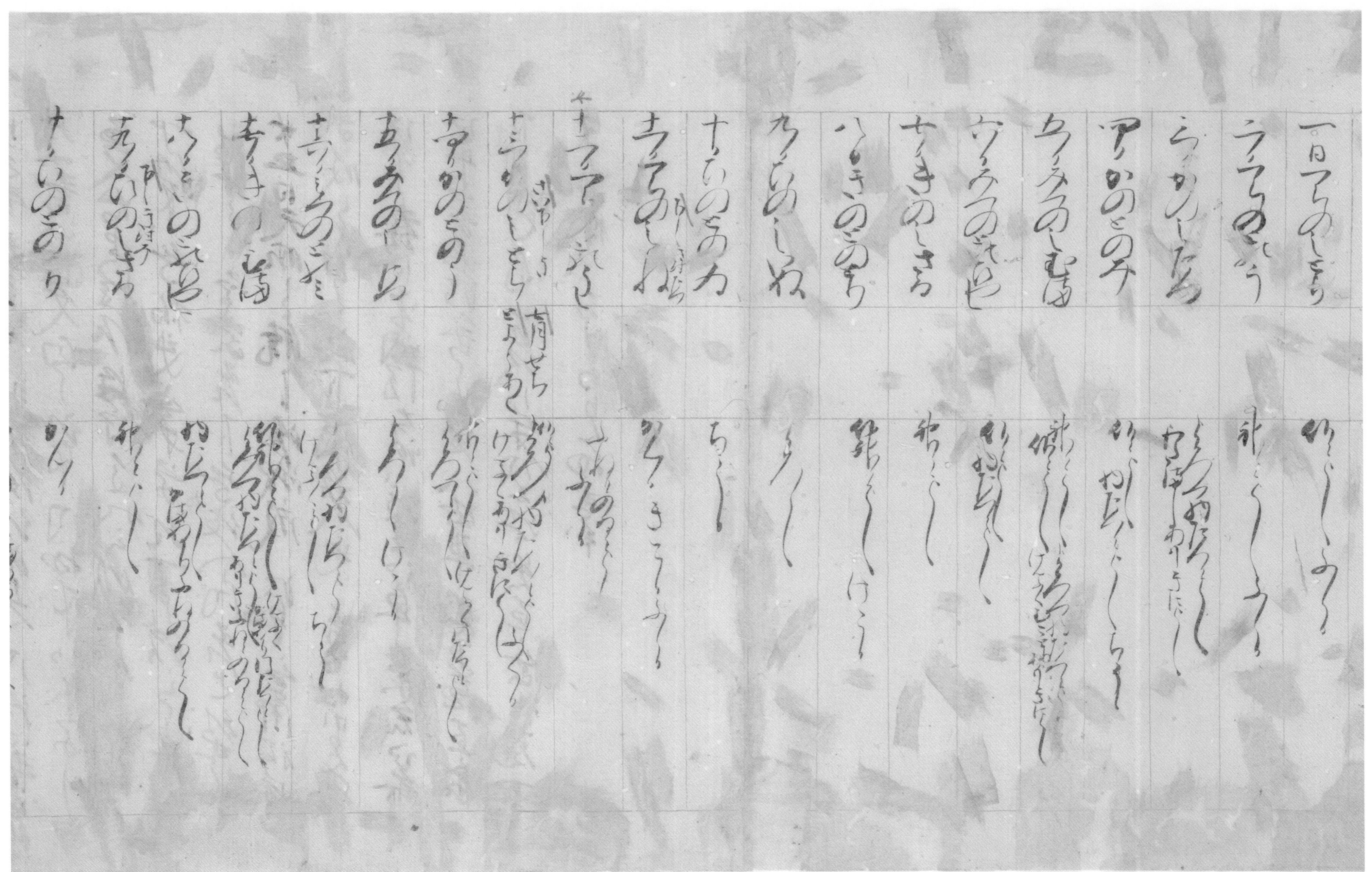

(12)

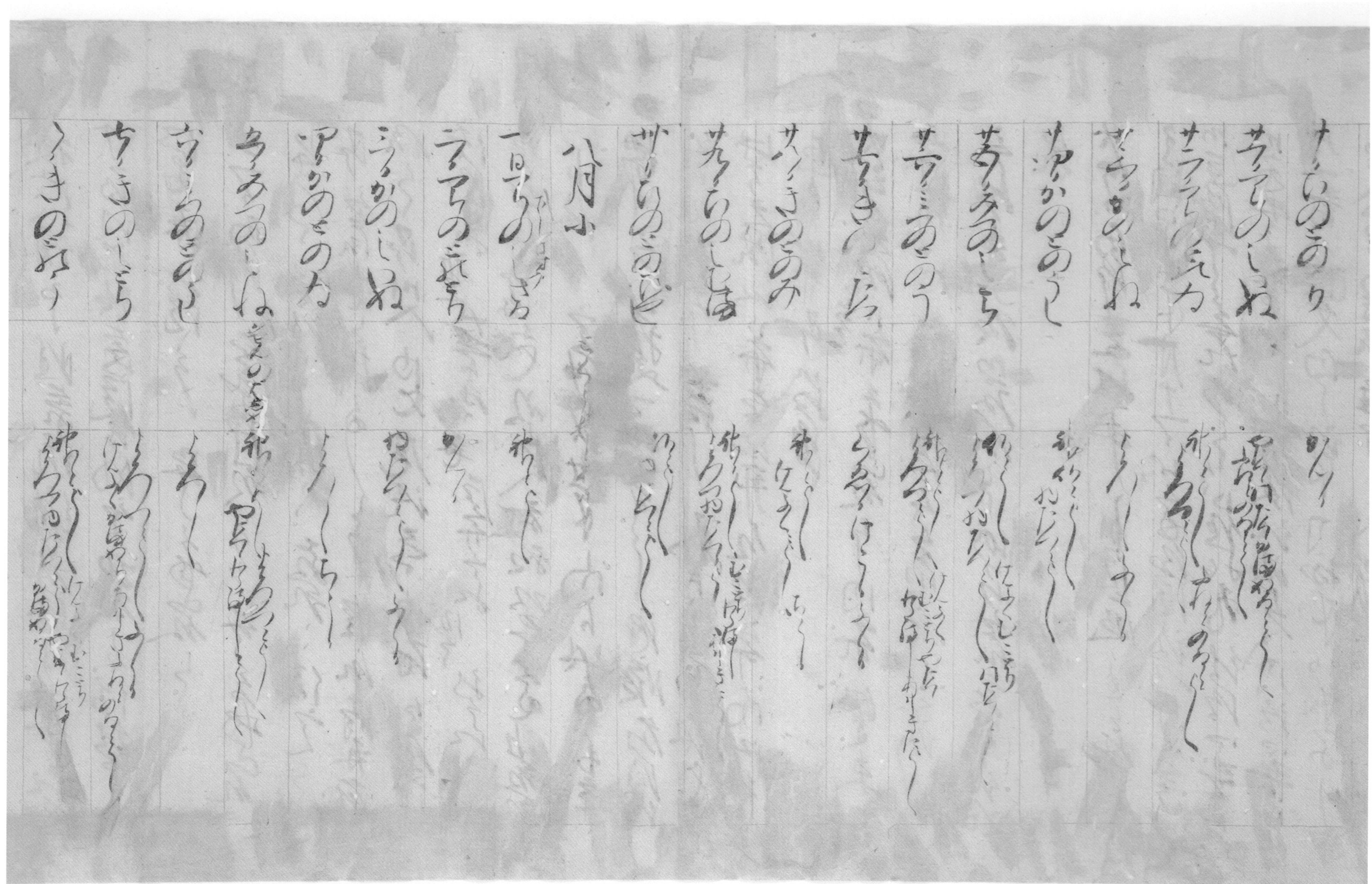

（10）

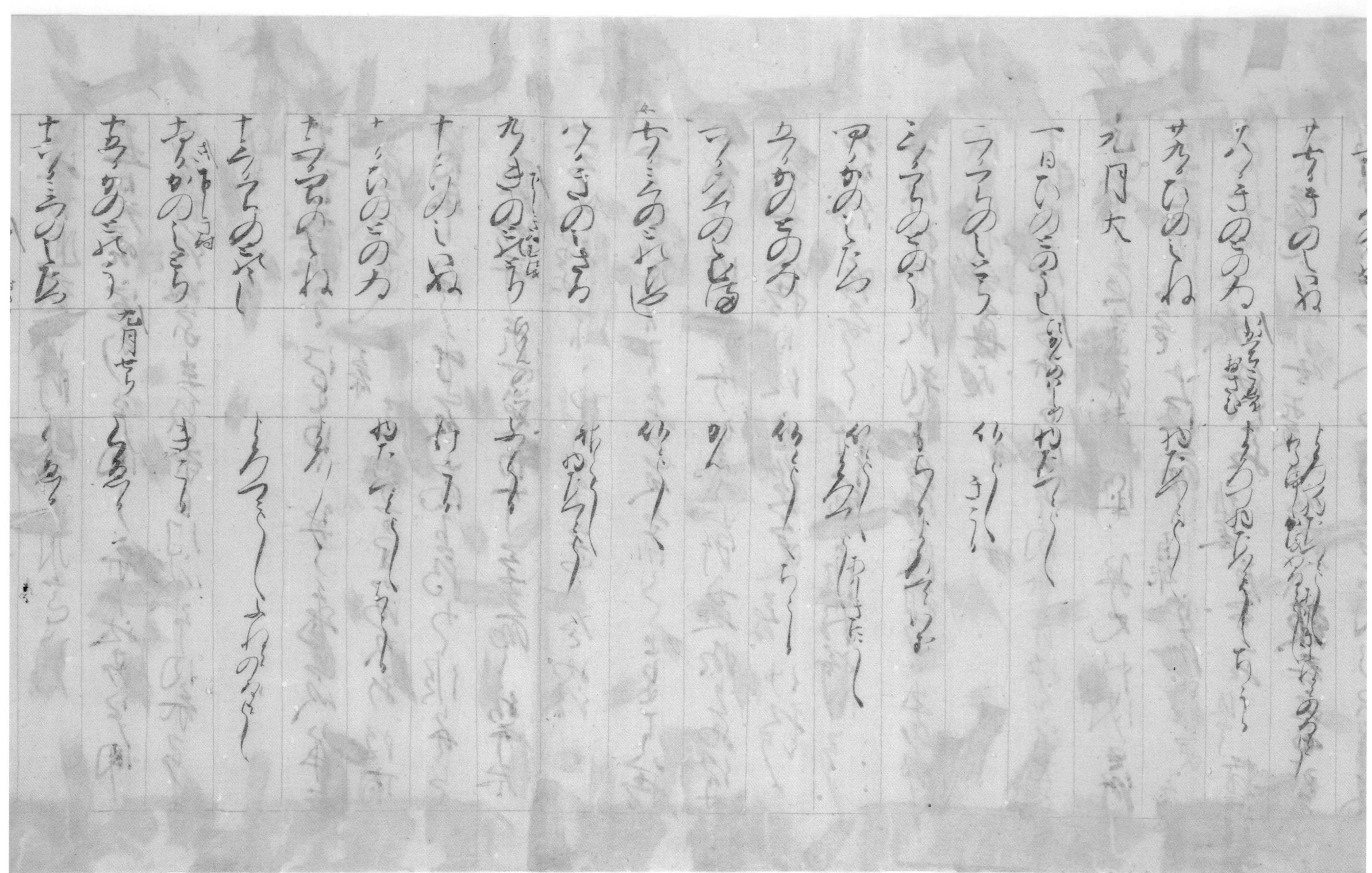

(9)

(8)

（7）

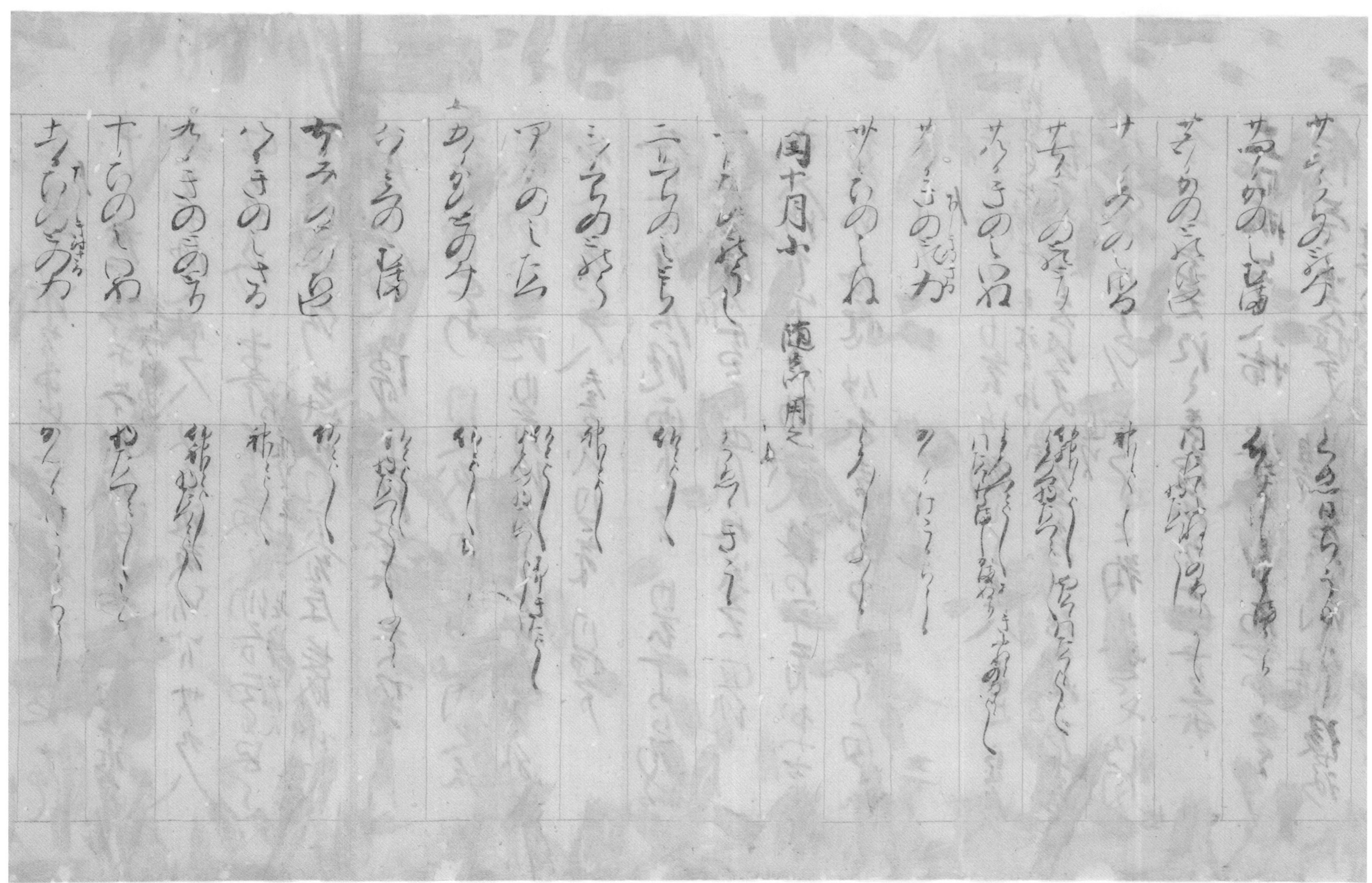

(6)

(5)

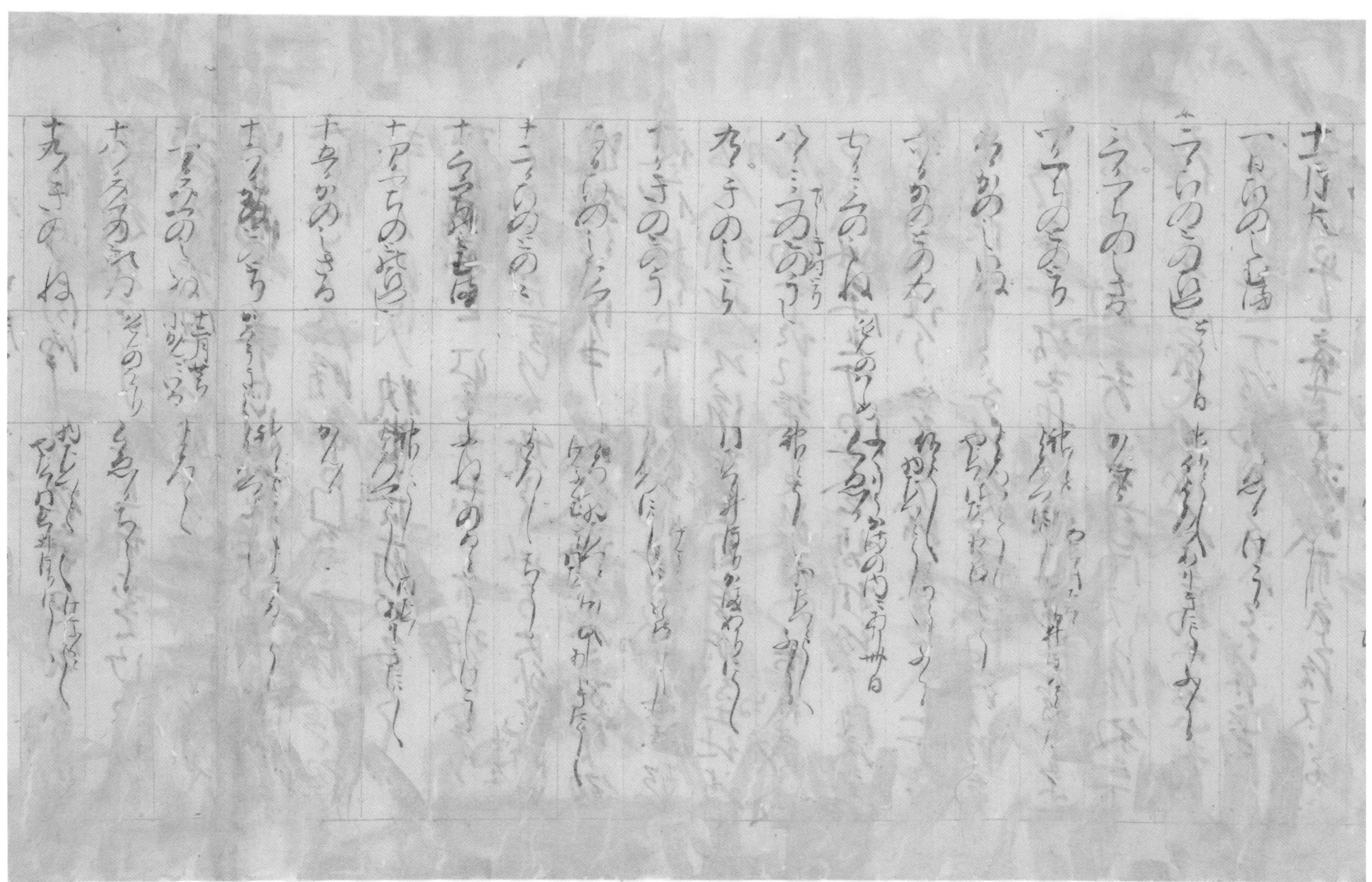

(4)

（3）

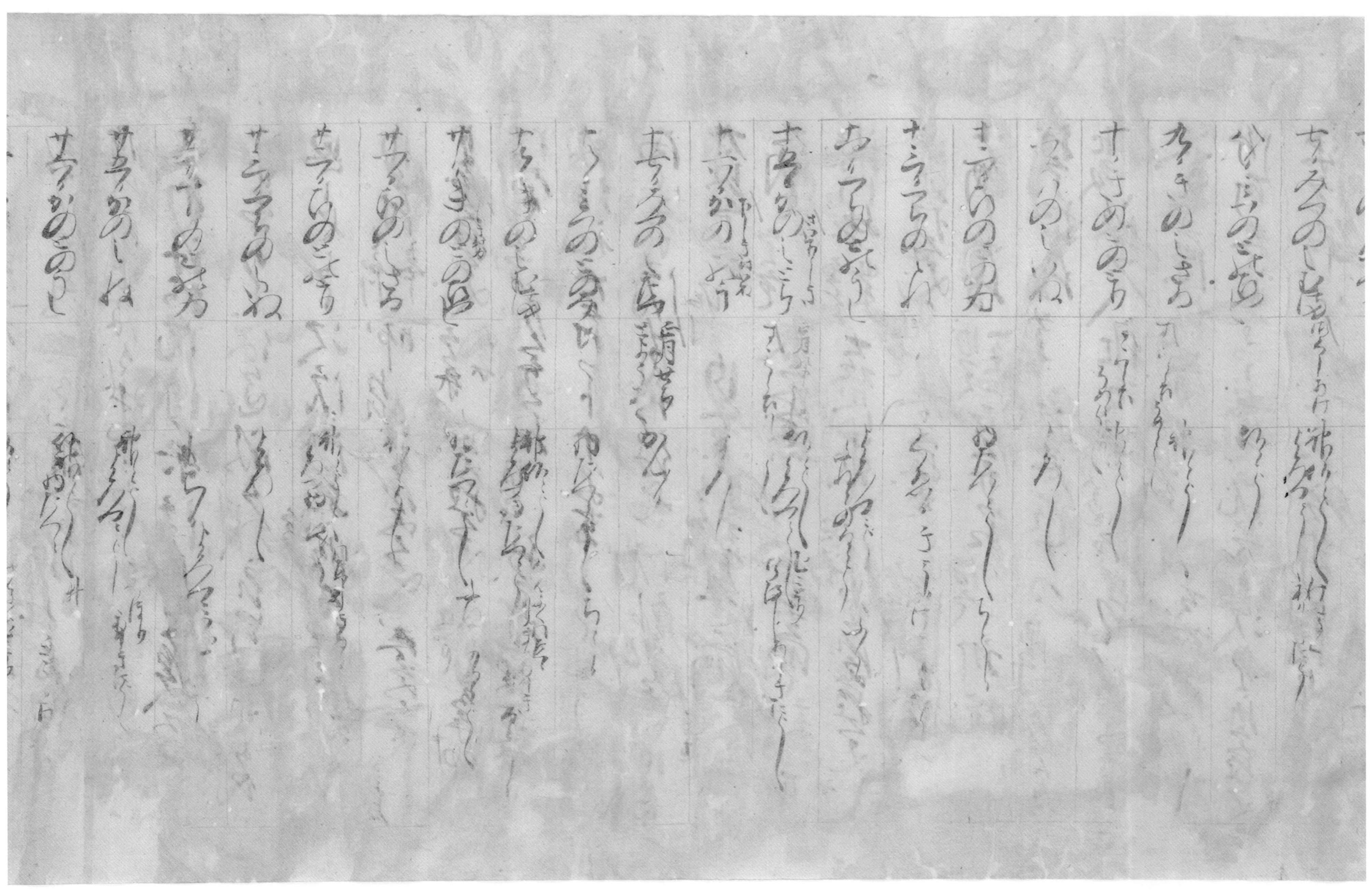

（2）

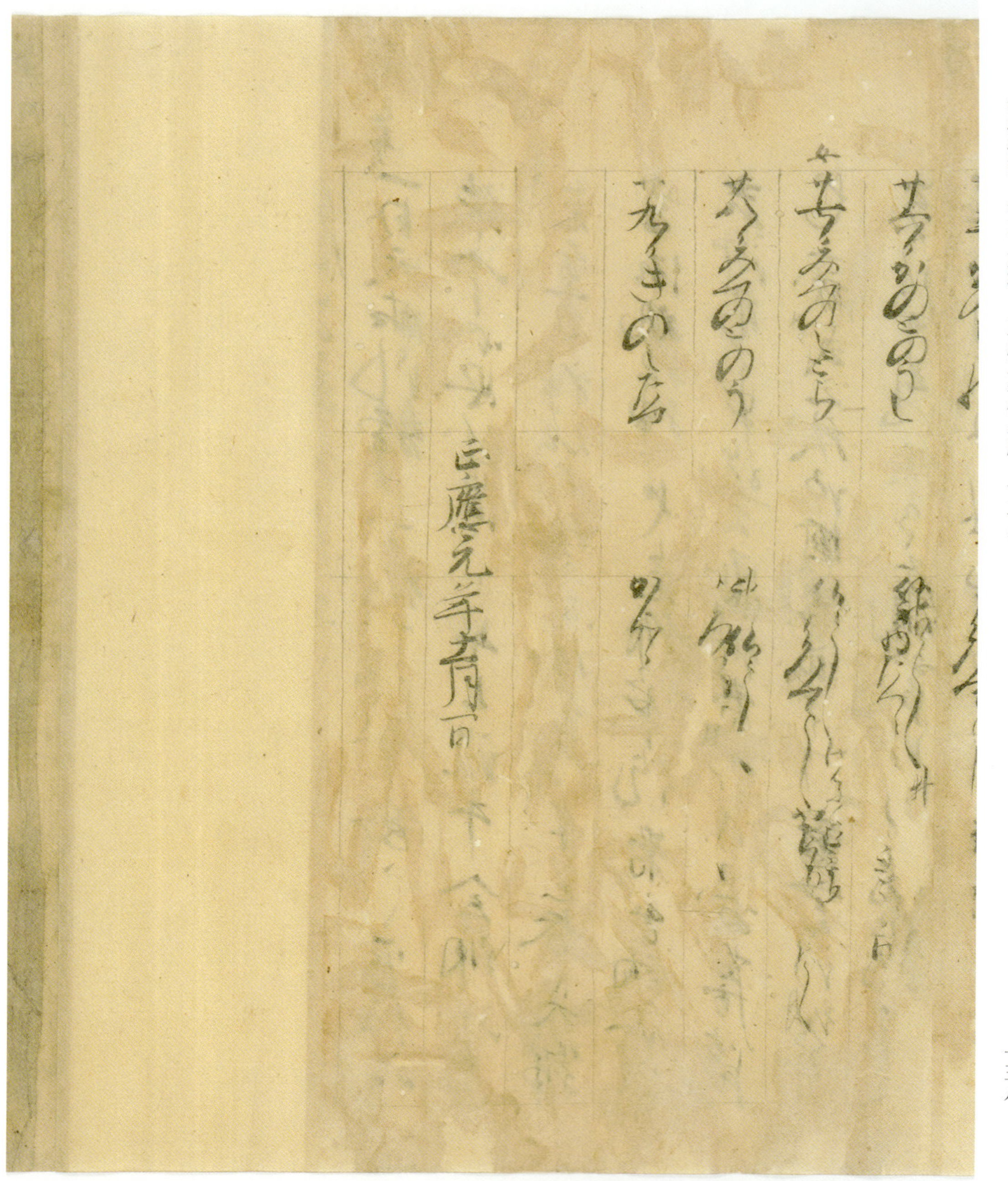

（1）　（2）

巻三下

正応三年二月別記

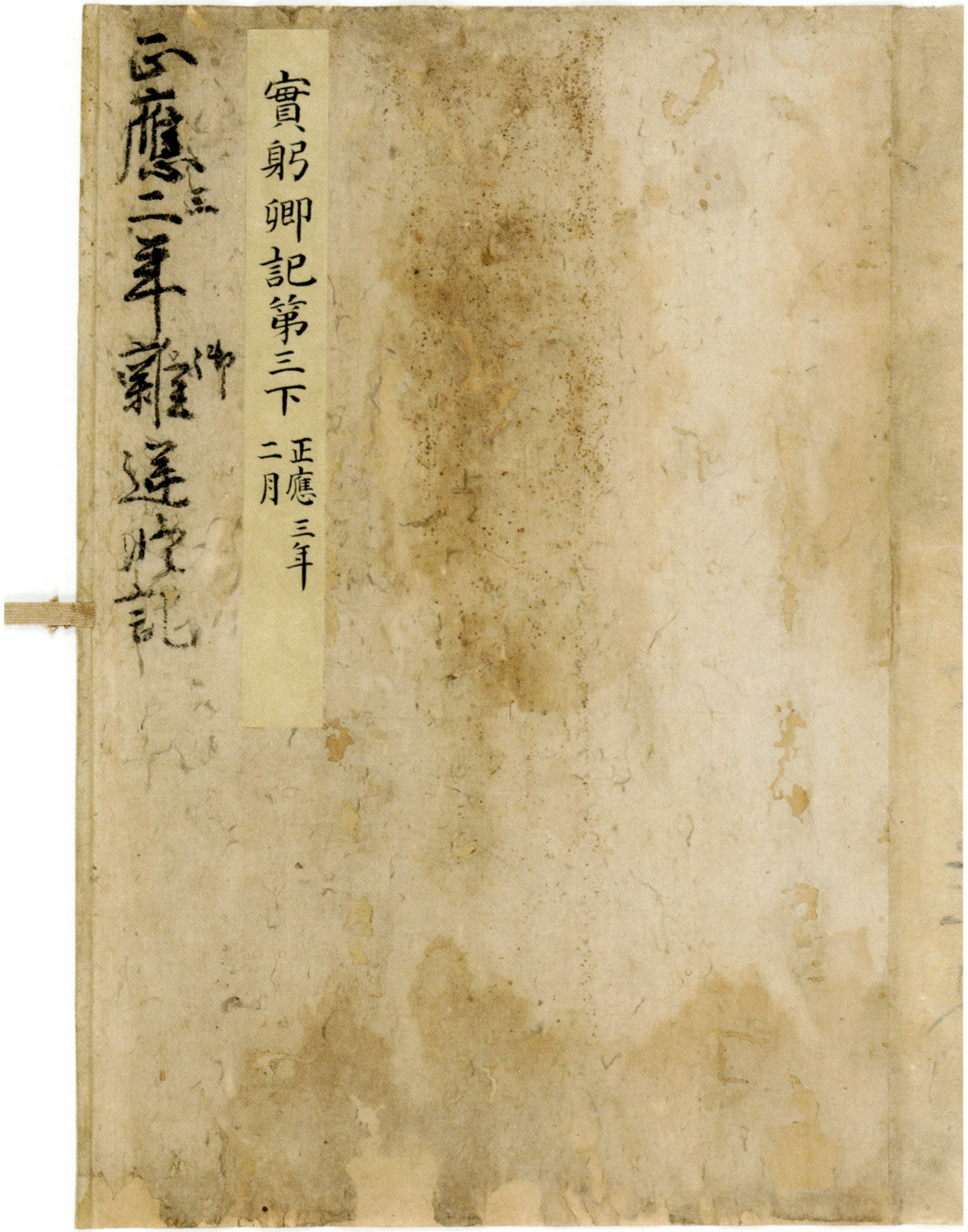

實躬卿記第三下
正應三年
二月

(2)

(1)

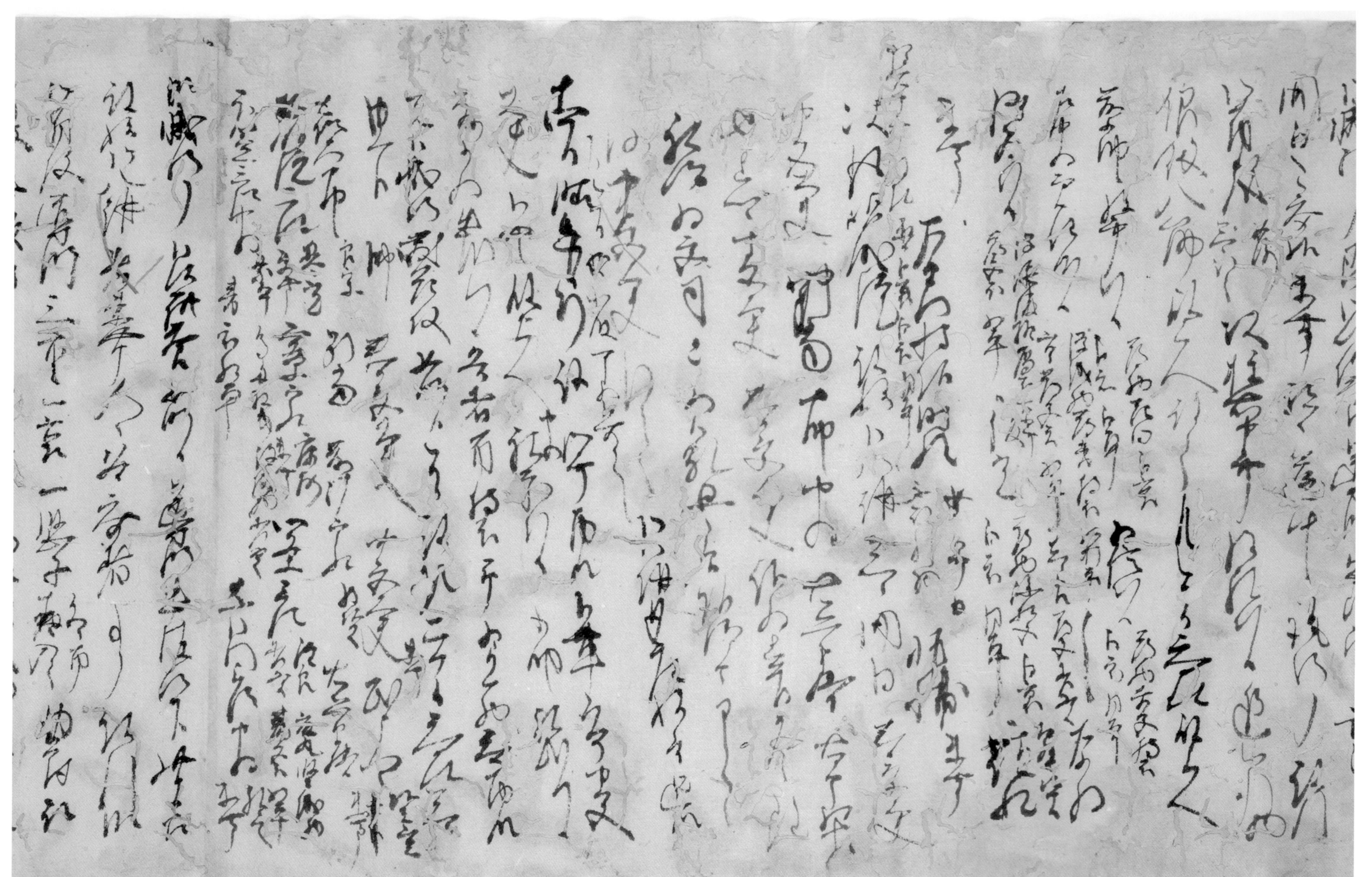

(3)

(4)

（5）

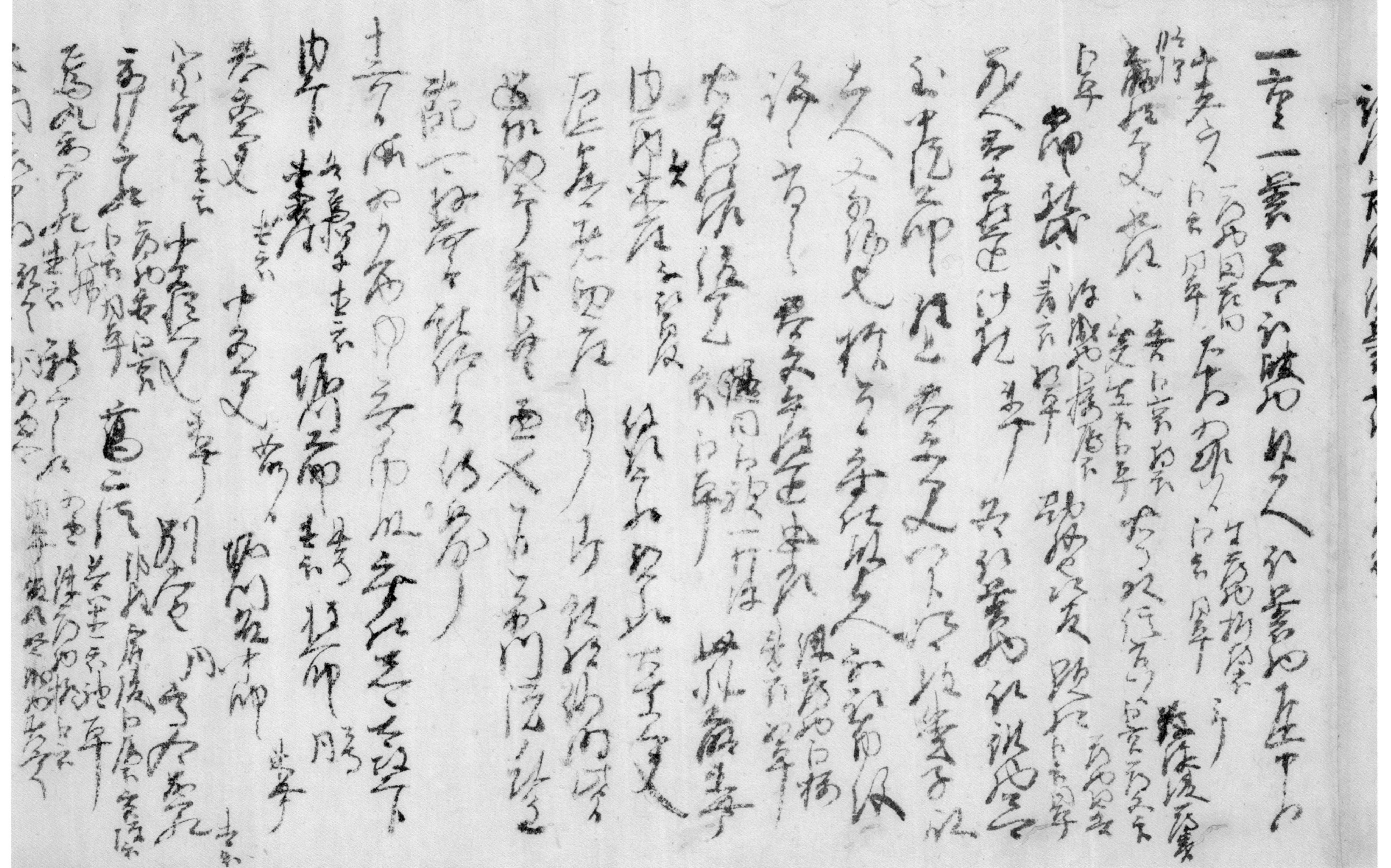

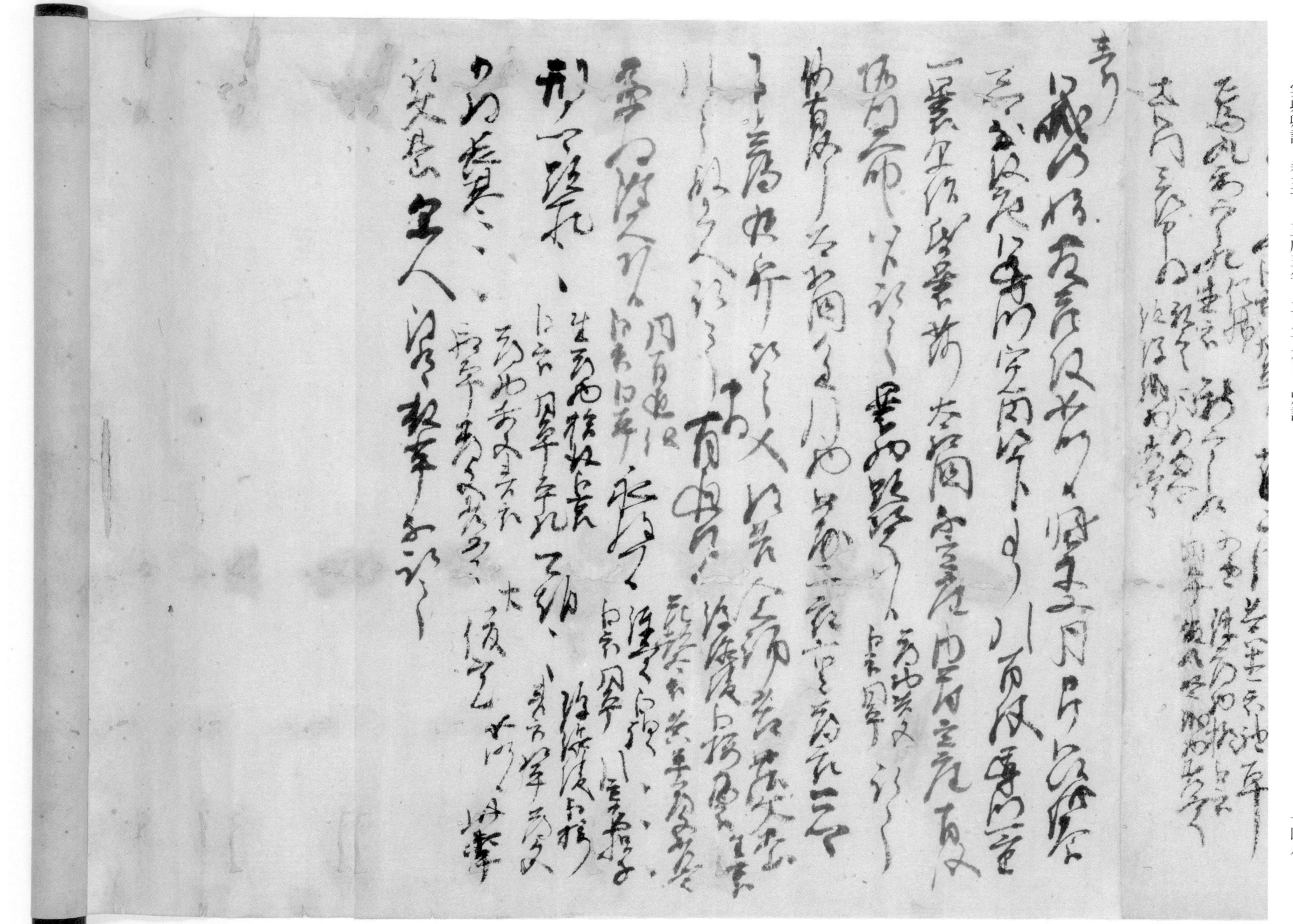

巻四

正応四年　正月・二月

實躬卿記第四

正應四年
正月　二月

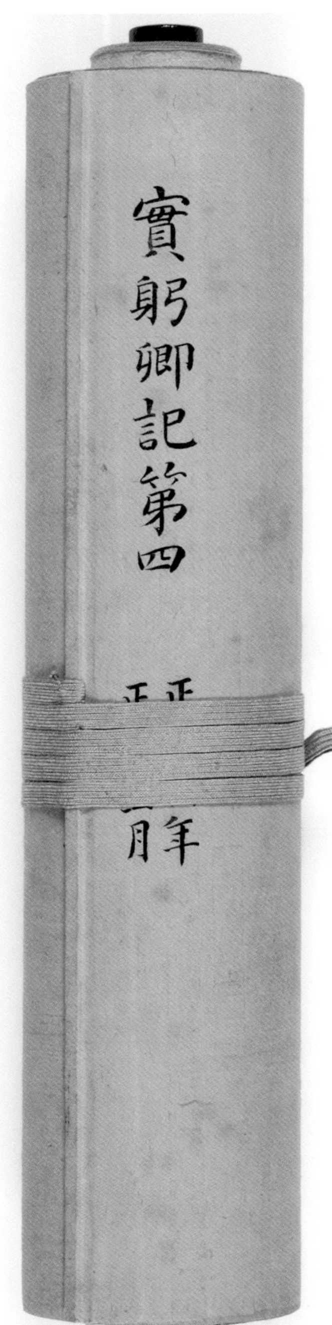

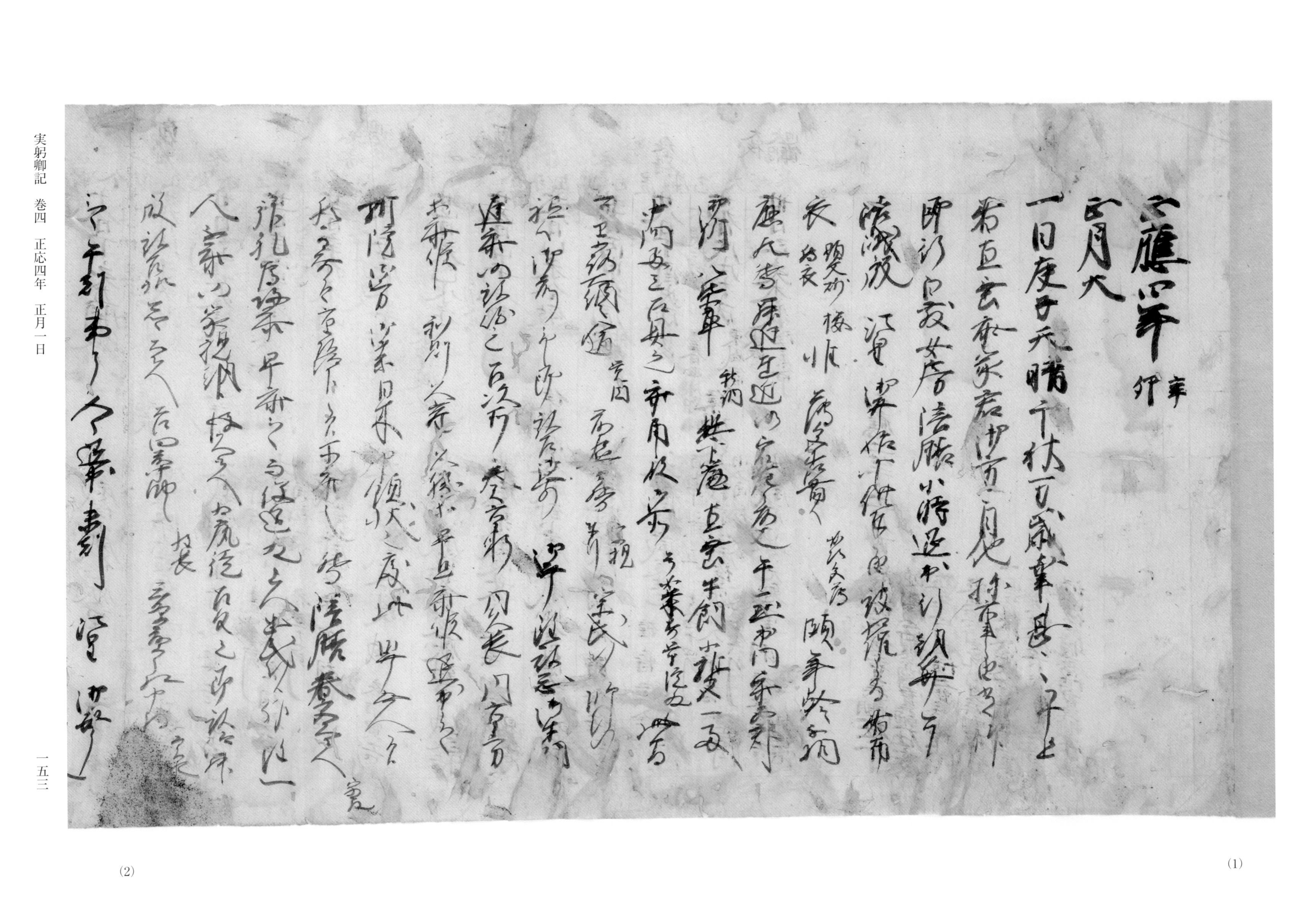

(2)

(1)

（3）

（2）

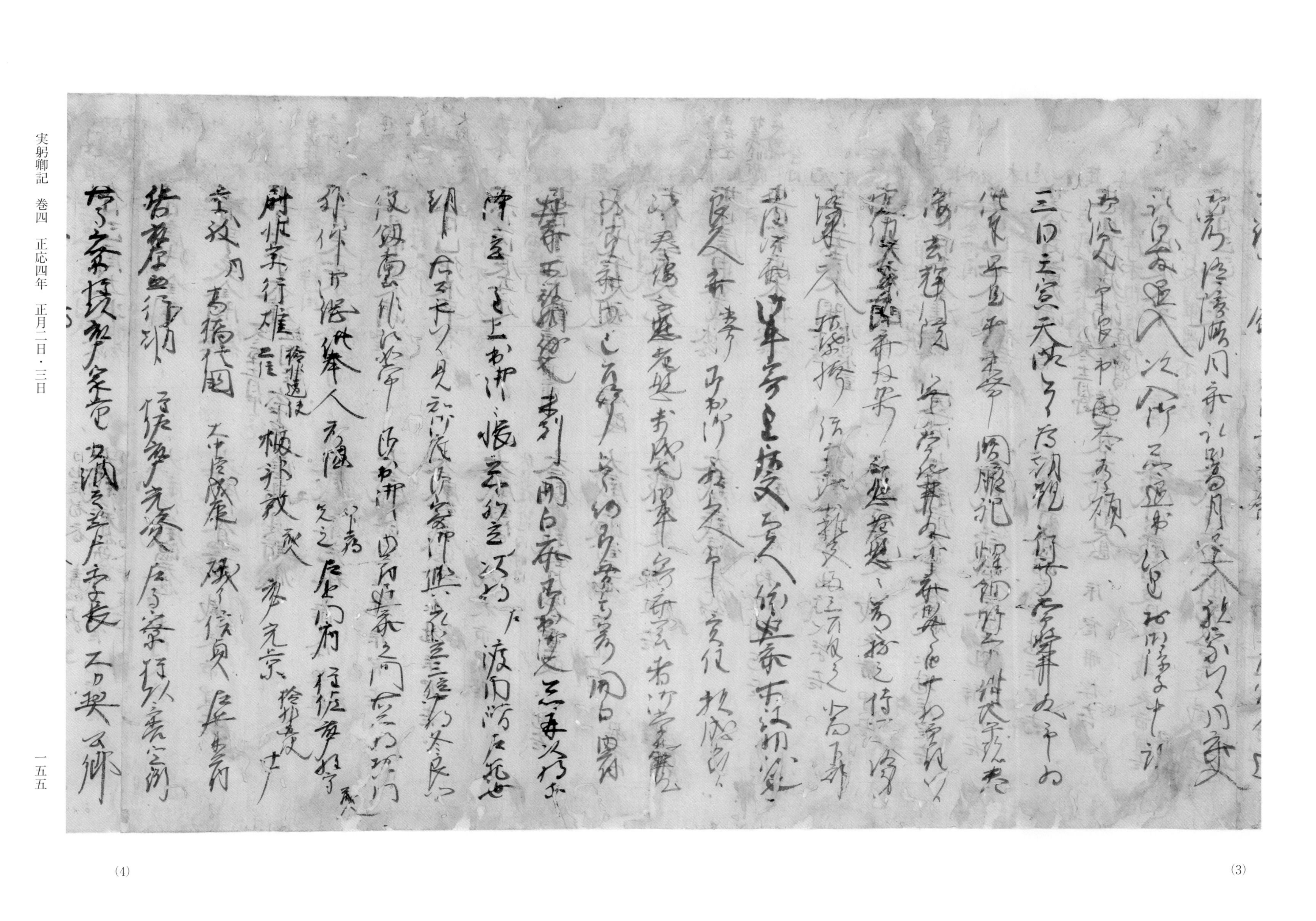

(4)　(3)

(5)

(4)

(6)

(5)

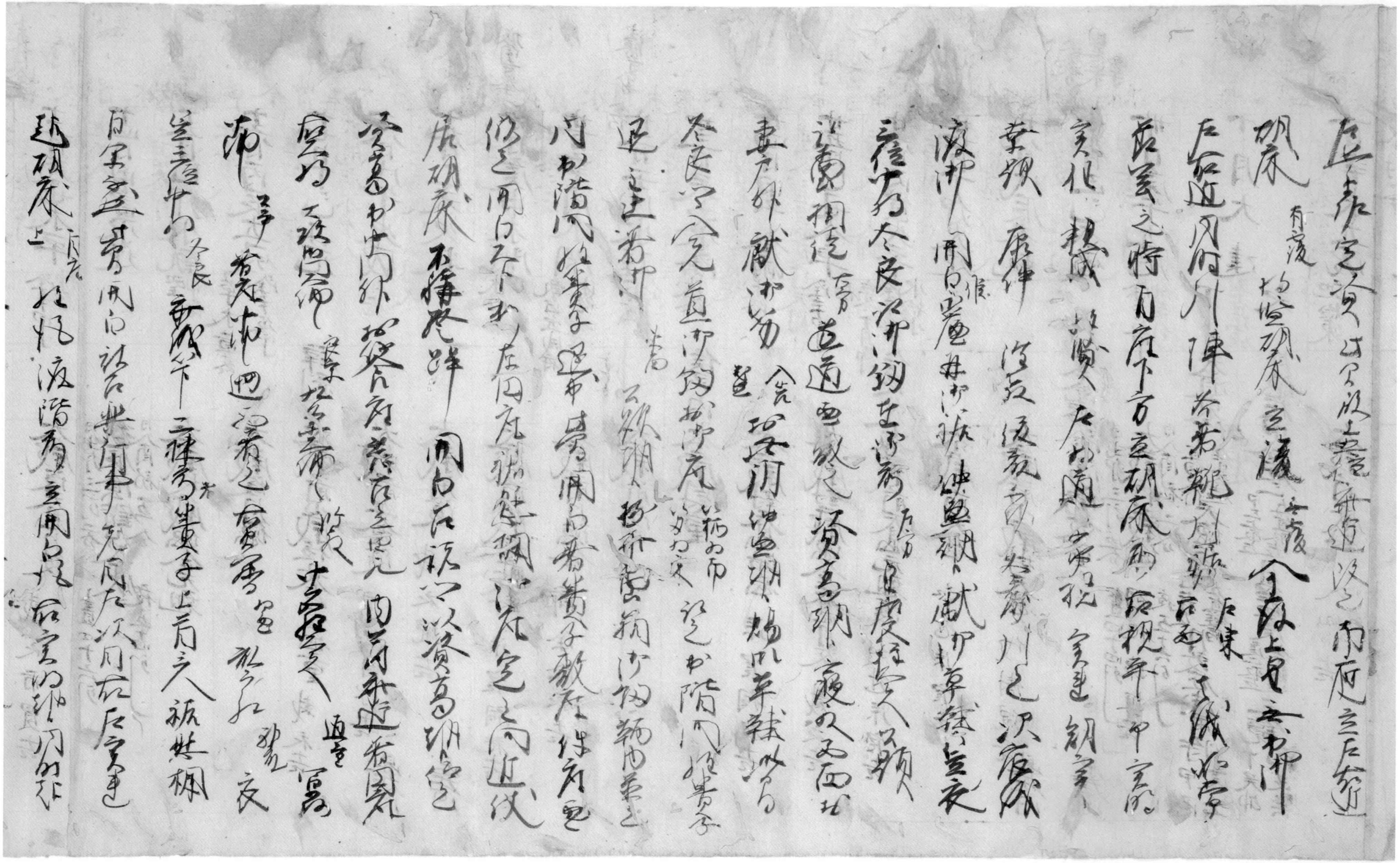

(7)　(6)

（8）

（7）

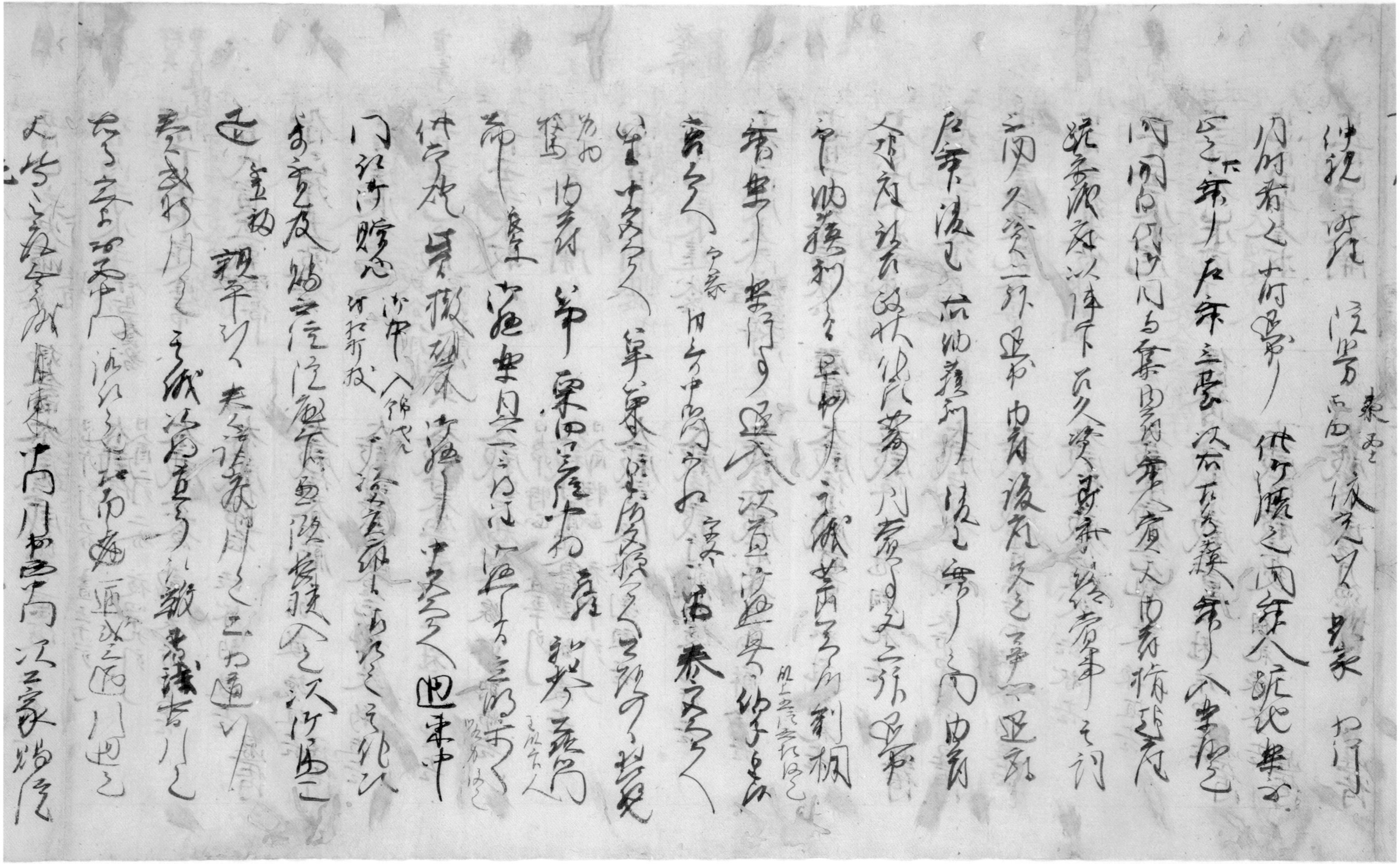

(9)　(8)

(10)

(9)

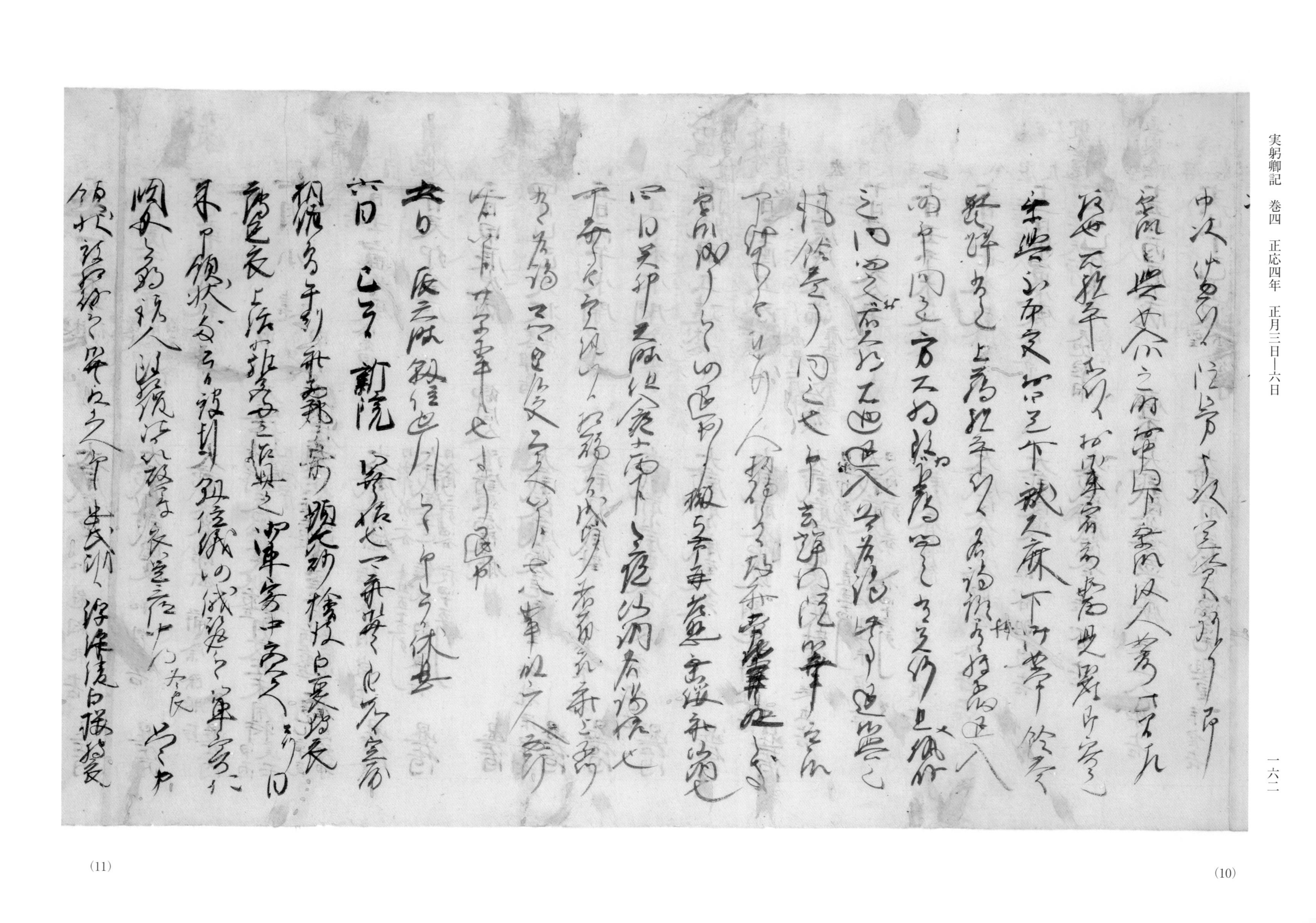

(11)

(10)

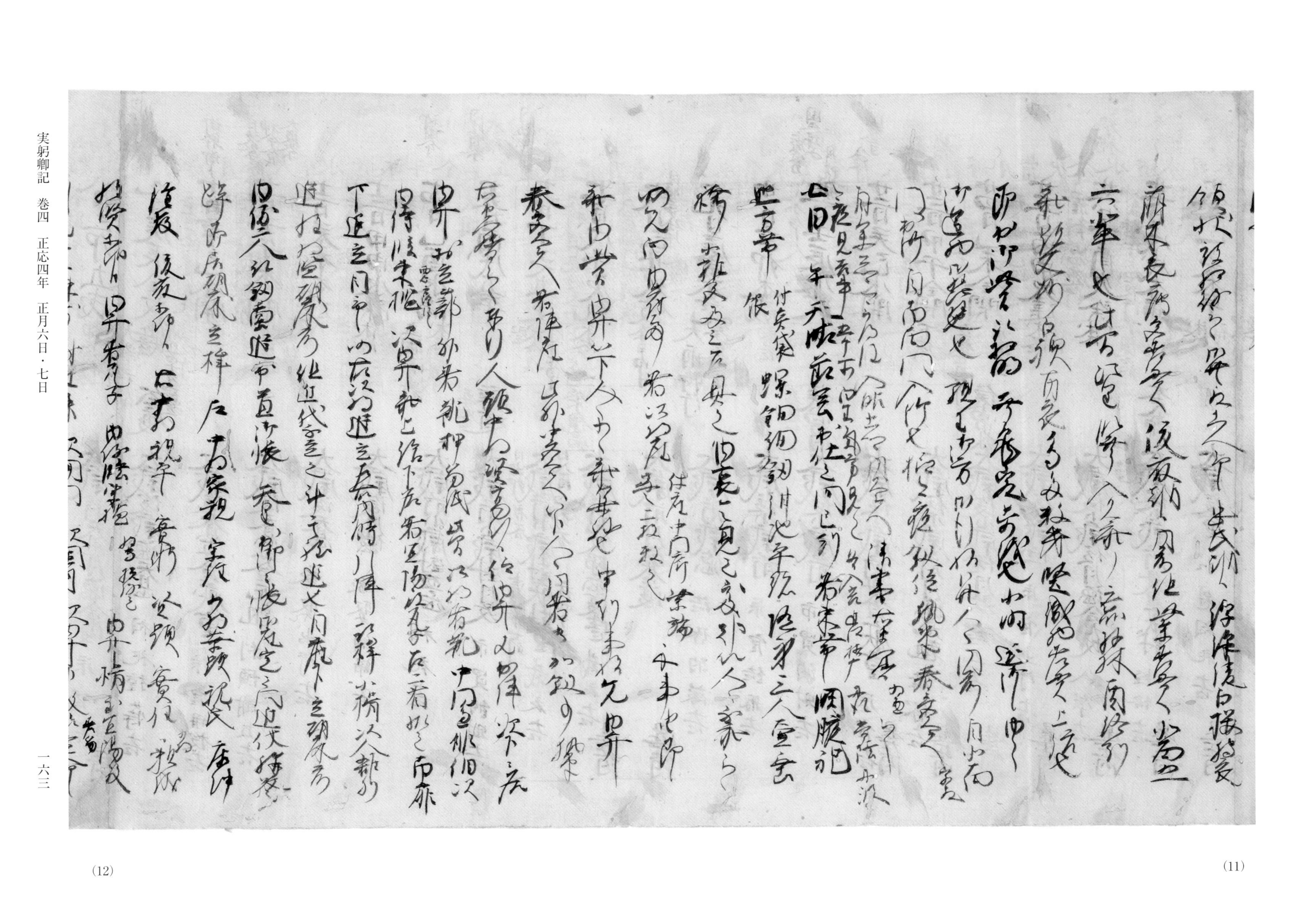

（12）　（11）

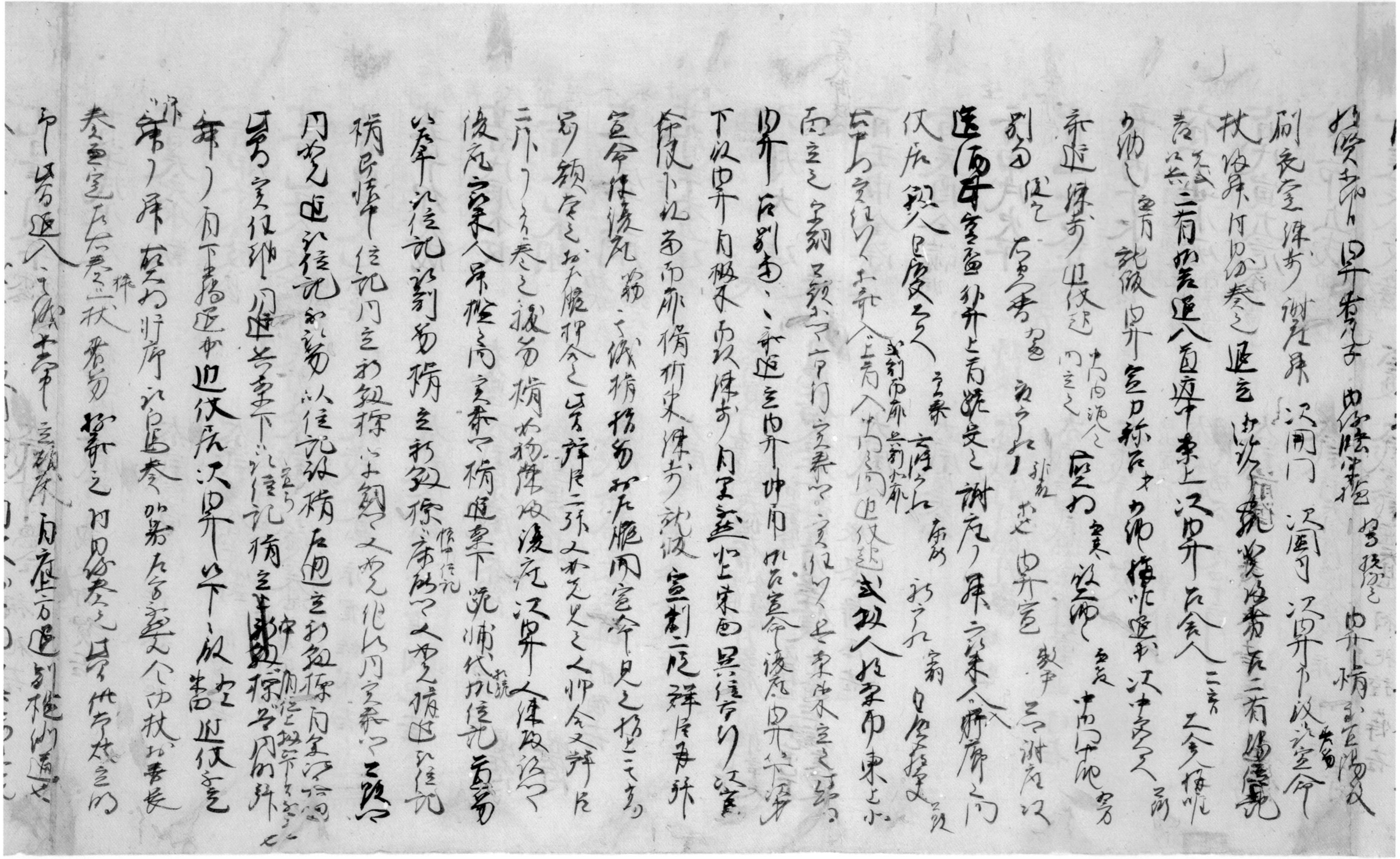

（14）

（13）

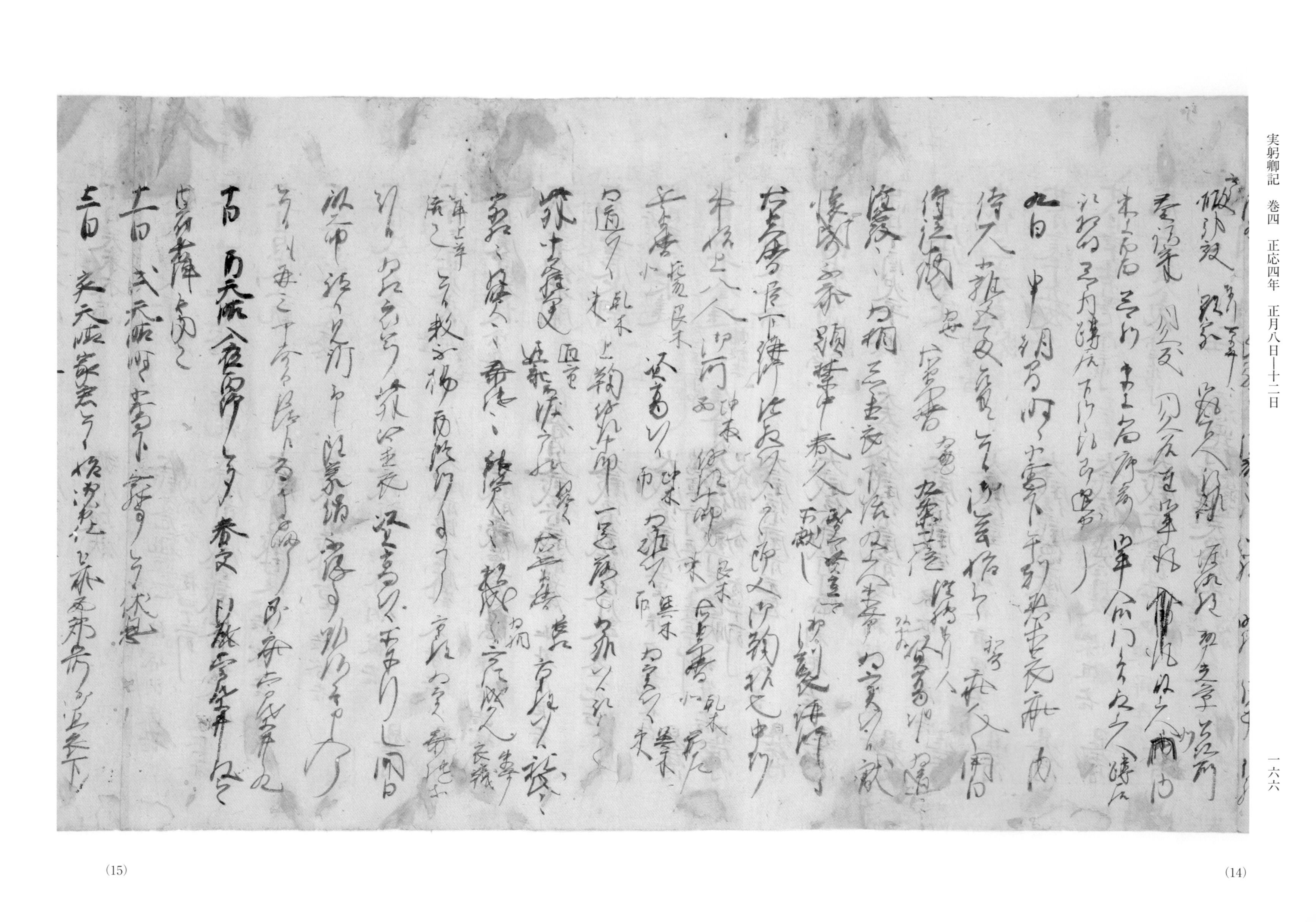

（16）

（15）

（17）

（16）

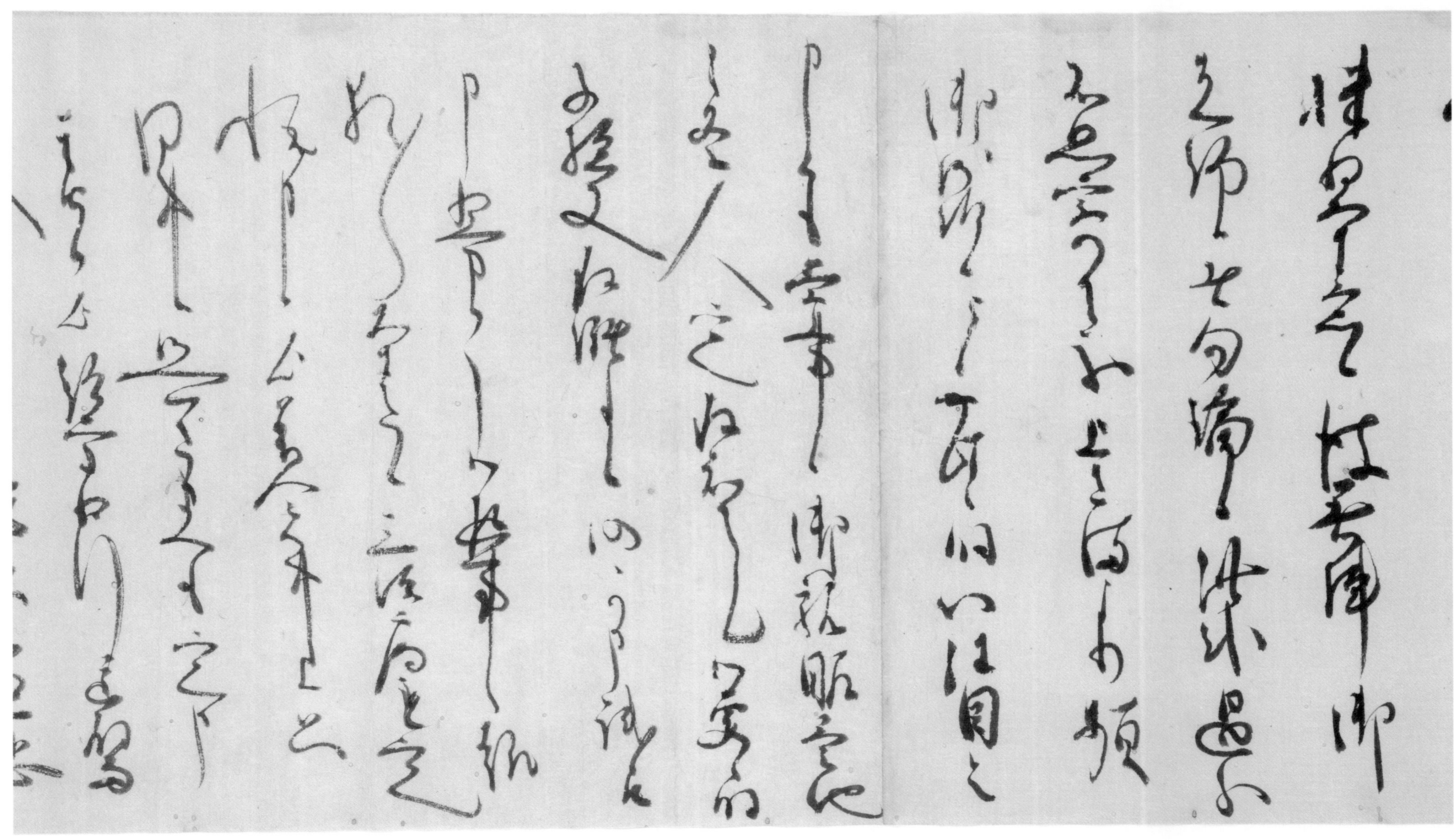

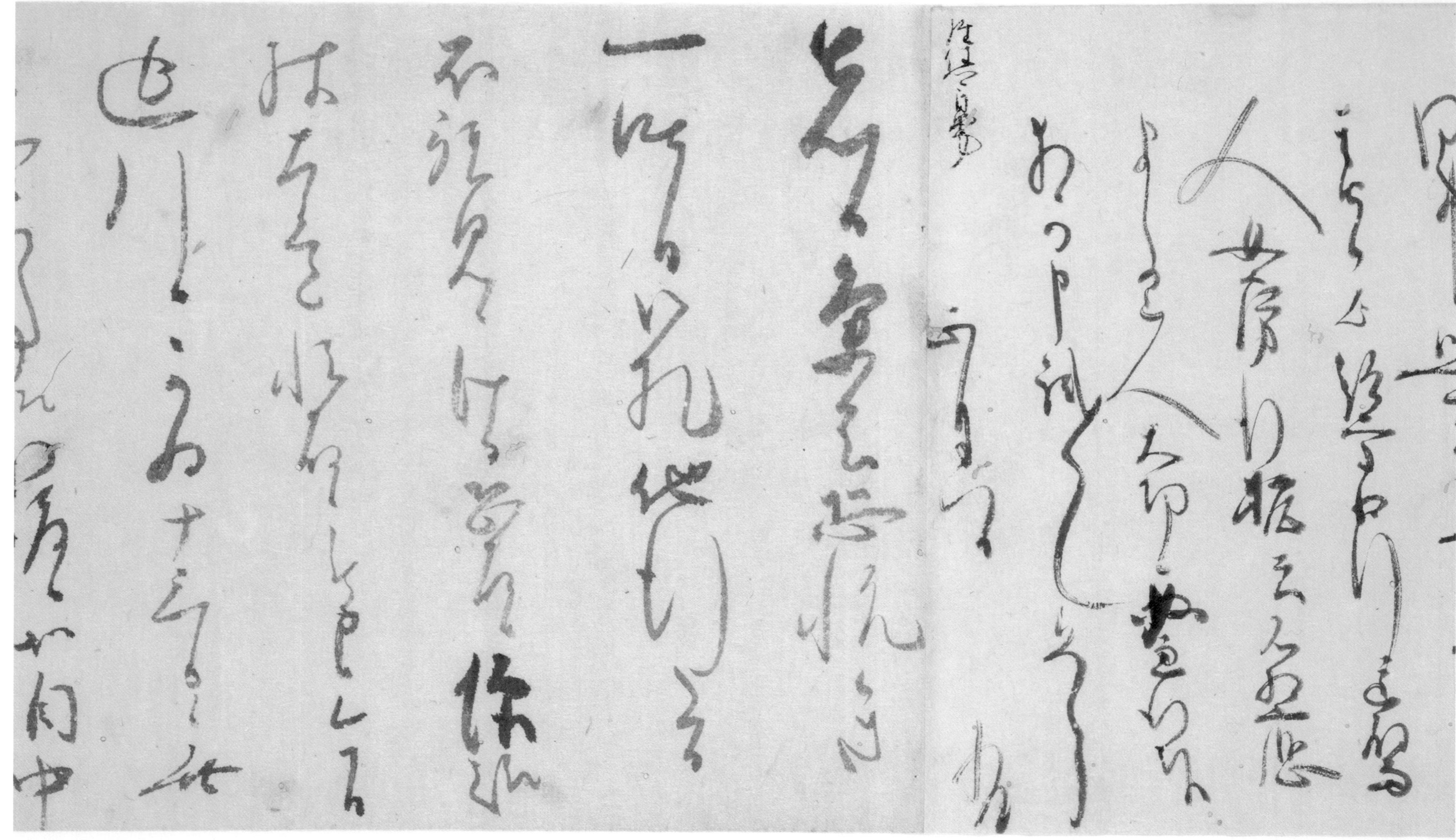

(19)

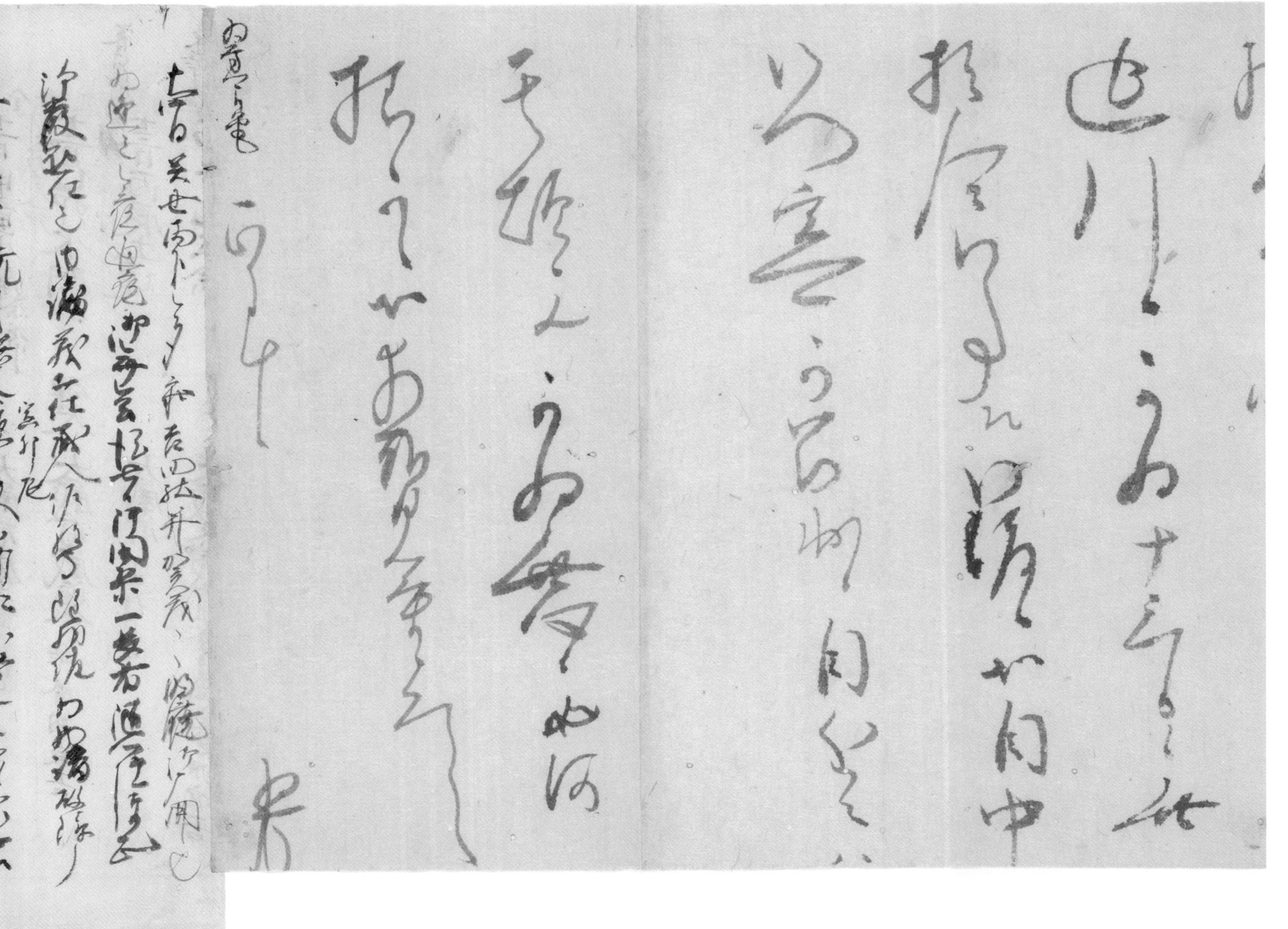

(21)　(20)

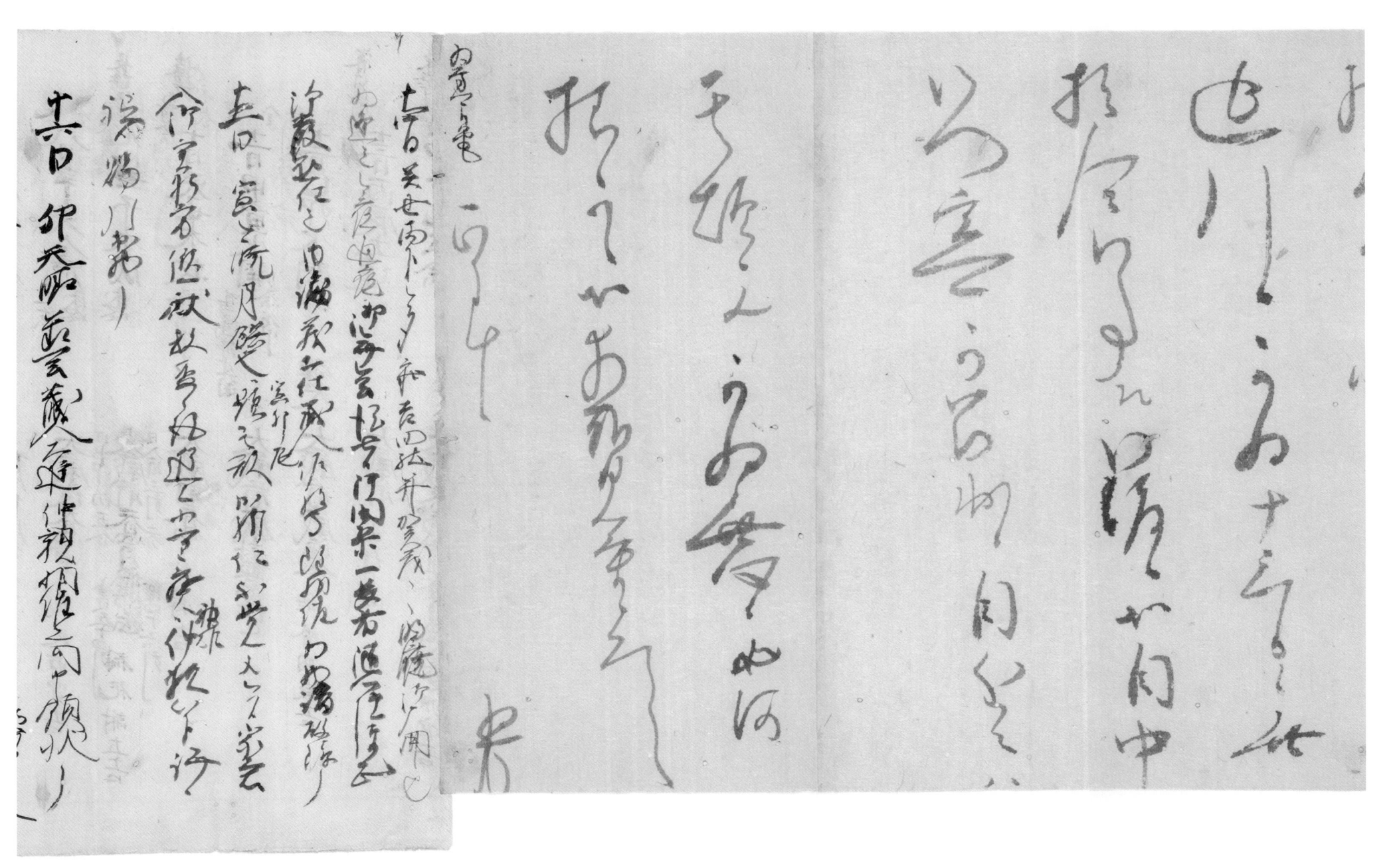

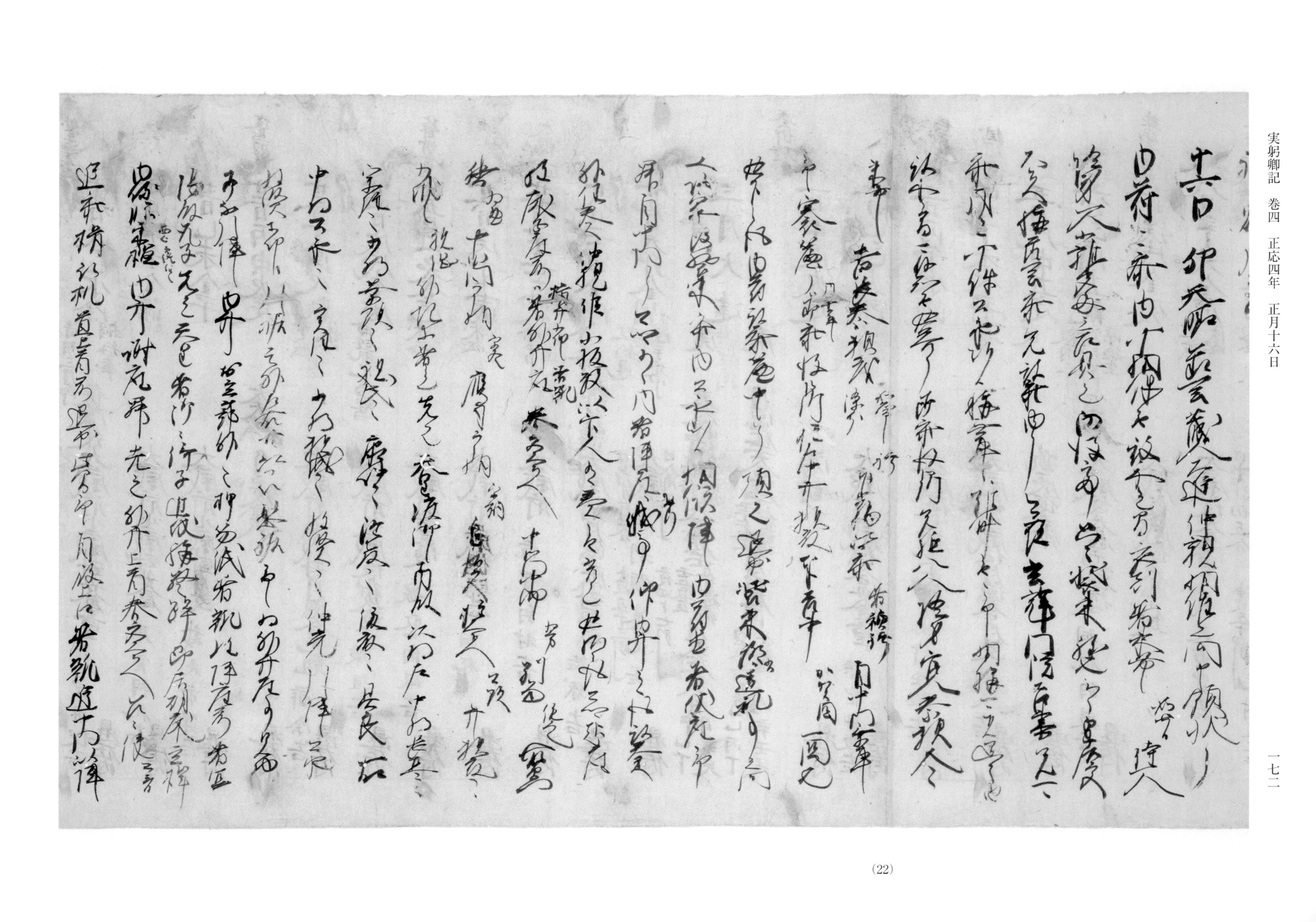

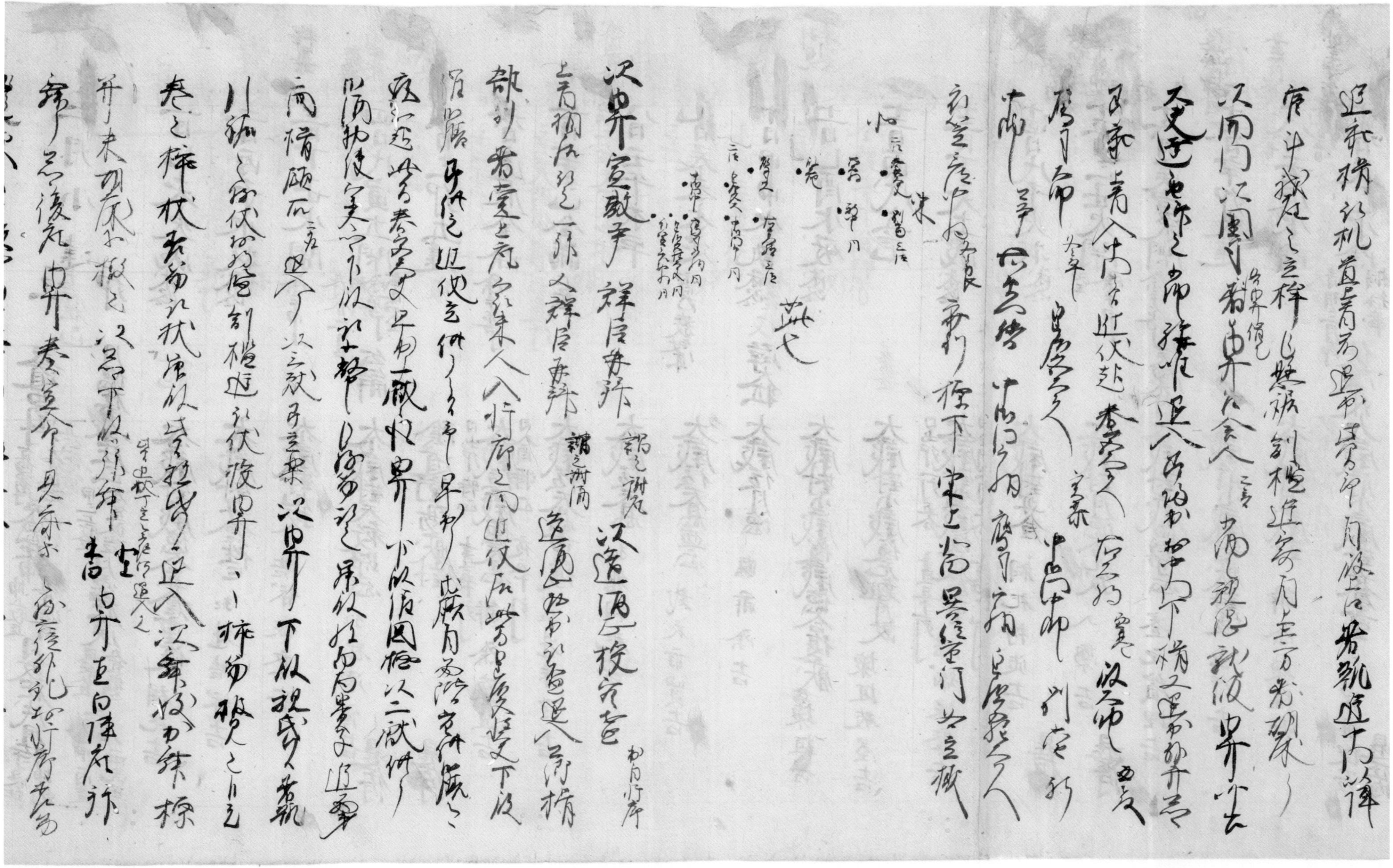

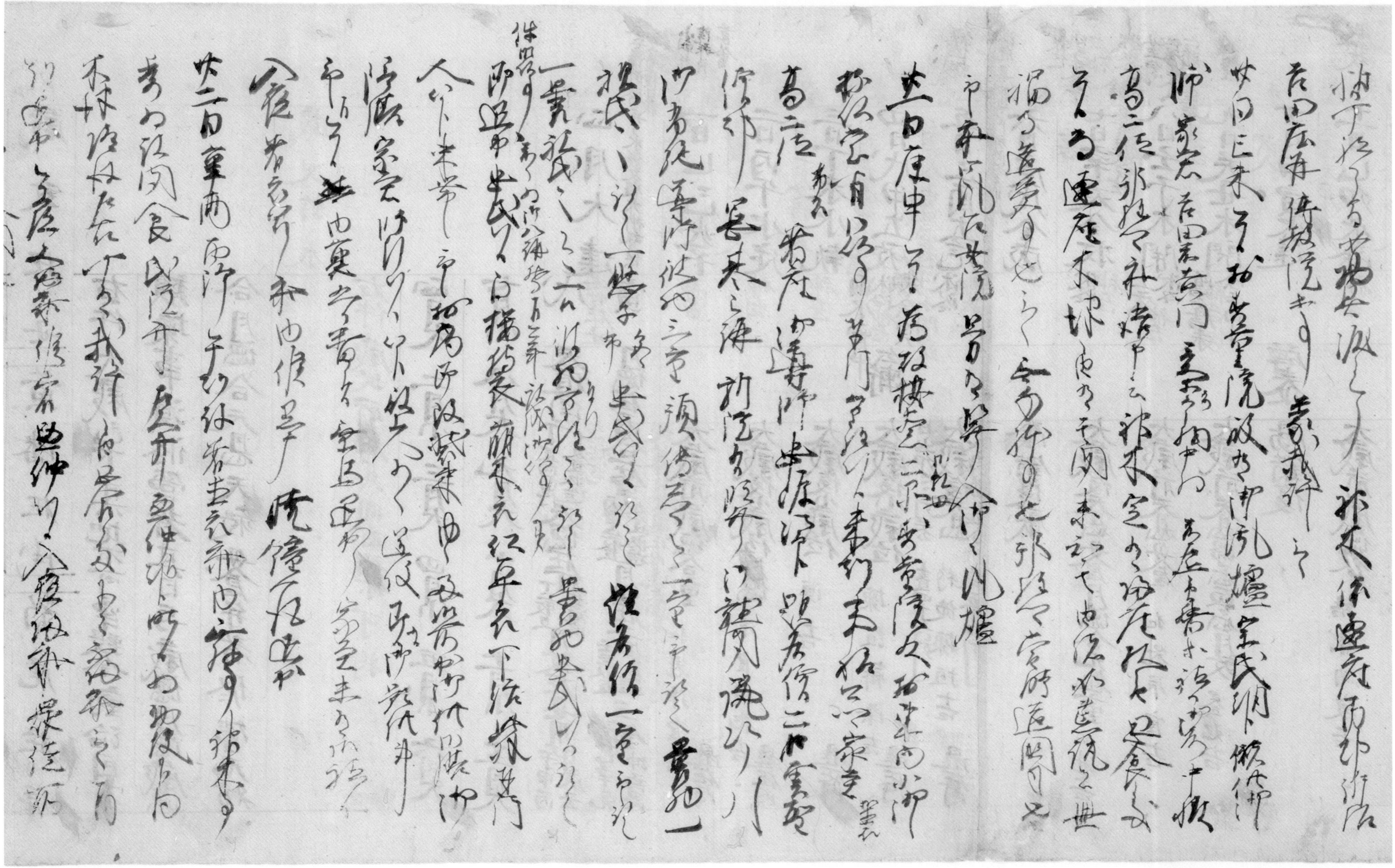

(25)

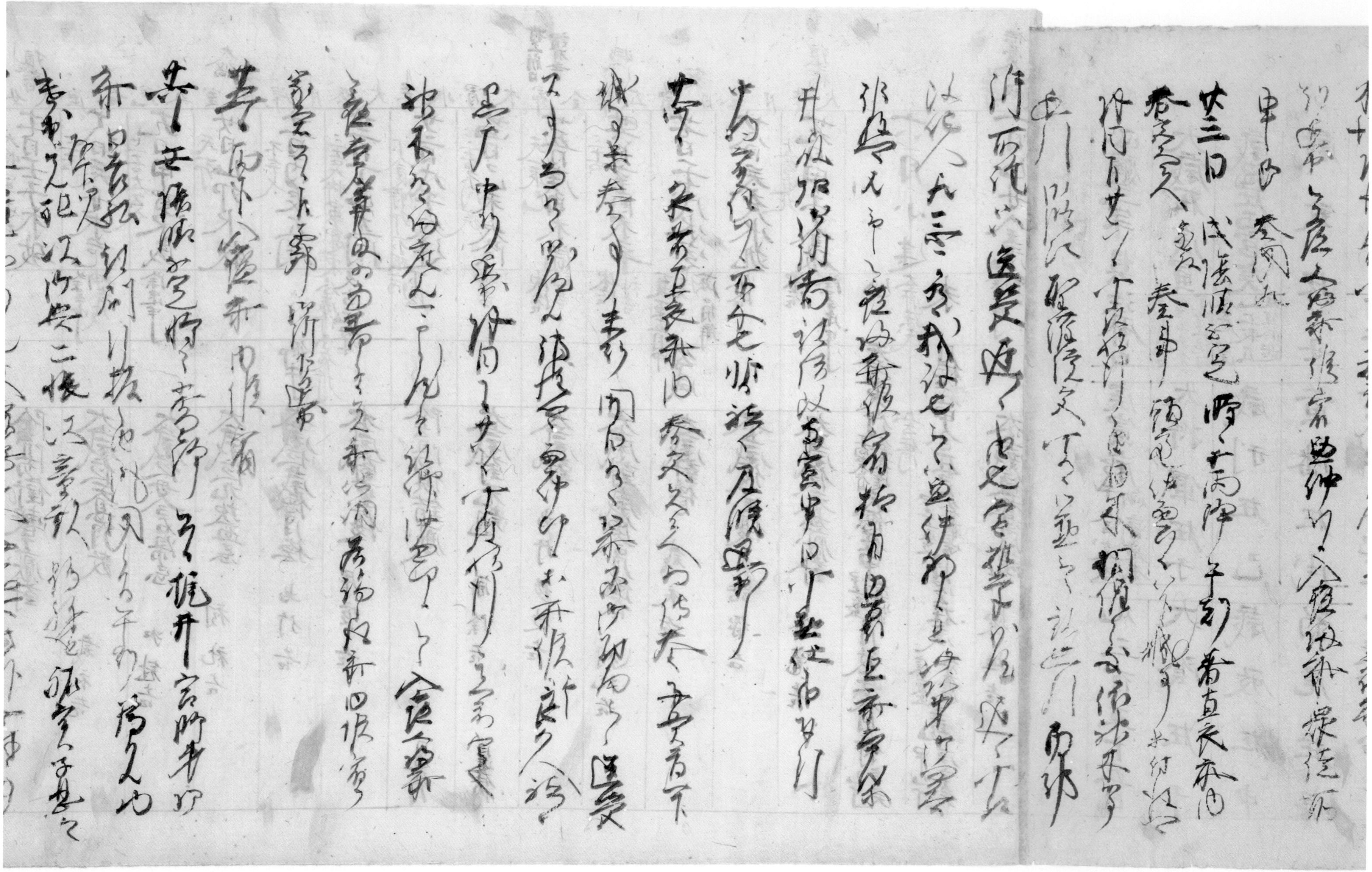

(27)

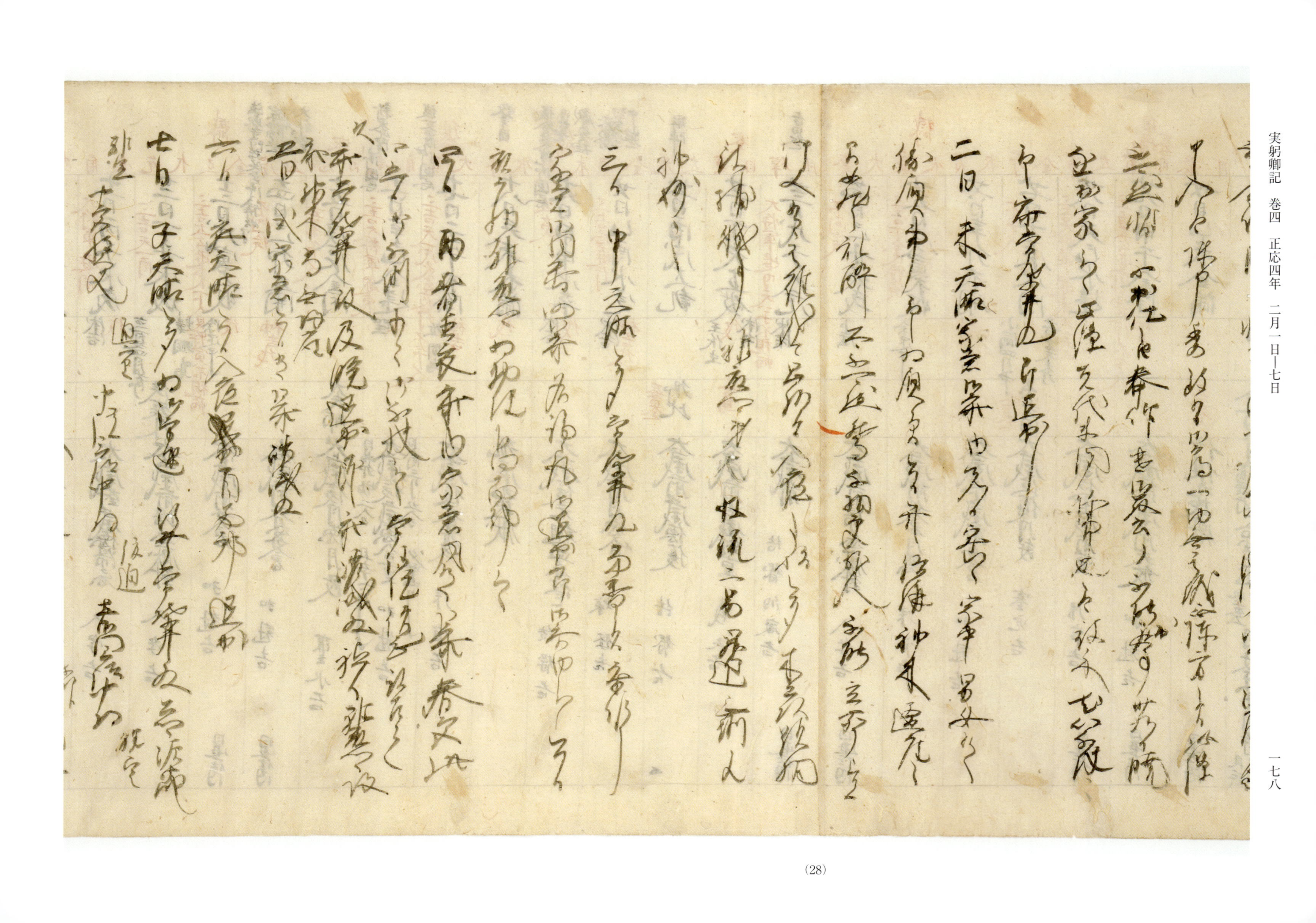

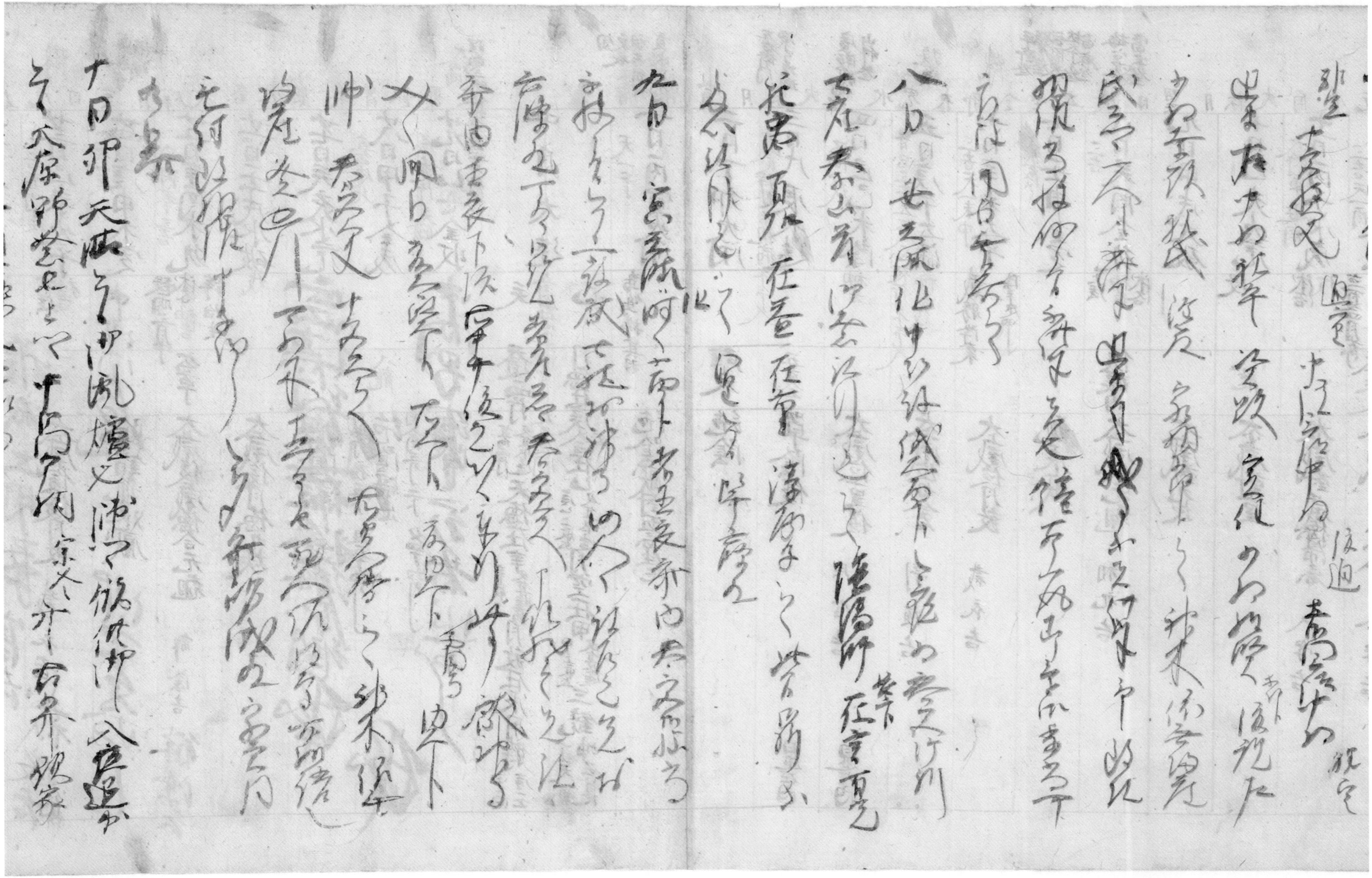

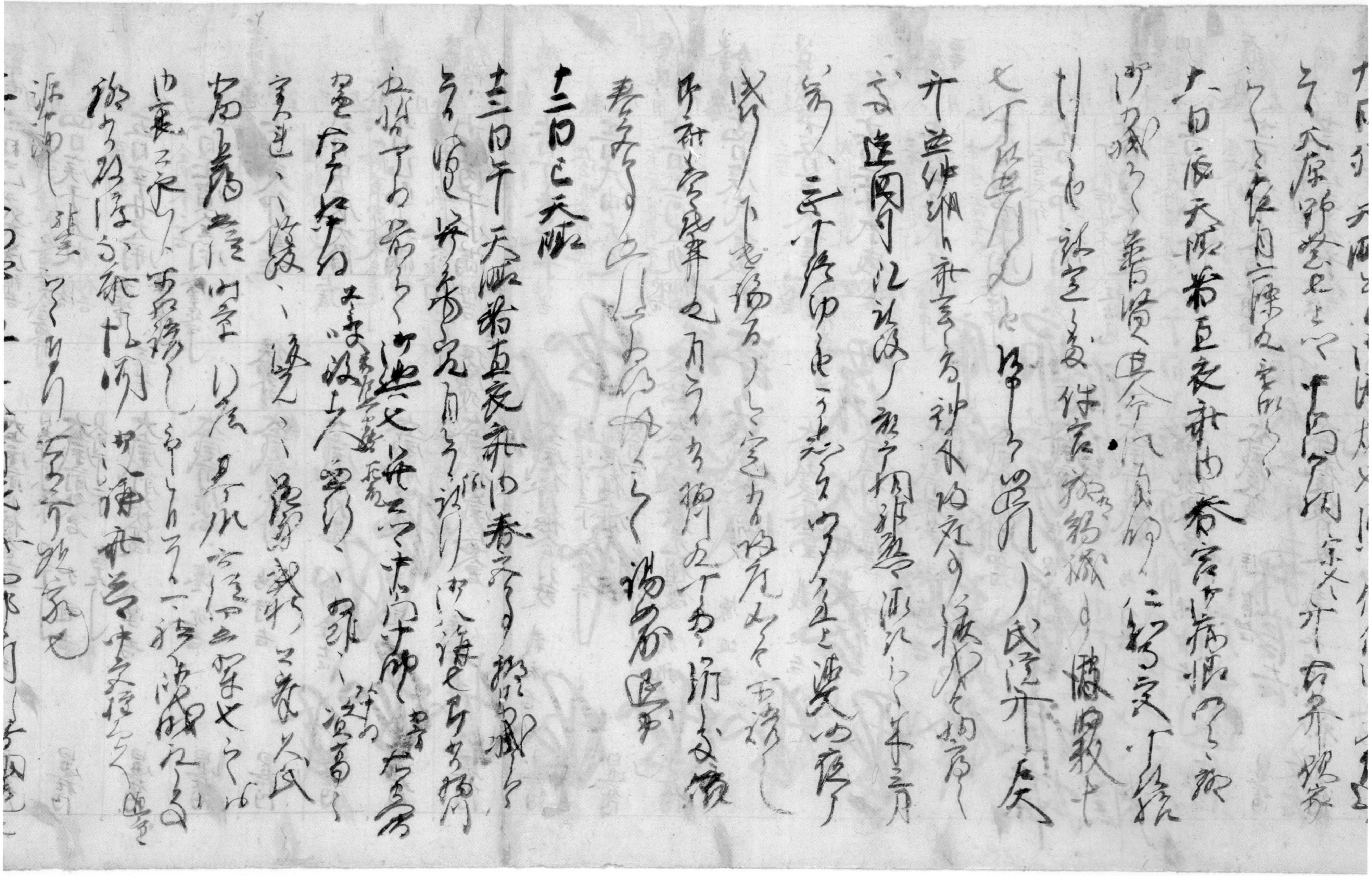

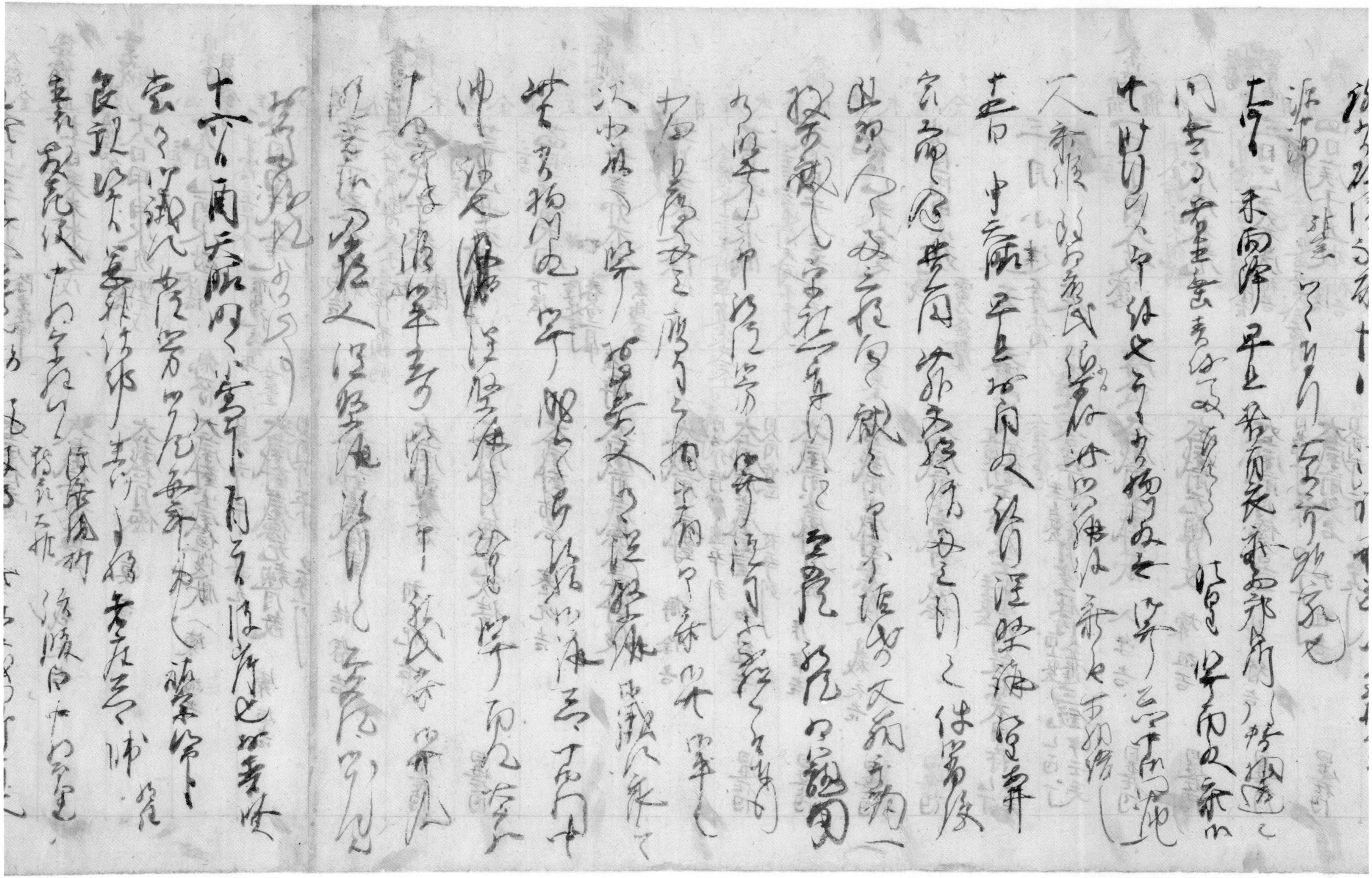

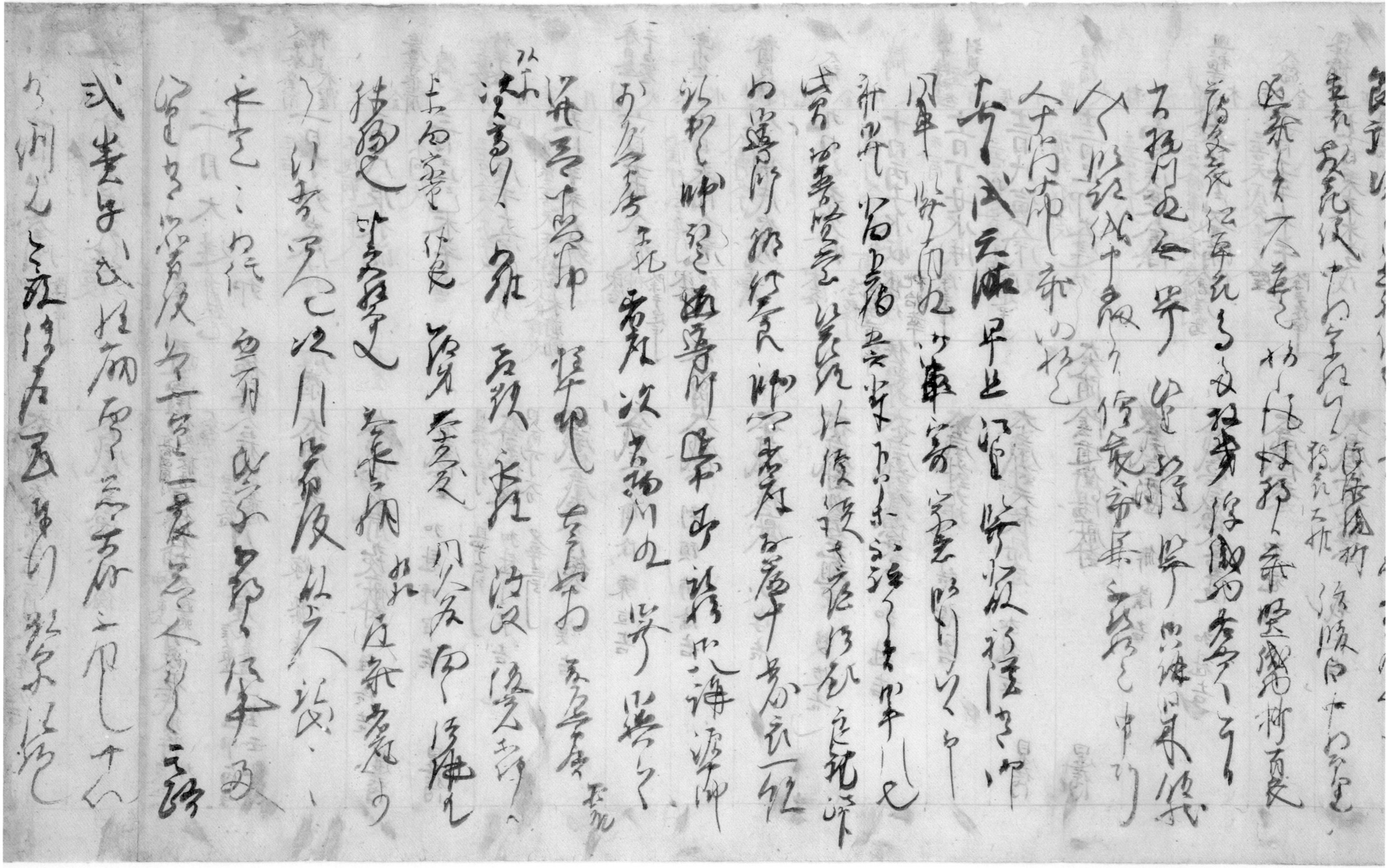

(32)

御八講
初日
朝座講師観昷　　問者永源
読師信弁　　唄定快
散華雲聖
三礼俊海
行香呪願観昷
暮座講師永源　　問者観昷
読師定快　　唄信弁
散華房勝
第二日
朝座講師定快　　問者雲聖
読師観昷　　唄永源
散華源為
暮座講師永忠　　問者信弁
読師永源　　唄観昷
散華仲覚
第三日
朝座講師雲聖　　問者定快
読師永忠　　唄観昷
散華俊海
暮座講師房勝　　問者源為
読師雲聖　　唄永忠
散華仲覚

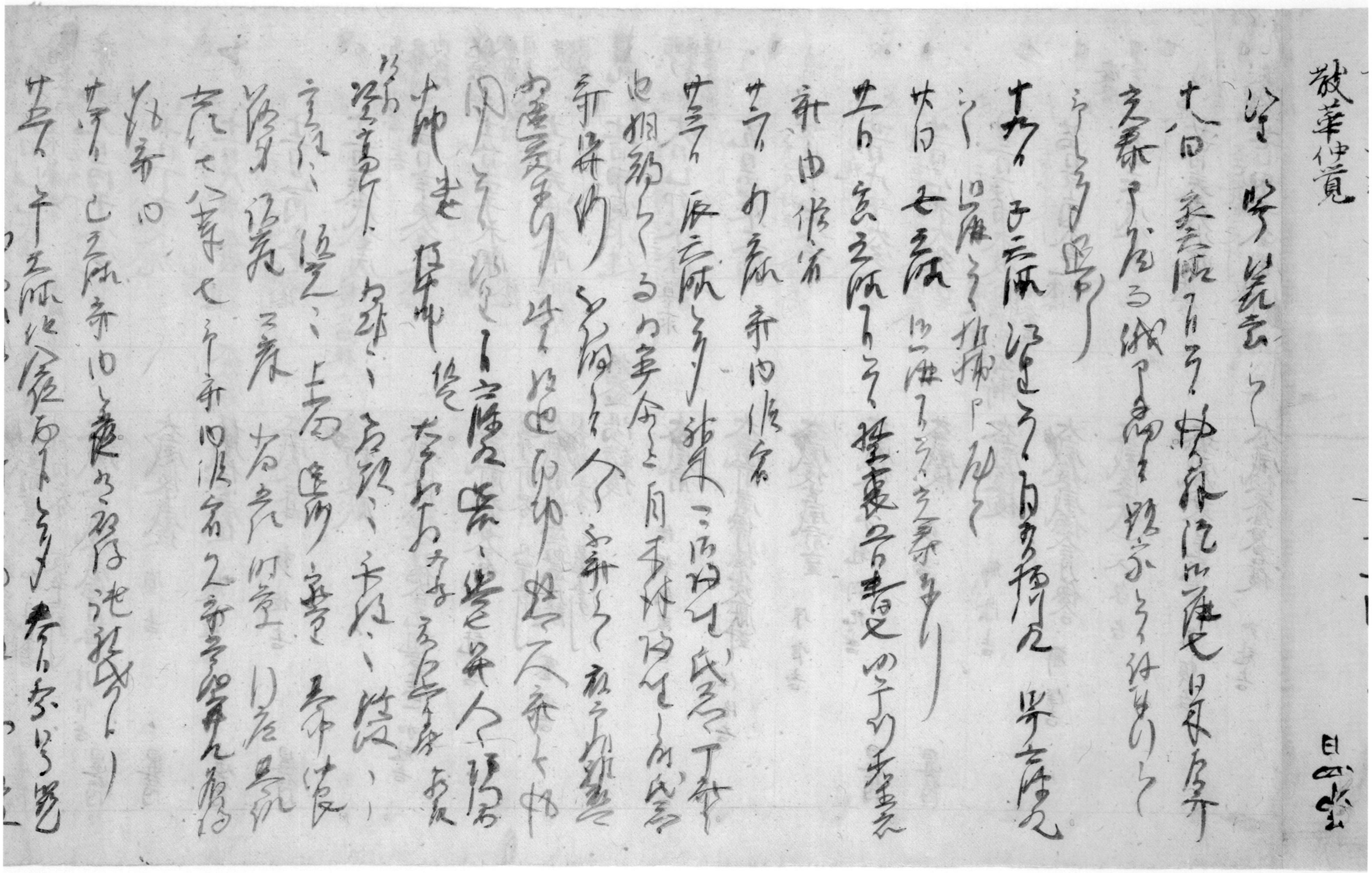

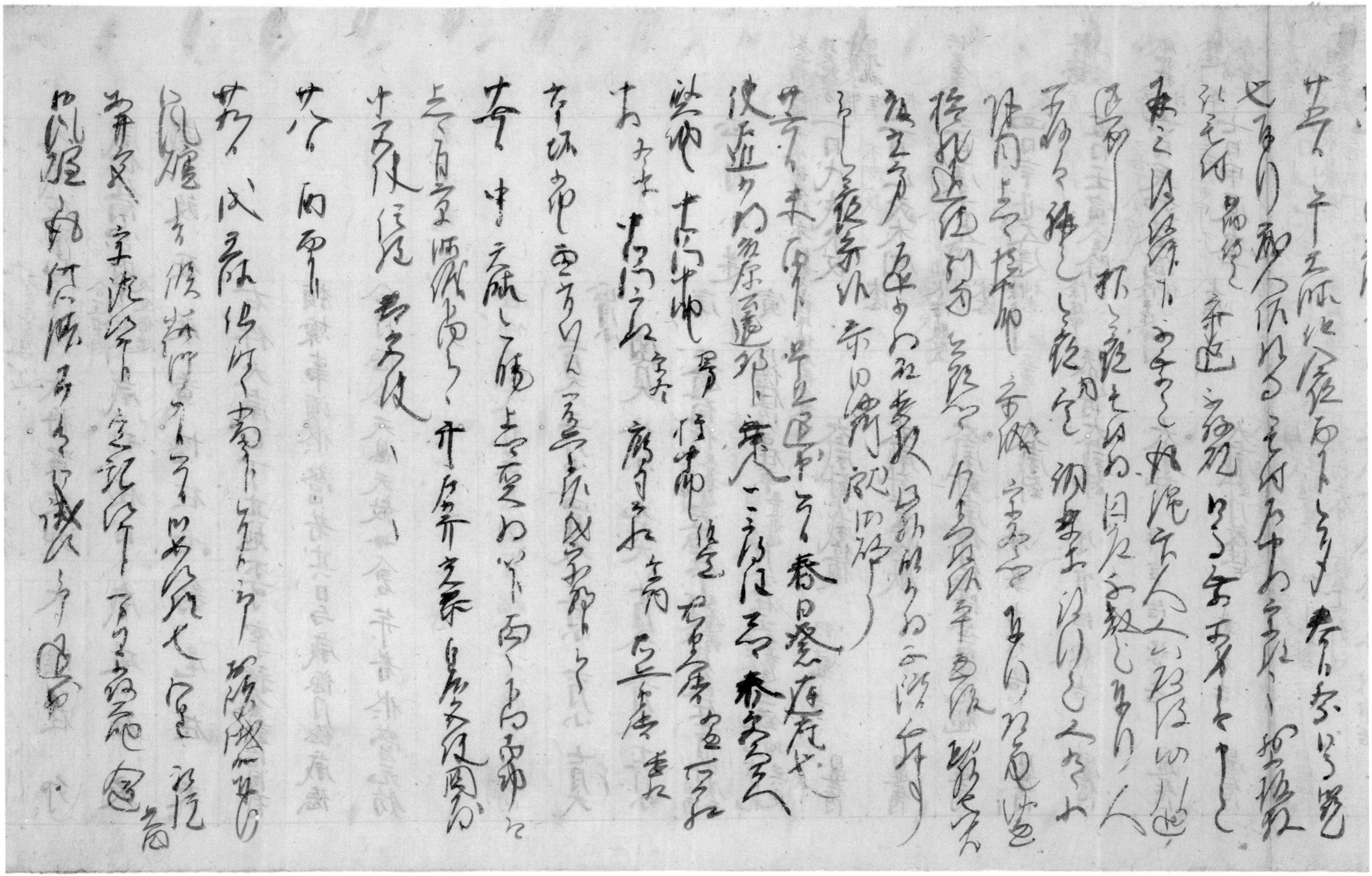

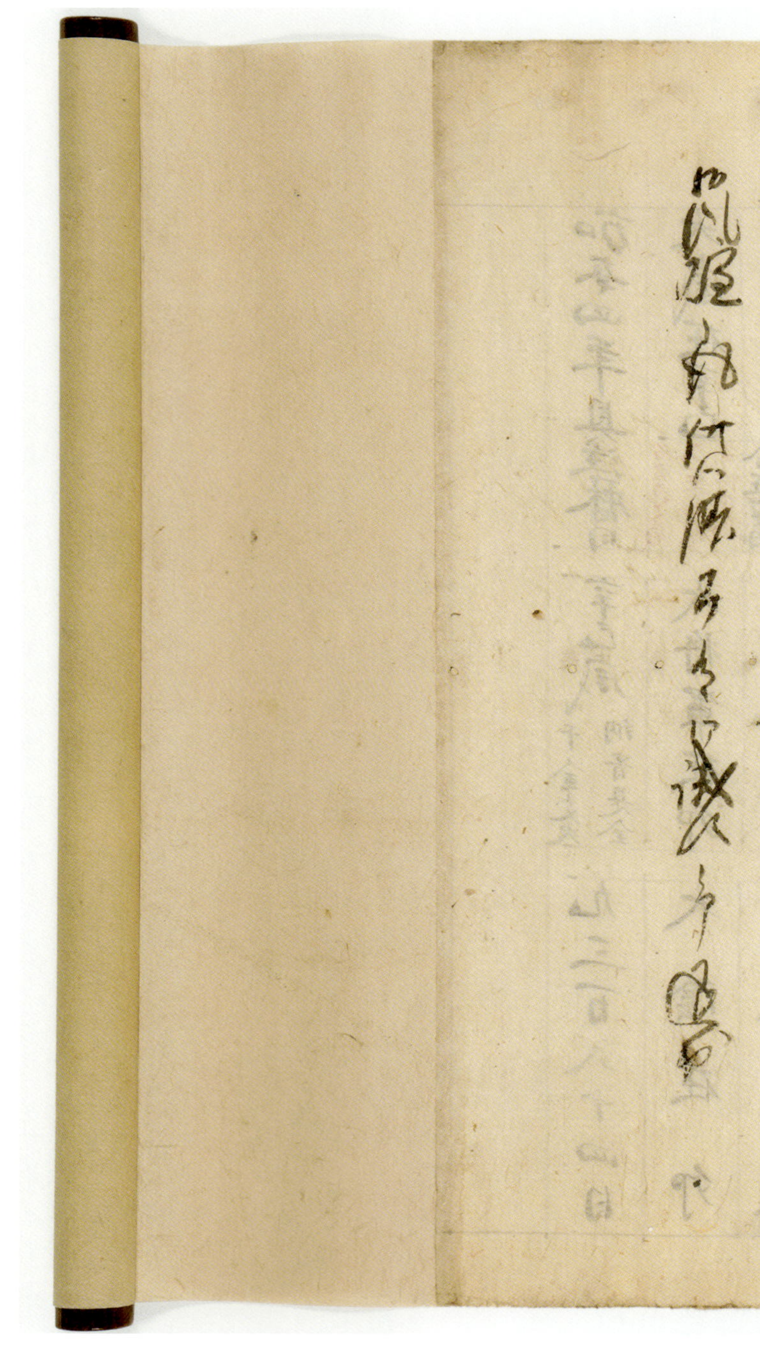

巻四紙背

弘安四年具注暦日　辛巳歳 干金支火 納音是金　凡三百八十四日

大歳在辛巳 名吉慶之歳 為一年ぞ主 不可将兵抵向　大将軍在卯　大陰在卯

歳徳在甲 宮丙 辛上取土 合在辛丙 及宜修造　歳刑在申　歳破在亥

歳殺在辰　黄幡在丑　豹尾在未

右件大歳已下其地不可穿鑿動治因有
頽壊事須修営者其日与歳徳月徳歳徳
合月徳合天恩天赦母倉并者修営无妨

歳次鶉尾

右件歳次所在其国有福不可将兵抵向

正月小　二月大　三月小　四月大　五月小　六月小　七月大

閏七月大　八月小　九月大　十月大　十一月大　十二月小

正月小 建庚寅 天道南行 宜向南行 及宜修造　天徳在丁 丁上取土 及宜遷移　月殺在丑　用時甲丙庚壬
月徳在丙 合在辛 丙辛上取土 及宜修造　月空在壬 壬上取土 及宜修造　三鏡乙辛乾坤巽艮
大小歳在戌

癸亡雅 御暦奏并氷様及腹赤御贄 小朝拝 供屠蘇白散 拝天地四方 節会 院拝礼 室宿 火曜
一日戊戌木収　大歳対小歳位復　加冠吉　日遊在内

壁 木 不問疾
二日己亥木開 沐浴　大歳対重復厭　日遊在内

供若菜 奎 金 羅刹 大将軍遊西五日 神吉
三日庚子土閉 沐浴 水澤腹堅　大歳対歳徳月徳帰忌血忌元亀　日遊在内

婁 太 三鏡 吉 大将軍遊行 神吉
四日辛丑土建 除手甲 五墓　大歳対　嫁娶出行吉　日遊在内

叙位議 胃 日 羅刹
五日壬寅金除 除足甲　侯過内　大歳対　拝官詰得吉　日遊在内

献卯杖 昴 月 三吉 下食 良将軍 神吉
六日癸卯金満 除手足甲　大歳対　拝官詰得吉　日遊在内

叙位 畢 三吉 夜行 不弔人
上弦

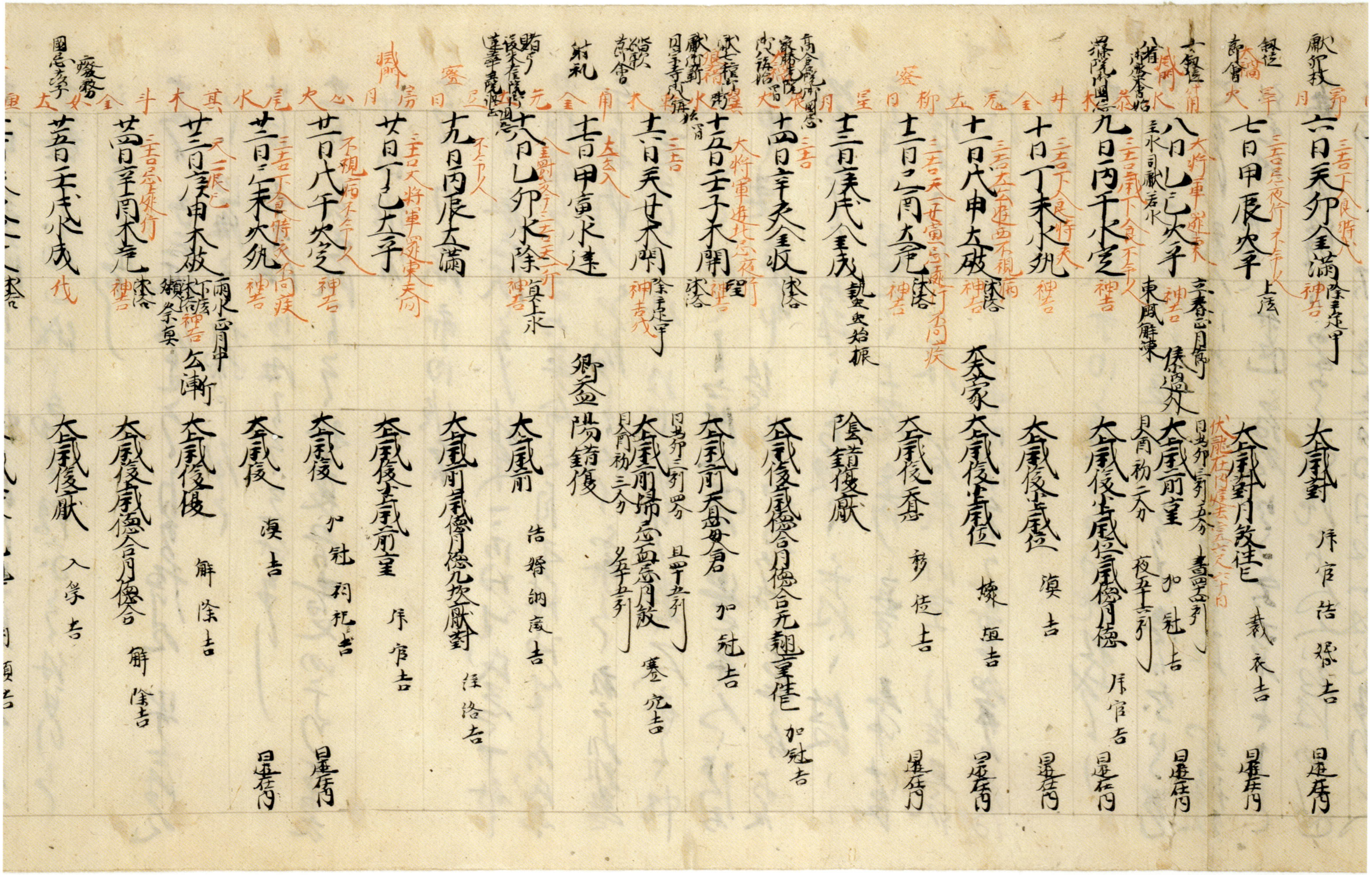

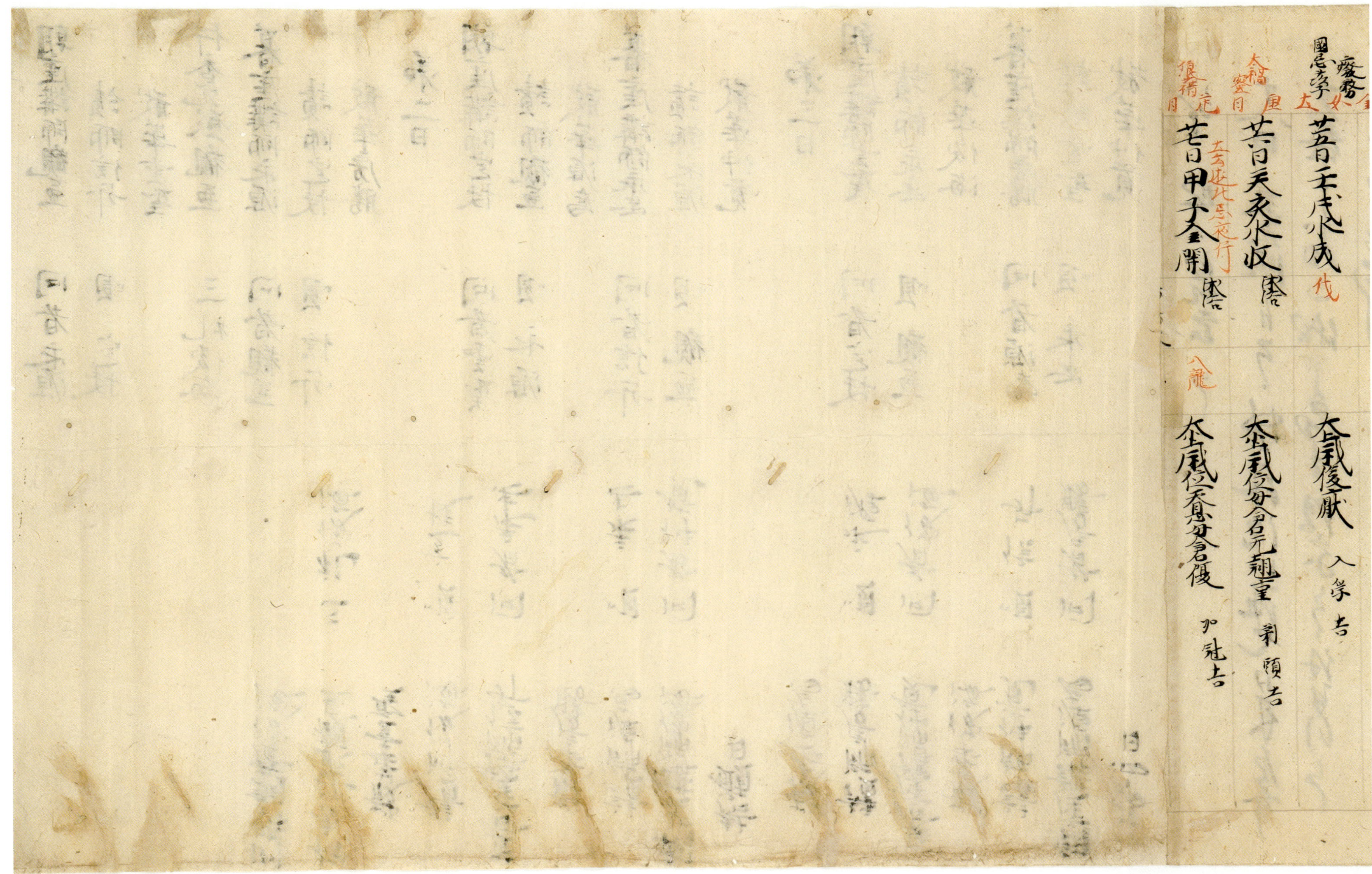

(34)

廿八日乙丑金閉

廿九日丙寅火建没

二月大建辛卯

一日丁卯火除

二日戊辰木満

三日己巳木平

四日庚午土定

五日辛未土執

六日壬申金破

七日癸酉金危

八日甲戌火成

九日乙亥火収

十日丙子水収

十一日丁丑水開

十二日戊寅土閉

十三日己卯土建

（32）　（33）

十三日己卯土建

十四日庚辰金除

十五日辛巳金満

十六日壬午木平

十七日癸未木定

十八日甲申火執

十九日乙酉水破

廿日丙戌土危

廿一日丁亥土成

廿二日戊子火収

廿三日己丑火開

廿四日庚寅木閉

廿五日辛卯木建

廿六日壬辰水除

廿七日癸巳水満

廿八日甲午金平

廿九日乙未金定

卅日丙申火執

三月小建壬辰

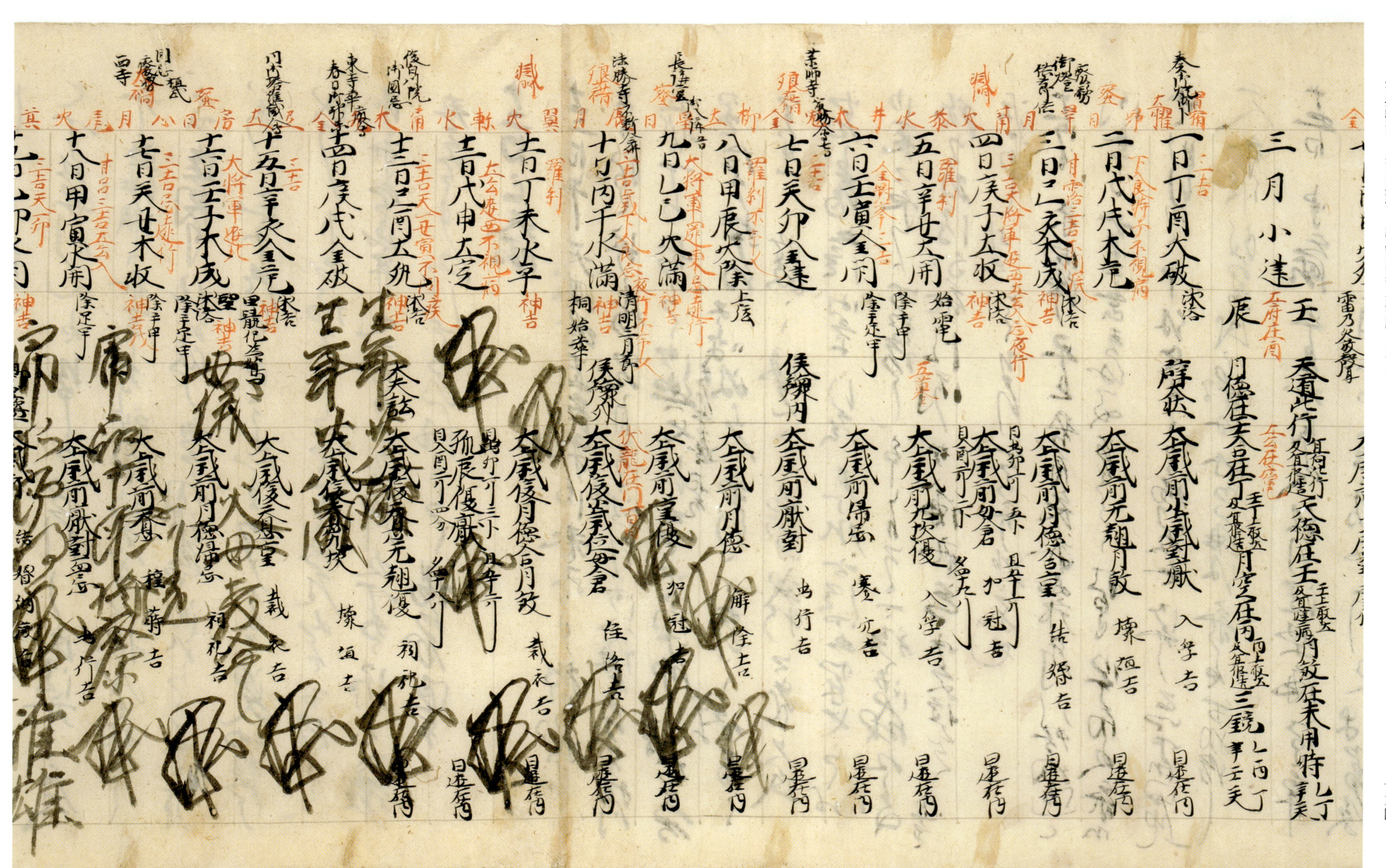

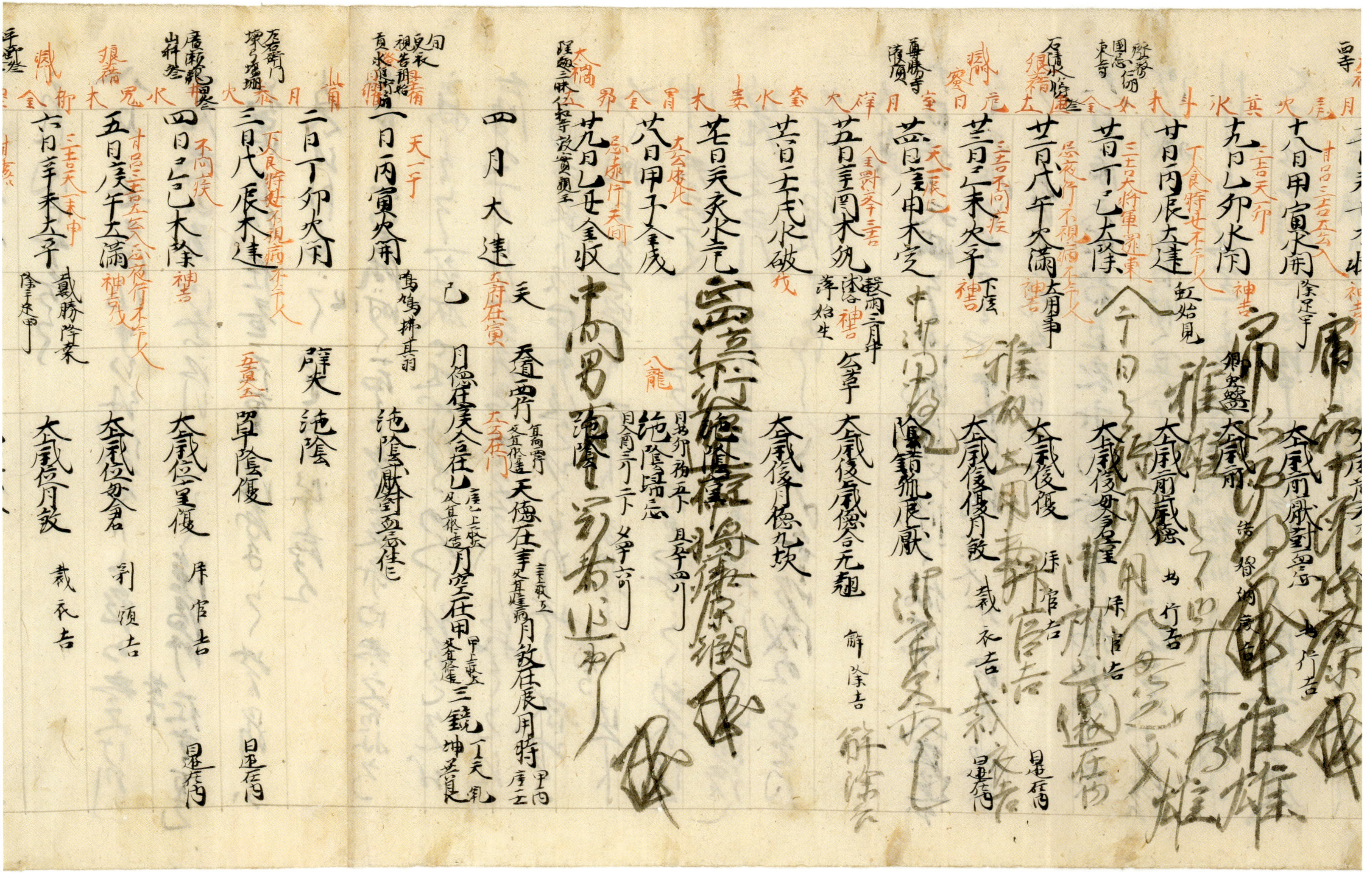

六日辛未土平　歳勝除家　大歳位月殺　裁衣吉

七日壬申金定　孤辰厭

八日癸酉金執　侯曠内　大歳位元亀　祠祀吉

九日甲戌火破　大歳對九坎

十日乙亥火危　没　大歳對室

十一日丙子水危　大歳對重厭復帰忌　入学吉

十二日丁丑水成　侯旅外　大歳前帰忌厭對　入学吉

十三日戊寅土収　大歳前母倉　加冠吉

十四日己卯土開　大歳前天恩母倉　加冠吉

十五日庚辰金閉　大歳後月德月殺　療病吉

十六日辛巳金建　大歳後天恩歳德合室　加冠吉

十七日壬午木除　大歳後天恩復　療病吉

十八日癸未木満　孤辰九坎厭

十九日甲申水平　大歳後元亀血忌往亡　結婚吉

廿日乙酉水定　大歳前月德合　嫁娶吉

廿一日丙戌土執　大歳前天恩歳德復　結婚吉

廿二日丁亥土破　大歳前天恩歳對室　裁衣吉

廿三日戊子火危　大歳前　結婚納徴吉

廿四日己丑火成　大歳前帰忌厭對　入学吉

廿五日庚寅木収　大歳前母倉月德　療病吉

廿五日庚寅木収

廿六日辛卯木開

廿七日壬辰水閉

廿八日癸巳水建

廿九日甲午金除

卅日乙未金満

五月小　建甲午

一日丙申火平

二日丁酉火定

三日戊戌木執

四日己亥木破

五日庚子土危

六日辛丑土成

七日壬寅金収

八日癸卯金開

九日甲辰火閉

十日乙巳火建

十一日丙午水除

十二日丁未水除

十日丙午水□

十一日丁未水除

十二日戊申土満

十三日己酉土平

十四日庚戌金定

十五日辛亥金執

十六日壬子木破

十七日癸丑木危

十八日甲寅水成

十九日乙卯水収

廿日丙辰土開

廿一日丁巳土閉

廿二日戊午火建

廿三日己未火除

廿四日庚申木満

廿五日辛酉木平

廿六日壬戌水定

廿七日癸亥水執

廿八日甲子金破

六月小建乙未

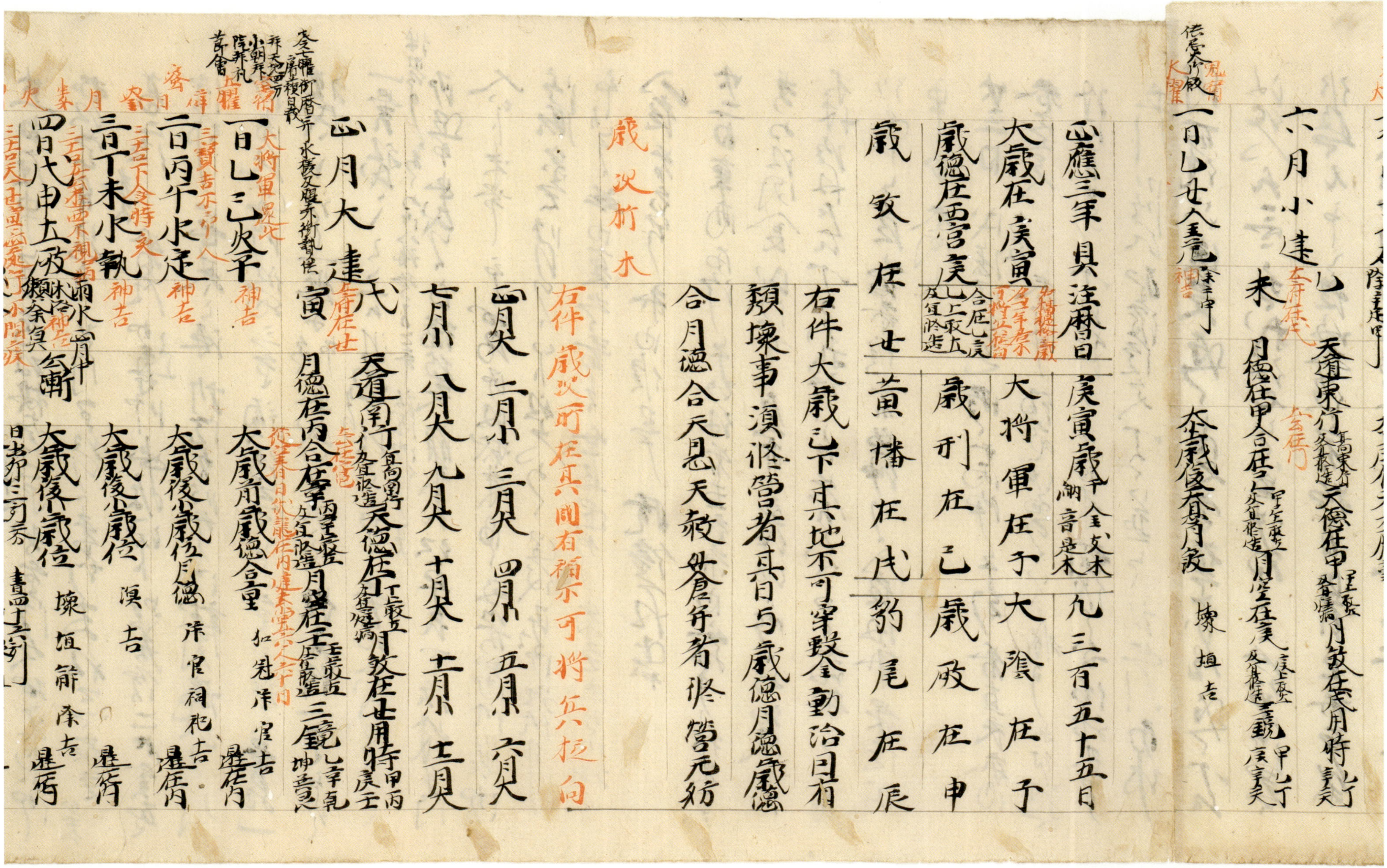
六月小建乙未
正応三年具注暦日
庚寅歳　納音是木
凡三百五十五日
大歳在庚寅
大将軍在子
大陰在子
歳徳在西宮庚
歳刑在巳
歳殺在申
歳破在申
黄幡在戌
豹尾在辰
右件大歳已下其地不可穿鑿動治因有
頽壊事須修営者其日与歳徳月徳歳徳
合月徳合天恩天赦母倉并者修営无妨
歳次析木
右件歳次所在其国有福不可将兵抵向
正月大建戊寅
一日乙巳火平
二日丙午水定
三日丁未水執
四日戊申土破

(26)

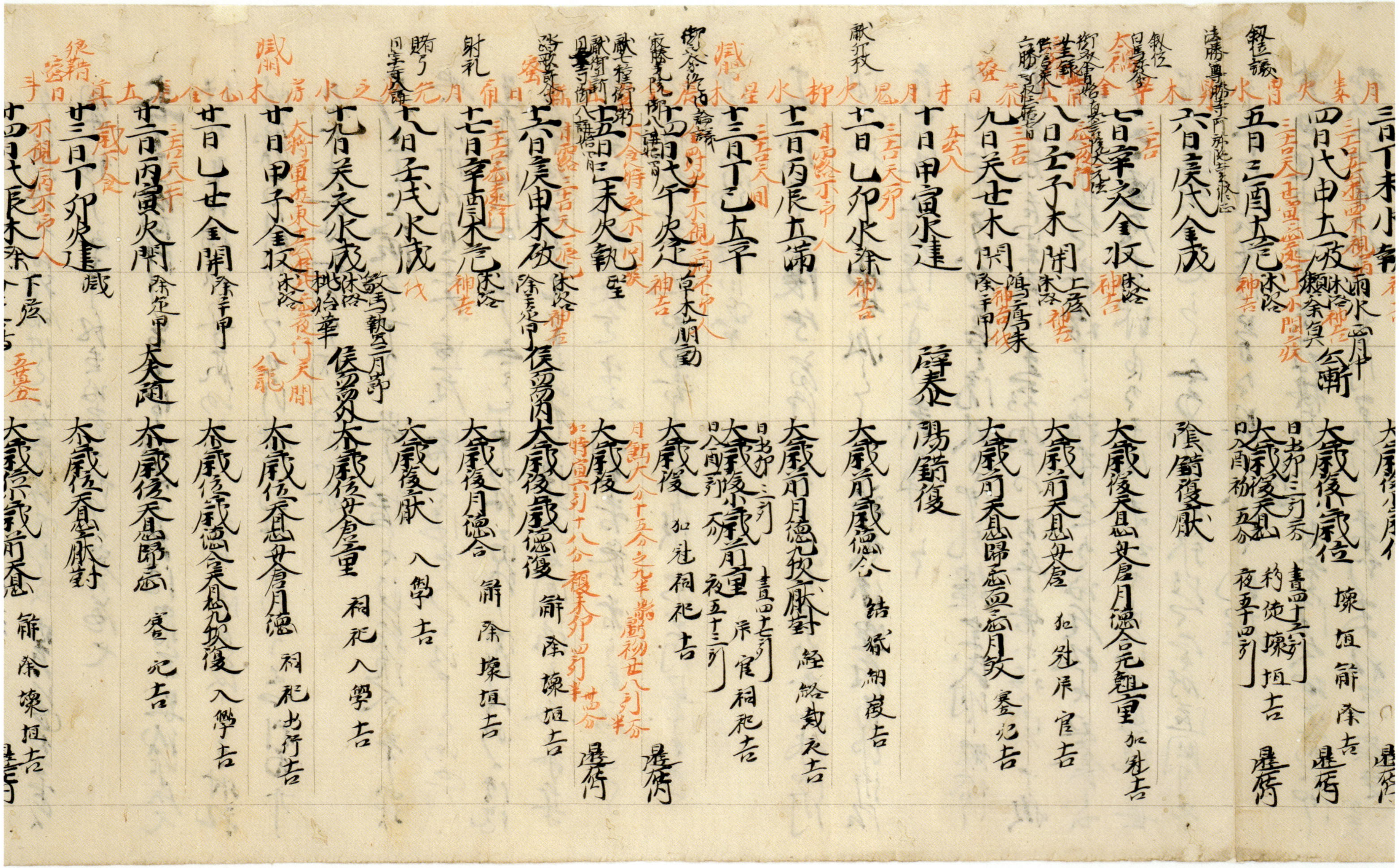
三日丁未水執
四日戊申土破
五日己酉土危
六日庚戌金成
七日辛亥金収
八日壬子木開
九日癸丑木閉
十日甲寅水建
十一日乙卯水除
十二日丙辰土満
十三日丁巳土平
十四日戊午火定
十五日己未火執
十六日庚申木破
十七日辛酉木危
十八日壬戌水成
十九日癸亥水収
廿日甲子金収
廿一日乙丑金開
廿二日丙寅火閉
廿三日丁卯火建
廿四日戊辰木除

廿三日丁卯火建

廿四日戊辰木除

廿五日己巳木満

廿六日庚午土平

廿七日辛未土定

廿八日壬申金執

廿九日癸酉金破

卅日甲戌火危

二月小建己卯

一日乙亥火成

二日丙子水収

三日丁丑水開

四日戊寅土閉

五日己卯土建

六日庚辰金除

七日辛巳金満

八日壬午木平

九日癸未木定

十日甲申水執

十一日乙酉水破

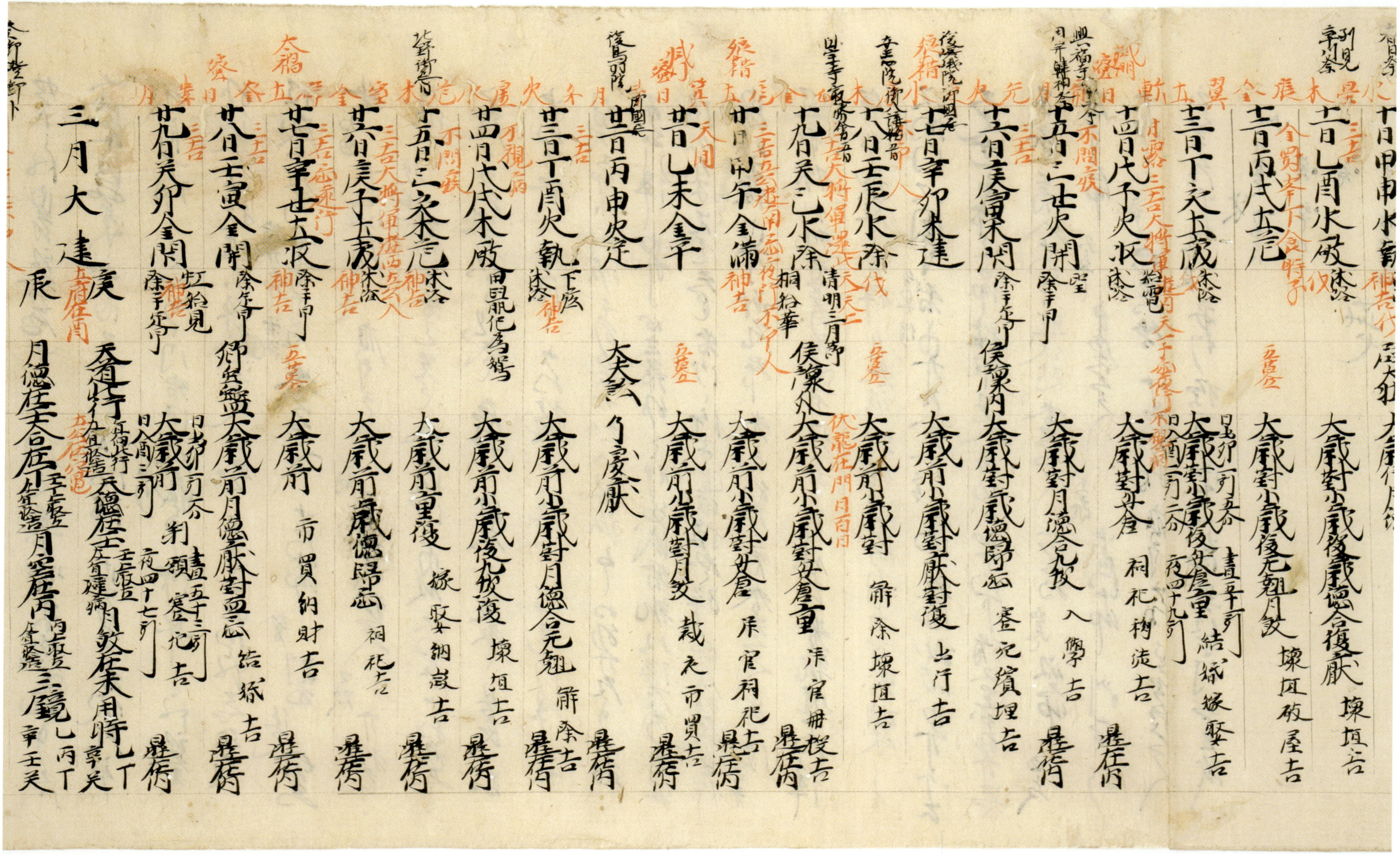

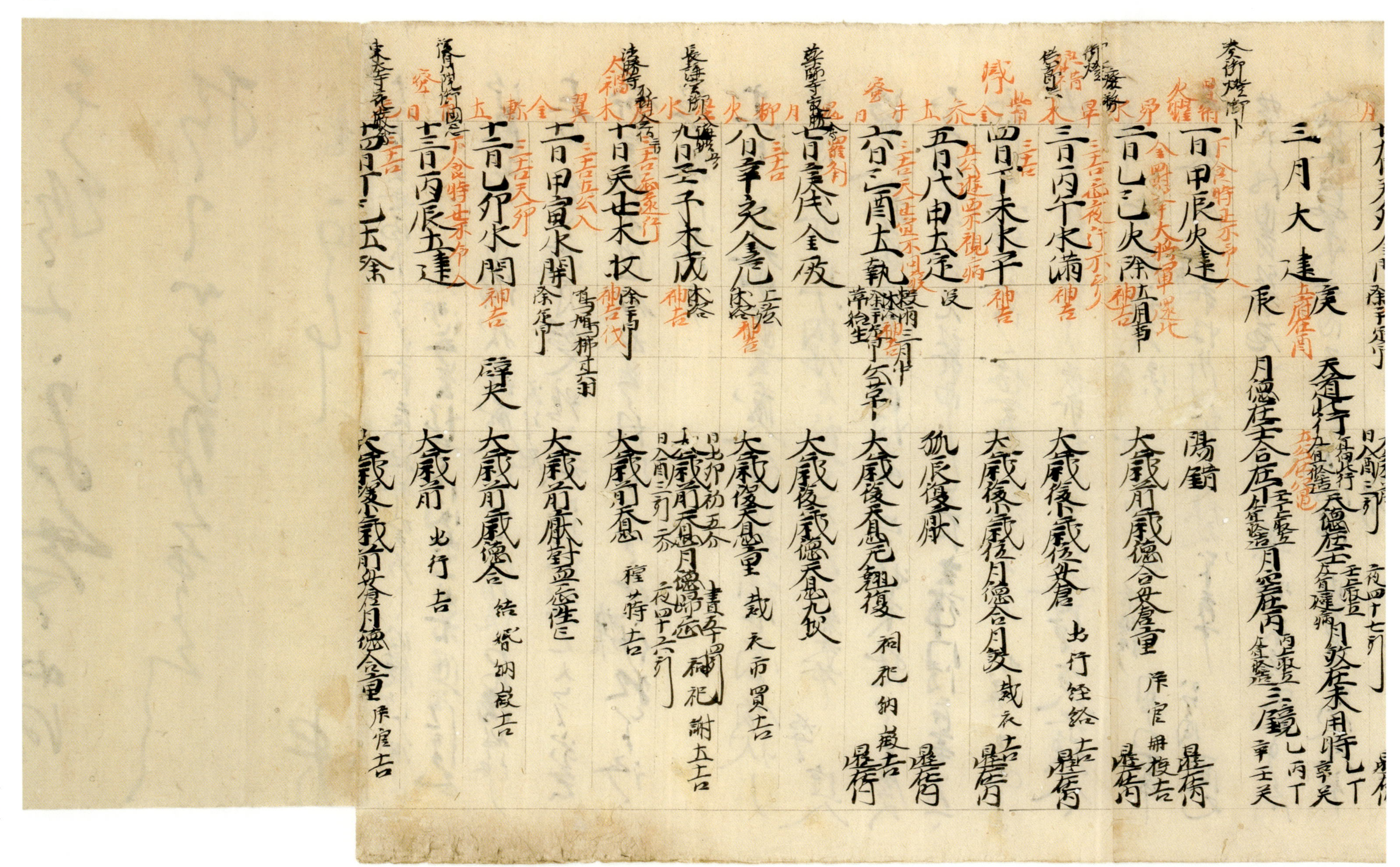

(21)　(22)

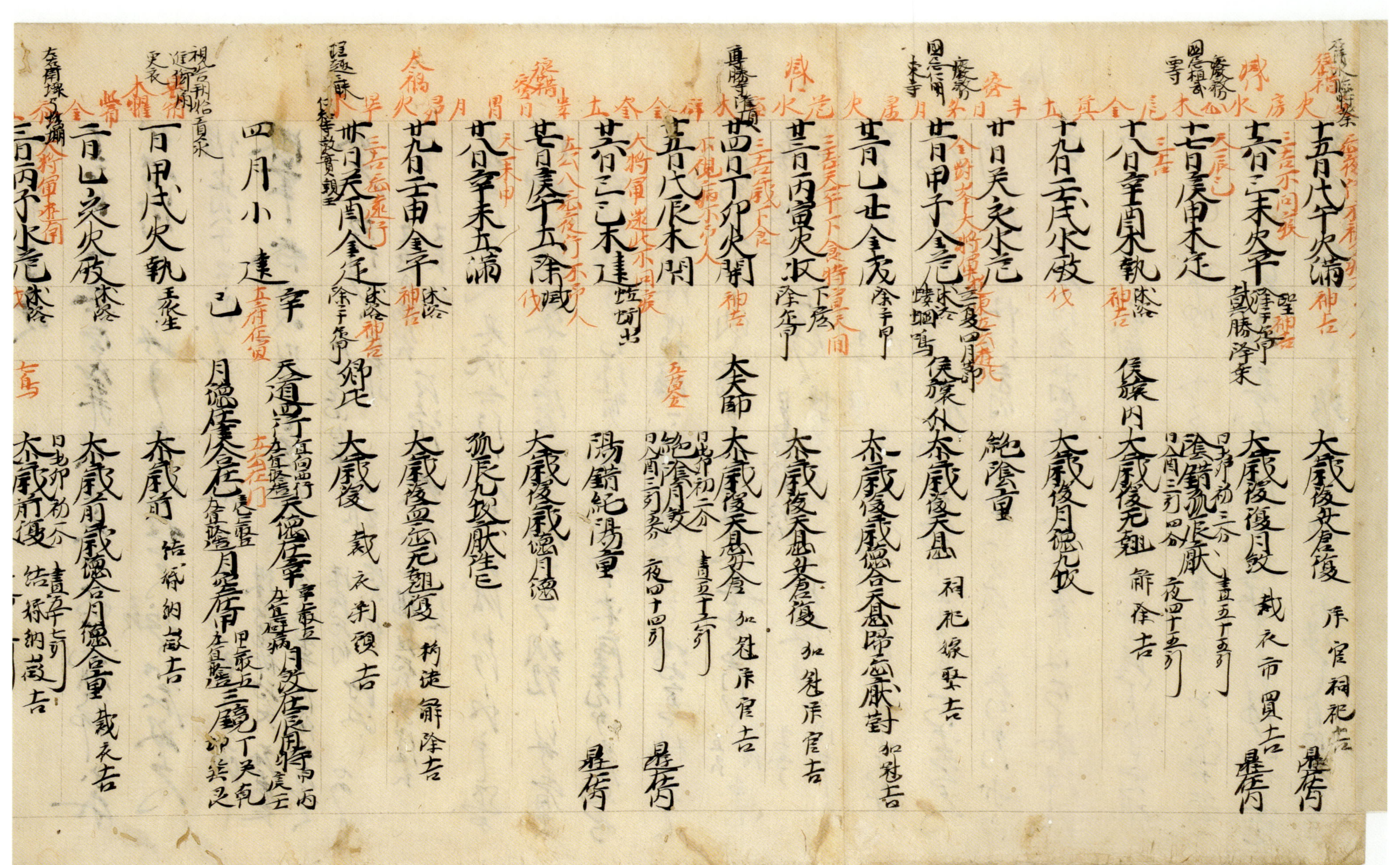

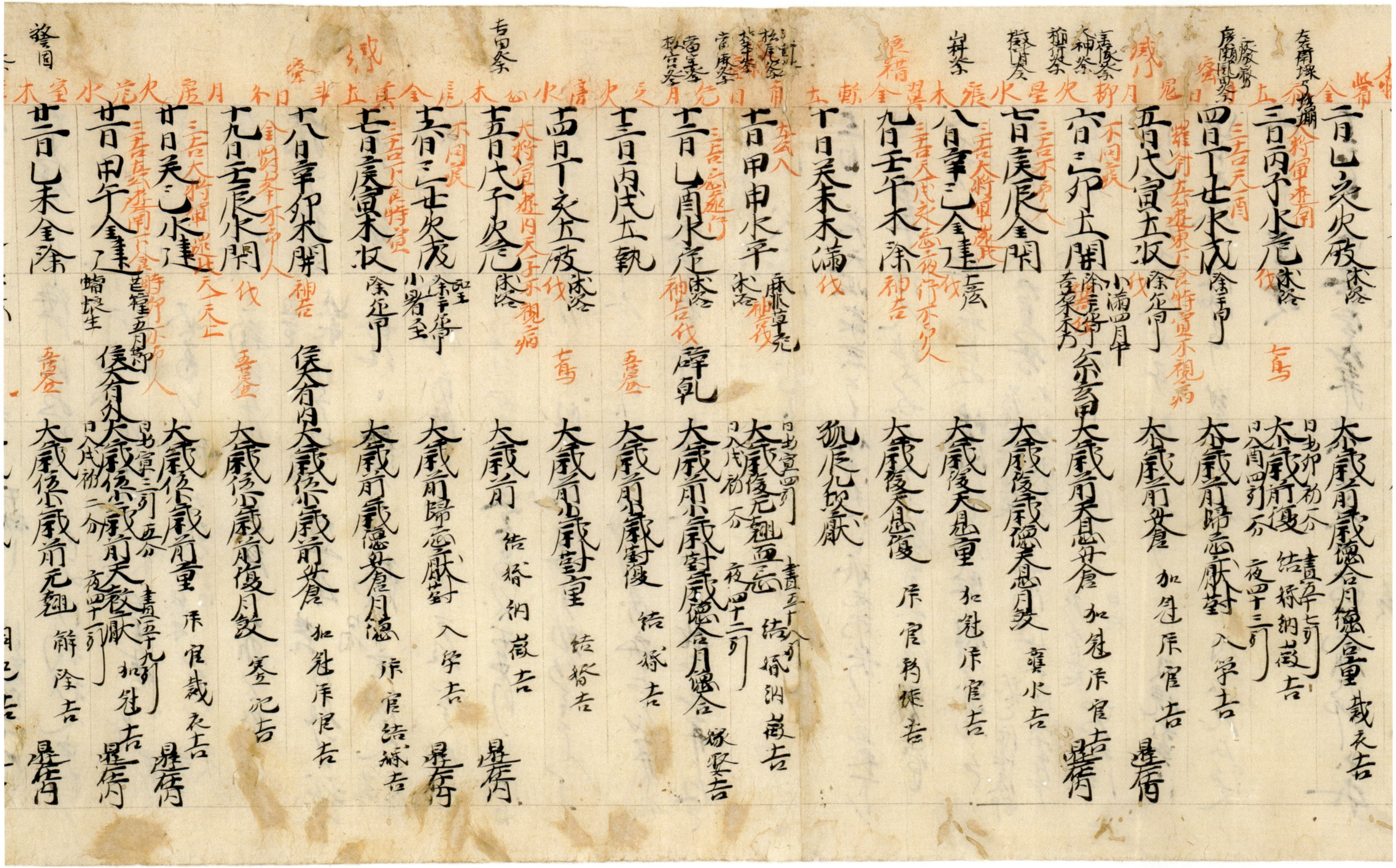
三日乙亥火破　沐浴
三日丙子水危　沐浴
四日丁丑水成　除手甲
五日戊寅土収　除足甲
六日己卯土開
七日庚辰金閉
八日辛巳金建
九日壬午木除
十日癸未木満
十一日甲申水平　沐浴
十二日乙酉水定　沐浴
十三日丙戌土執
十四日丁亥土破　沐浴
十五日戊子火危　沐浴
十六日己丑火成
十七日庚寅木収
十八日辛卯木開
十九日壬辰水閉
廿日癸巳水建
廿一日甲午金建
廿二日乙未金除

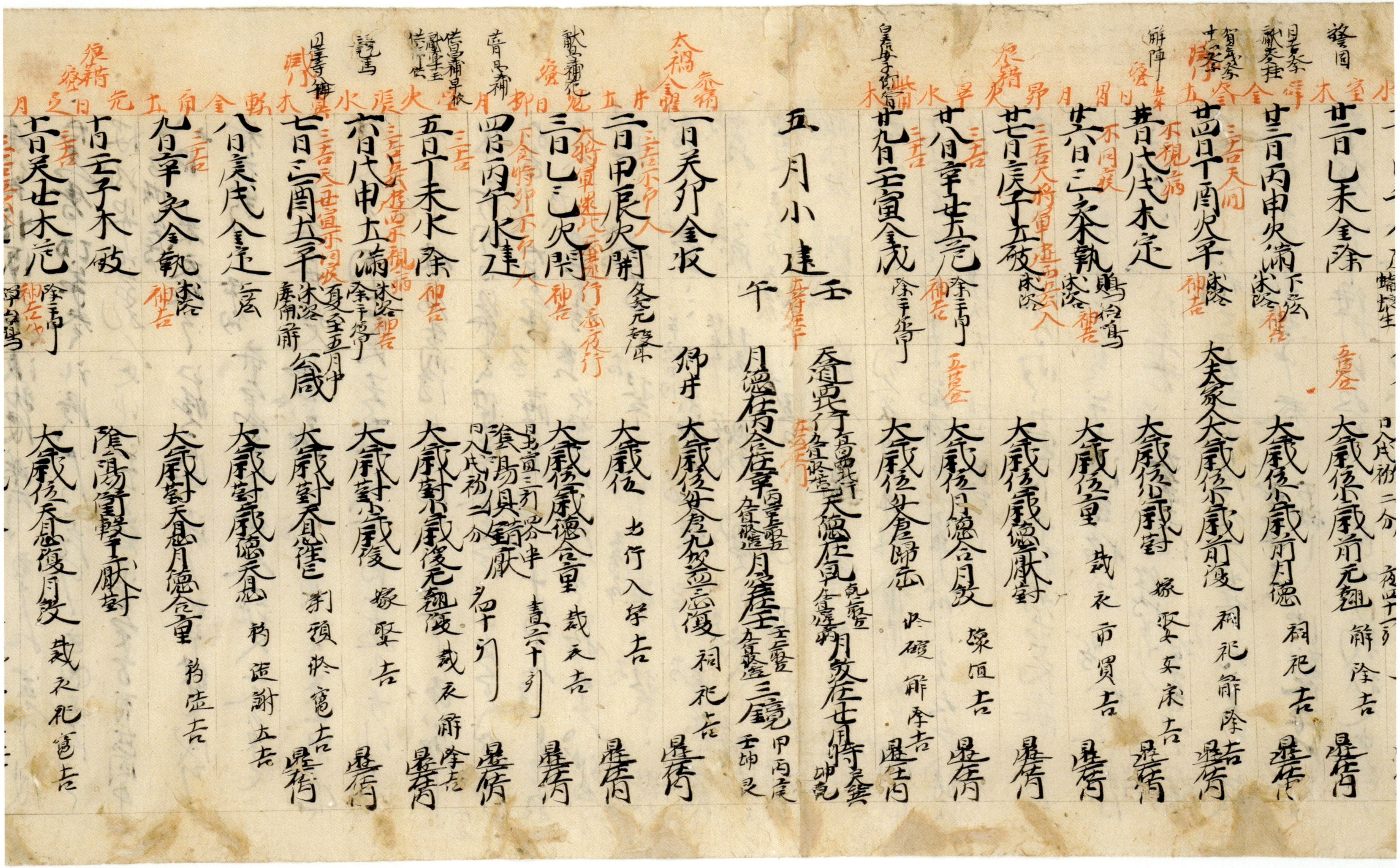
廿二日乙未金除
廿三日丙申火満
廿四日丁酉火平
廿五日戊戌木定
廿六日己亥木執
廿七日庚子土破
廿八日辛丑土危
廿九日壬寅金成
五月小建壬午
一日癸卯金収
二日甲辰火開
三日乙巳火閉
四日丙午水建
五日丁未水除
六日戊申土満
七日己酉土平
八日庚戌金定
九日辛亥金執
十日壬子木破
十一日癸丑木危

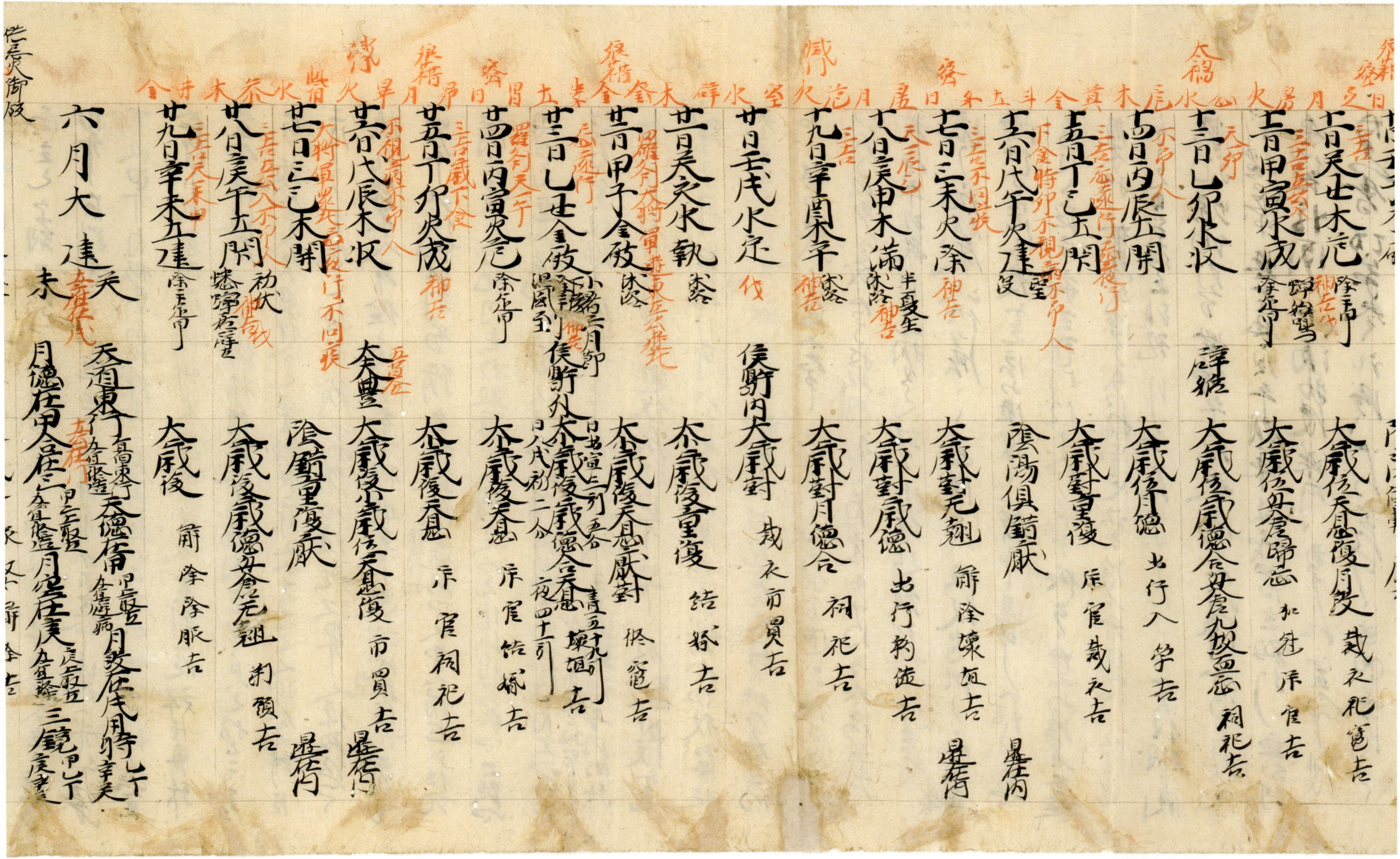

(13)

六月大 建未

一日壬申金除

二日癸酉金満

三日甲戌火平

四日乙亥火定

五日丙子水執

六日丁丑水破

七日戊寅土危

八日己卯土成

九日庚辰金収

十日辛巳金開

十一日壬午木閉

十二日癸未木建

十三日甲申水除

十四日乙酉水満

十五日丙戌土平

十六日丁亥土定

十七日戊子火執

十八日己丑火破

十九日庚寅木危

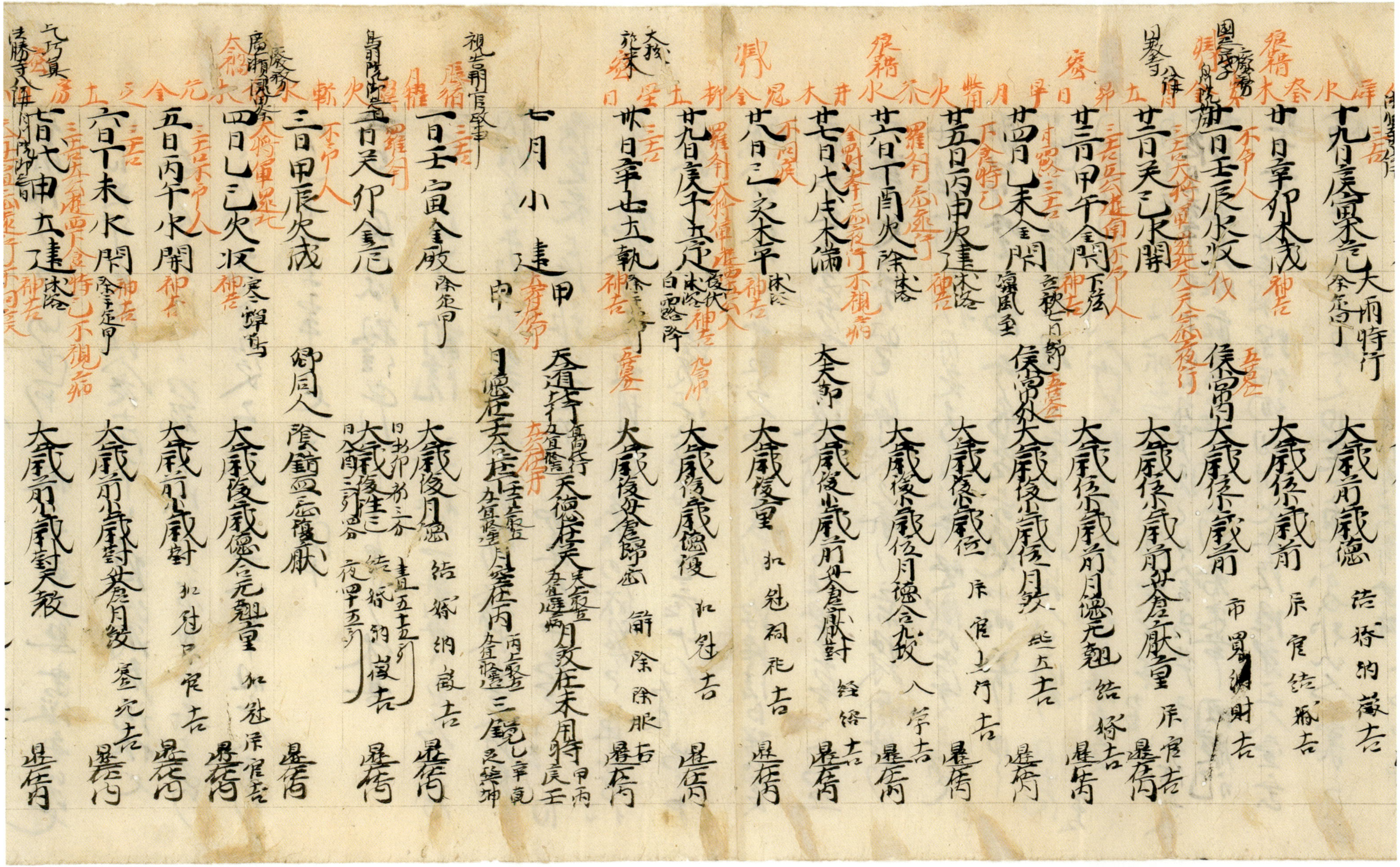

(11)

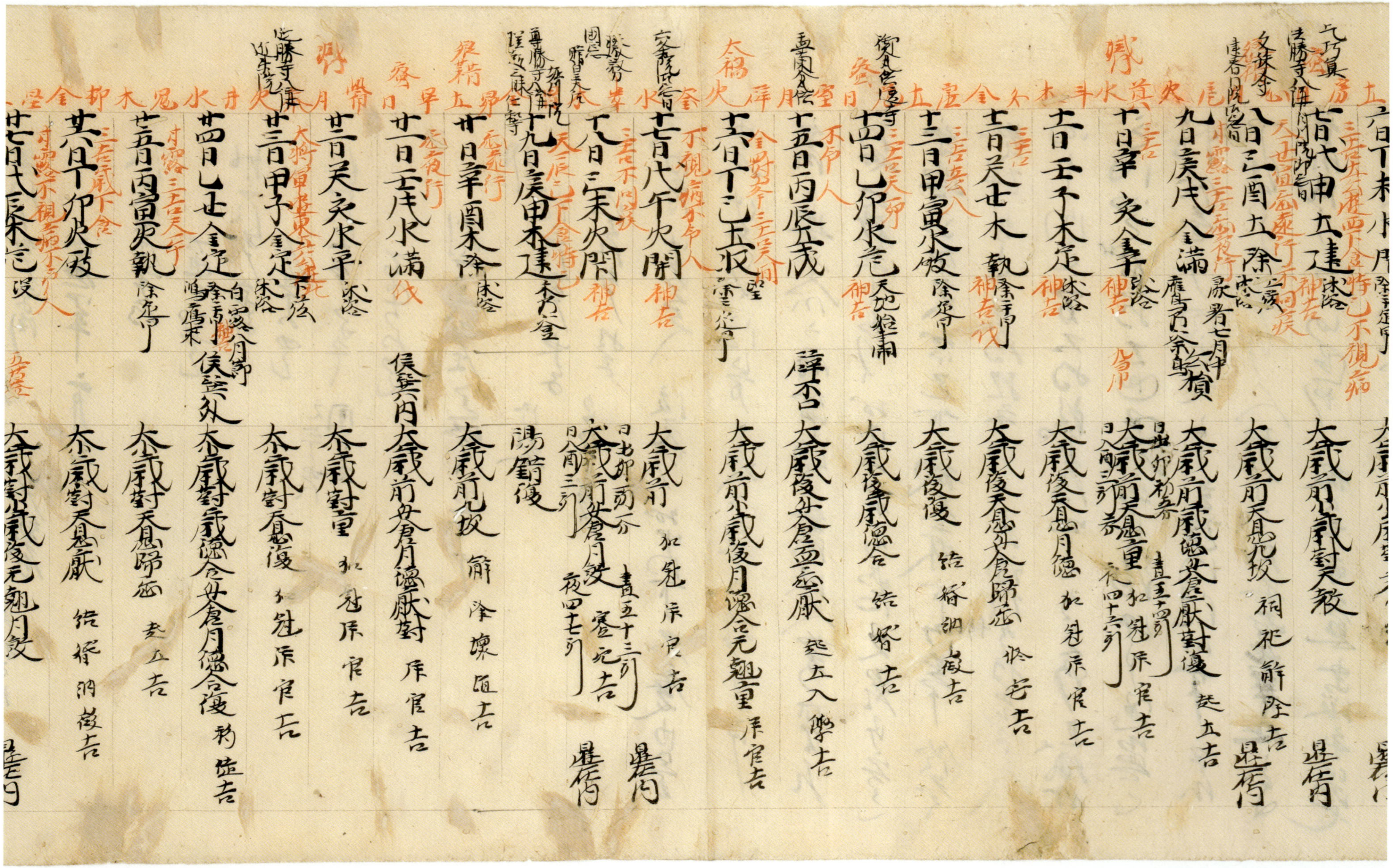

六日丁未水
七日戊申土建
八日己酉土除
九日庚戌金満
十日辛亥金平
十一日壬子木定
十二日癸丑木執
十三日甲寅水破
十四日乙卯水危
十五日丙辰土成
十六日丁巳土收
十七日戊午火開
十八日己未火閉
十九日庚申木建
廿日辛酉木除
廿一日壬戌水満
廿二日癸亥水平
廿三日甲子金定
廿四日乙丑金定
廿五日丙寅火執
廿六日丁卯火破
廿七日戊辰木危

(9)

十四日甲申水開　沐浴　大歳對　嫁娶　剃頭吉

十五日乙酉水建　沐浴　大歳位　歳前　天恩　出行吉

十六日丙戌土除　大歳位　歳前　解除吉

十七日丁亥土滿　沐浴　大歳位　歳前　加冠　祠祀吉

十八日戊子火平　沐浴　大歳位　加冠　祠祀吉

十九日己丑火定　大歳位　裁衣　市買吉

廿日庚寅木執　大歳位　歳徳　月徳　結婚　納徴吉

廿一日辛卯木破　大歳後　結婚吉

廿二日壬辰水危　大歳後　歳位　壊垣吉

廿三日癸巳水成　大歳後　歳位　加冠　拜官吉

廿四日甲午金収　大歳後　歳位　祠祀　嫁娶吉

廿五日乙未金開　大歳後　歳位　月徳

廿六日丙申火閉　絶陽　厭對

廿七日丁酉火閉　絶陽

廿八日戊戌木建

廿九日己亥木除　大歳後　解除吉

卅日庚子土滿　大歳後　歳徳　祠祀吉

九月大　建丙戌

一日辛丑土平　大歳後　月徳合　裁衣　市買吉

二日壬寅金定

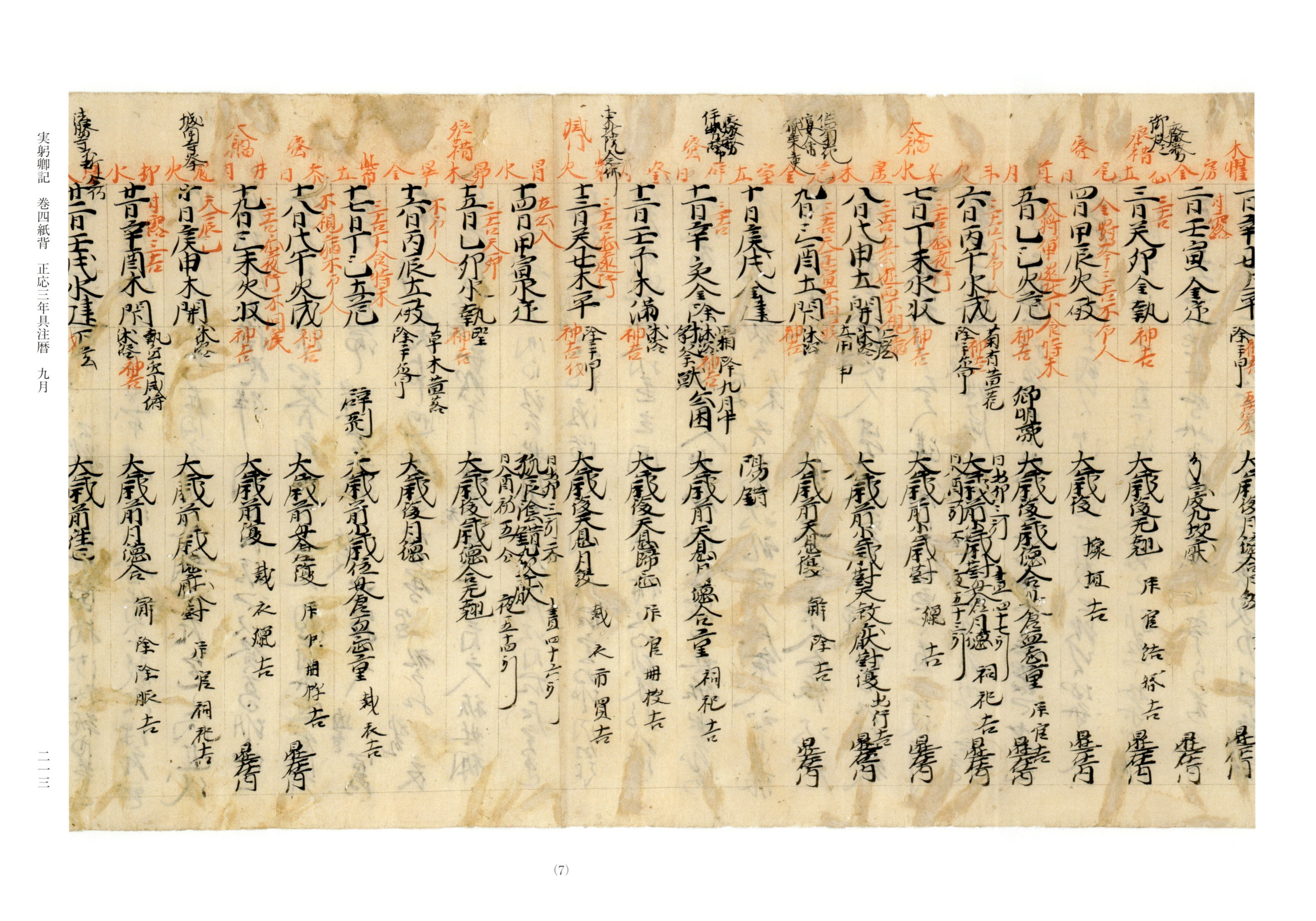

（7）

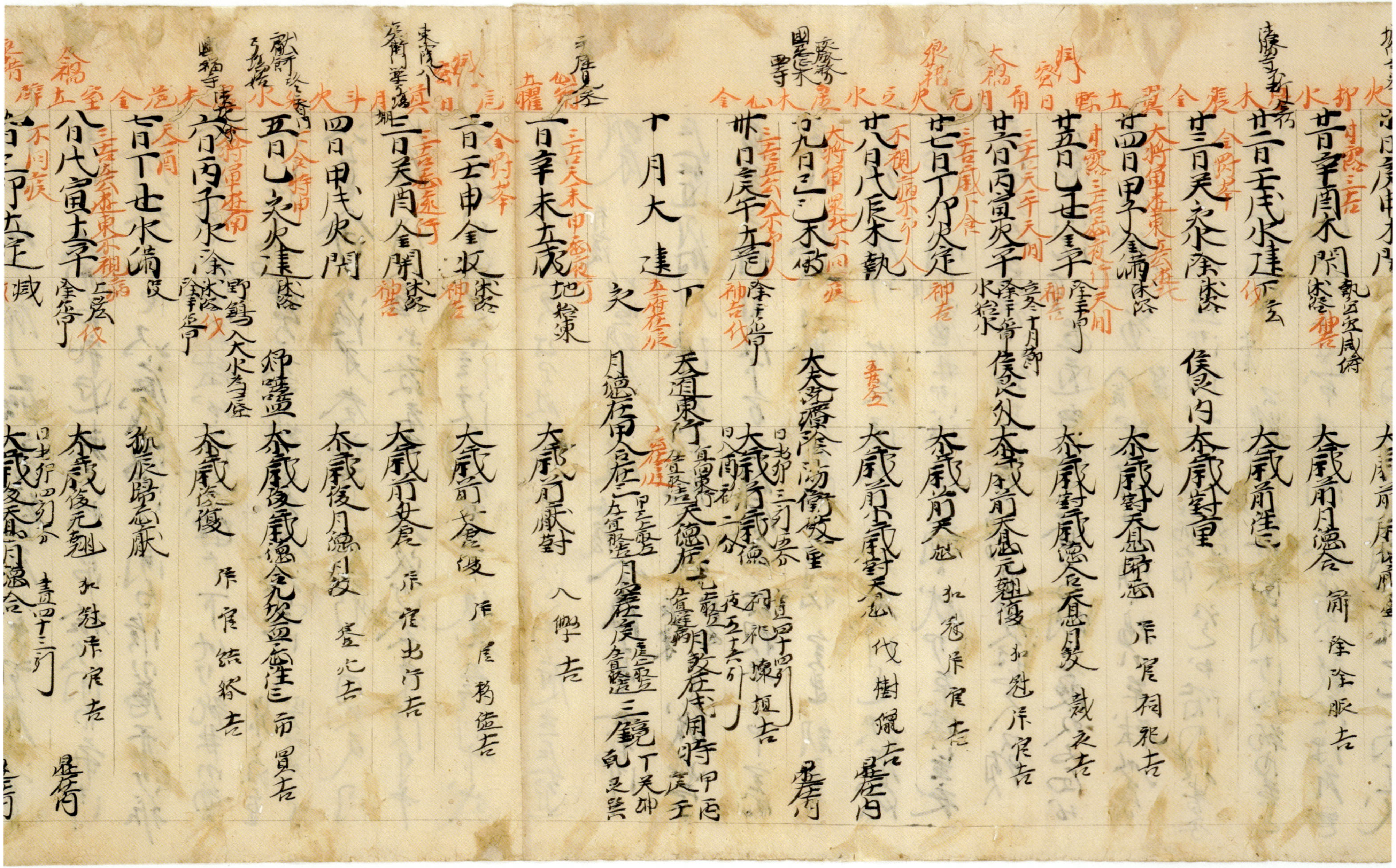

（6）

(5)

廿六日丙申火収

廿七日丁酉火収

廿八日戊戌木開

廿九日己亥木閉

卅日庚子土建

十一月小　建戊子

一日辛丑土除

二日壬寅金満

三日癸卯金平

四日甲辰火定

五日乙巳火執

六日丙午水破

七日丁未水危

八日戊申土成

九日己酉土収

十日庚戌金開

十一日辛亥金閉

十二日壬子木建

十三日癸丑木除

十四日甲寅水満

十五日乙卯水平

（4）

（3）

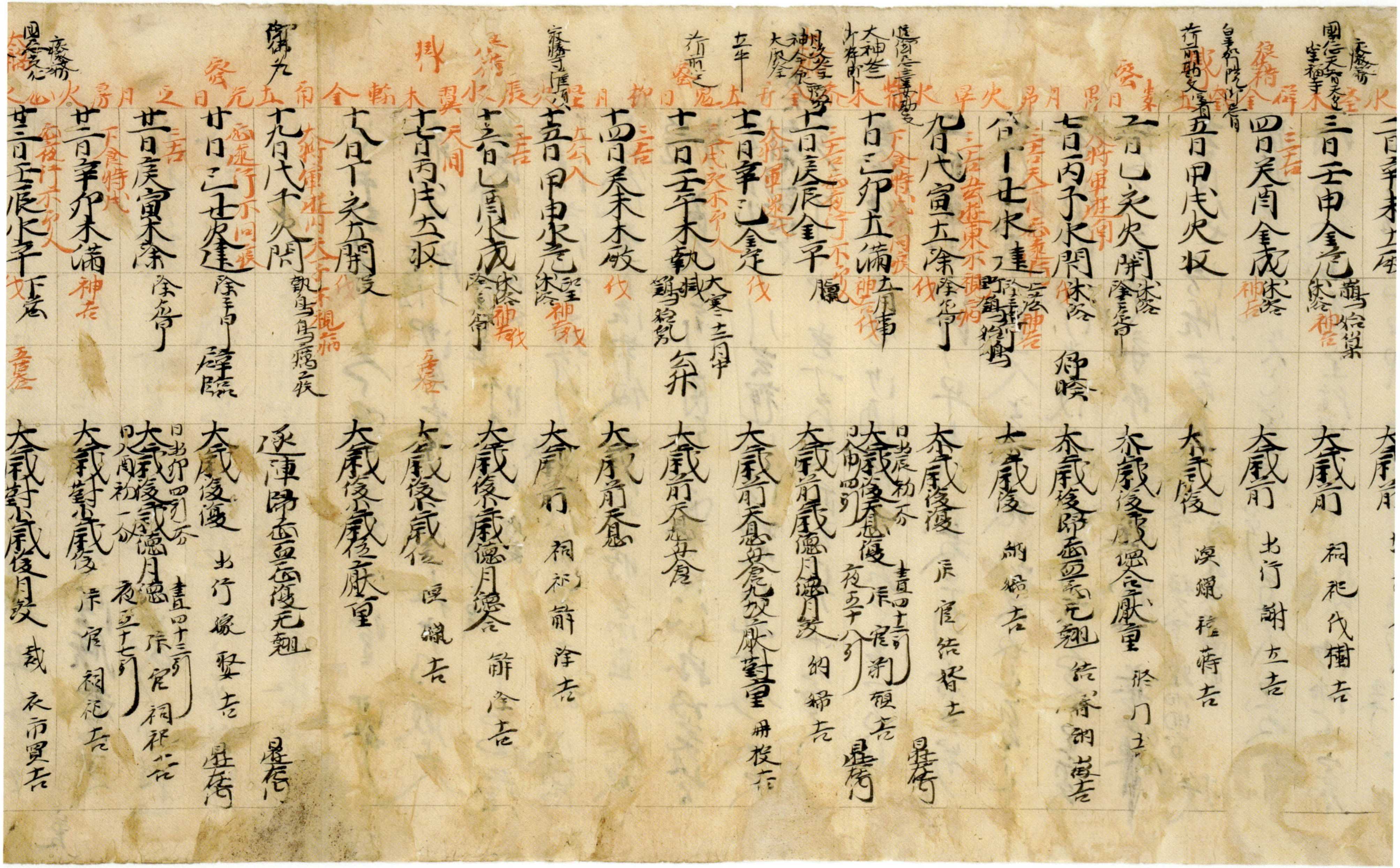

（2）

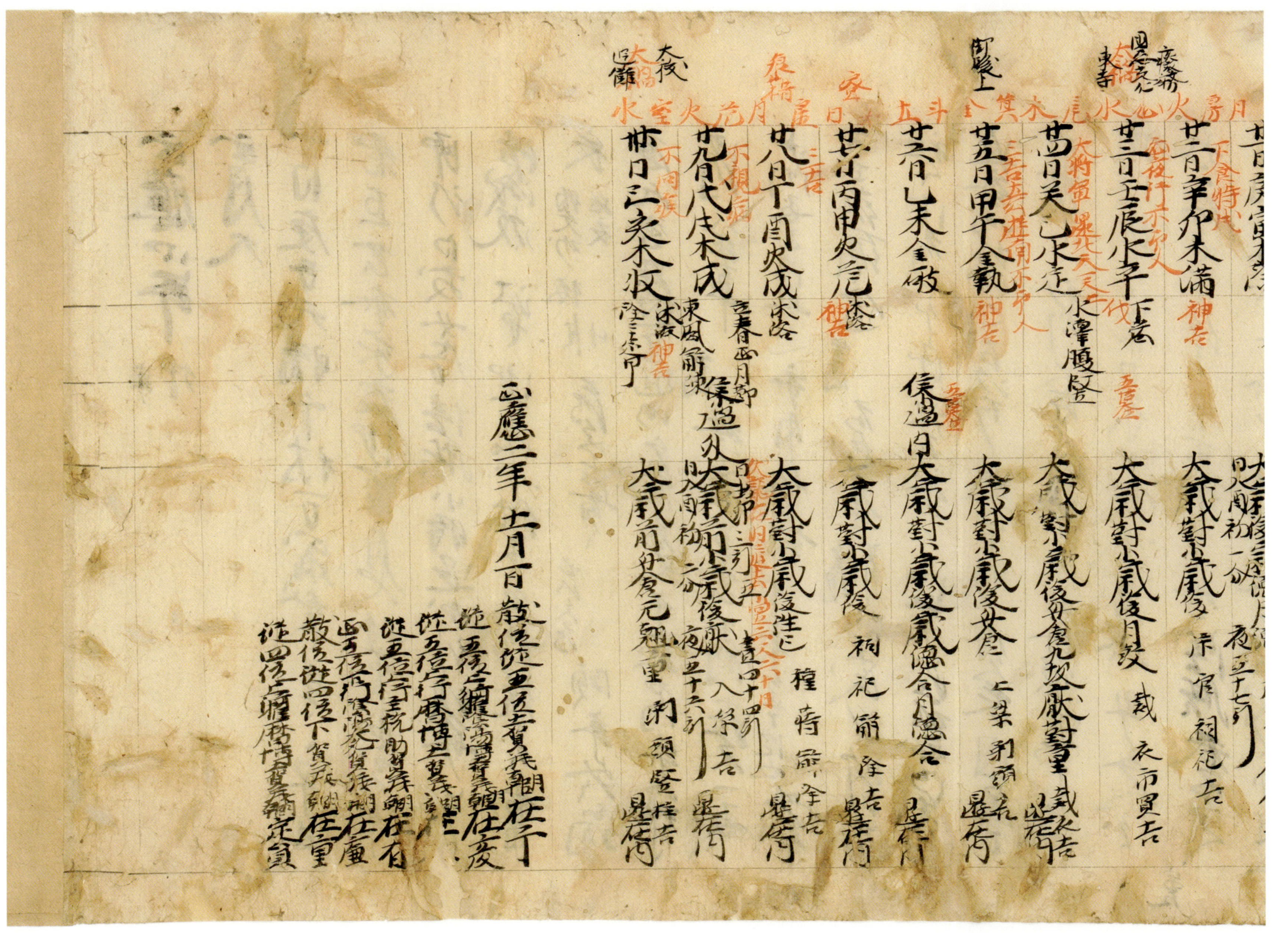

（1）

附載

巻1

紙　数	A	B	C1	C2	C3	D
表　紙	28.7	18.4				0.8
第1紙	28.7	39.7				0.3
第2紙	28.7	46.2				0.2
第3紙	28.7	46.4				0.2
第4紙	28.5	45.9				0.2
第5紙	28.6	46.3				0.2
第6紙	28.7	46.3				0.2
第7紙	28.7	38.0				0.3
第8紙	28.6	45.6				0.3
第9紙	28.7	46.3				0.2
第10紙	28.7	46.4				0.3
第11紙	28.7	46.3				0.3
第12紙	28.7	46.4				0.3
第13紙	28.7	46.2				0.3
第14紙	28.5	36.2				0.2
第15紙	28.8	45.6				0.2
第16紙	29.4	45.7				0.2
第17紙	29.5	45.4				0.4
第18紙	29.5	45.4				0.3
第19紙	29.5	45.6				0.3
第20紙	29.5	45.6				0.3
第21紙	29.5	45.6				0.2
第22紙	29.5	45.6				0.3
補　紙	29.6	30.7				0.2
軸　長	30.3					
軸　径	1.7					

＊補紙に軸付けされている。Bの数値は軸際まで。

法量表

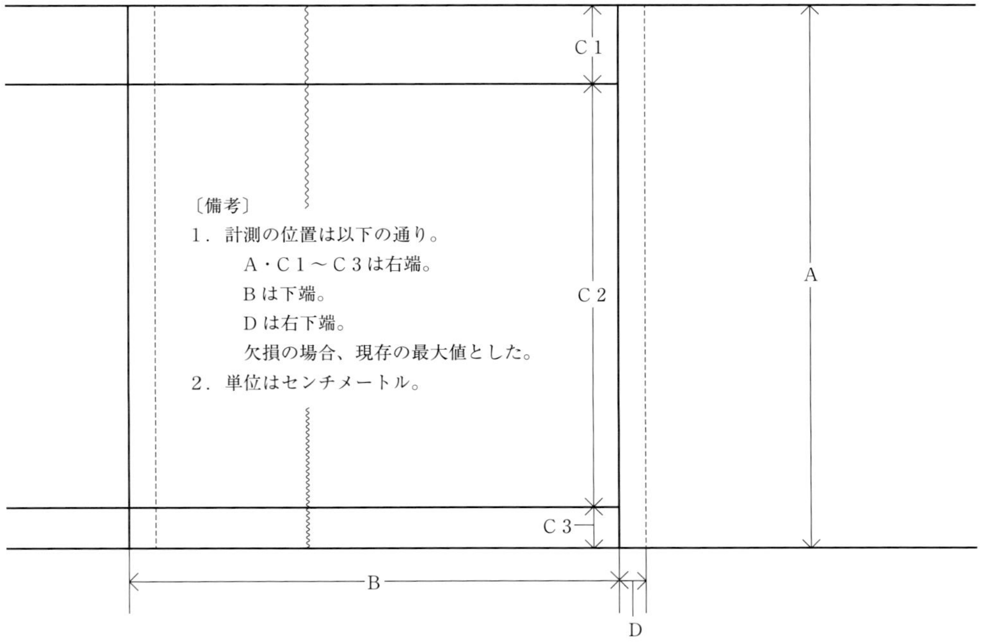

〔備考〕

1．計測の位置は以下の通り。

　A・C1～C3は右端。

　Bは下端。

　Dは右下端。

　欠損の場合、現存の最大値とした。

2．単位はセンチメートル。

巻3上

紙　数	A	B	C1	C2	C3	D
表　紙	28.5	18.0				0.8
第1紙	28.4	15.3				(0.3)
第2紙	28.4	42.1				0.3
第3紙	28.4	42.3				0.2
第4紙	28.4	42.4				0.2
第5紙	28.4	42.4				0.2
第6紙	28.4	42.6				0.2
第7紙	28.5	42.5				0.2
第8紙	28.5	42.5				0.2
第9紙	28.4	42.4				0.3
第10紙	28.4	42.3				0.3
第11紙	28.3	42.5				0.2
第12紙	28.3	42.5				0.2
第13紙	28.3	42.5				0.3
第14紙	28.4	42.5				0.3
第15紙	28.4	42.6				0.3
第16紙	28.3	42.6				0.3
第17紙	28.3	42.7				0.2
第18紙	28.3	42.8				0.2
第19紙	28.3	42.7				0.2
第20紙	28.3	42.5				0.2
第21紙	28.3	40.4				0.3
補　紙	28.3	12.3				0.3
軸　長	29.0					
軸　径	1.7					

＊補紙に軸付けされている。Bの数値は軸際まで。

巻2

紙　数	A	B	C1	C2	C3	D
表　紙	30.3	22.2				0.8
第1紙	30.3	27.9				0.3
第2紙	30.3	47.2				0.2
第3紙	30.6	47.6				0.2
第4紙	29.7	45.9				0.4
第5紙	29.7	45.7				0.8
第6紙	29.7	44.7				0.7
第7紙	29.7	45.9				0.3
第8紙	29.7	44.5				0.3
第9紙	29.5	43.9				0.6
第10紙	30.5	46.5				0.2
第11紙	30.4	47.0				0.3
第12紙	30.5	35.1				0.2
補　紙	30.5	18.2				0.2
軸　長	31.5					
軸　径	1.7					

＊補紙に軸付けされている。Bの数値は軸際まで。

巻4

紙　数	A	B	C1	C2	C3	D
表　紙	29.5	25.7				0.7
第1紙	29.3	43.4				0.3
第2紙	29.5	43.5				0.2
第3紙	29.4	43.6				0.2
第4紙	29.5	43.6				0.3
第5紙	29.5	43.8				0.2
第6紙	29.5	43.6				0.2
第7紙	29.5	43.9				0.2
第8紙	29.5	44.0				0.1
第9紙	29.5	44.0				0.2
第10紙	29.5	44.1				0.2
第11紙	29.6	44.0				0.2
第12紙	29.5	43.8				0.2
第13紙	29.5	43.7				0.2
第14紙	29.5	43.6				0.2
第15紙	29.5	43.5				0.3
第16紙	29.5	17.5				0.2
第17紙	27.5	40.1				0.3
第18紙	27.4	40.4				0.4
第19紙	27.5	39.8				0.3
第20紙	27.5	13.3				0.4
第21紙	29.5	26.1				0.4
第22紙	29.5	44.0				0.2
第23紙	29.5	44.0				0.3
第24紙	29.5	44.1				0.3
第25紙	29.5	41.4				0.2
第26紙	30.0	41.8				0.3
第27紙	30.2	49.4				0.2
第28紙	30.2	49.4				0.2
第29紙	30.2	49.5				0.2
第30紙	30.2	49.4				0.3
第31紙	30.2	49.4				0.2
第32紙	30.2	4.5				0.2
第33紙	30.2	43.6				0.3
第34紙	30.2	44.5				0.5
第35紙	30.2	47.3				0.2
補　紙	30.1	7.4				0.2
軸　長	31.2					
軸　径	1.7					

＊補紙に軸付けされている。Bの数値は軸際まで。

巻3下

紙　数	A	B	C1	C2	C3	D
表　紙	31.8	20.2				0.7
第1紙	31.7	42.5				0.3
第2紙	31.7	42.3				0.4
第3紙	31.8	42.0				0.4
第4紙	31.8	48.7				0.4
第5紙	31.8	48.6				0.2
第6紙	31.8	35.3				0.1
軸　長	32.7					
軸　径	1.7					

＊第6紙に軸付けされている。Bの数値は軸際まで。

尊経閣善本影印集成 67

実躬卿記（さねみきょうき） 一

発行 令和元年五月二十五日

定価 （本体三五、〇〇〇円＋税）

編集 公益財団法人 前田育徳会尊経閣文庫
東京都目黒区駒場四－三－五五

発行所 株式会社 八木書店古書出版部
代表 八木乾二
東京都千代田区神田小川町三－八
電話 〇三－三二九一－二九六九（編集）
〇三－三二九一－六三〇〇（FAX）

発売元 株式会社 八木書店
東京都千代田区神田小川町三－八
電話 〇三－三二九一－二九六一（営業）
〇三－三二九一－六三〇〇（FAX）

製版・印刷 天理時報社

製本 博勝堂

ISBN978-4-8406-2367-4 第九輯 第1回配本

Web https://catalogue.books-yagi.co.jp/

E-mail pub@books-yagi.co.jp